La Vie privée
en péril

ALEX TÜRK

La Vie privée en péril

Des citoyens sous contrôle

Odile Jacob

15, rue Soufflot, 75005 Paris

www.odilejacob.fr

ISBN : 978-2-7381-2279-7

Introduction

Un sentiment de malaise. Oui, c'est bien ce que j'éprouve aujourd'hui, comme président de la CNIL, comme père de famille et comme citoyen, devant la puissance et la vitesse du déferlement, dans notre vie quotidienne, des technologies associées au numérique.

Ce malaise naît de l'observation de trois phénomènes largement indépendants les uns des autres, de nature différente, se déroulant, d'une certaine manière, dans des séquences de temps distinctes, mais dont les effets se conjuguent et se renforcent.

L'informatisation de la planète

En 1978, date de création de la CNIL, une des premières autorités de contrôle en matière de protection des données personnelles et de la vie privée dans le monde, nul n'imaginait qu'un jour des milliards d'individus seraient dotés de leur propre système. Cette apparition de l'ordinateur portable, à la fin des années 1980, a totalement bouleversé la donne mais, hormis quelques universitaires et militaires, essentiellement en Amérique du Nord, personne ne pensait qu'un gigantesque réseau, appelé Internet, allait permettre de connecter cette multitude d'utilisateurs. Enfin, qui aurait cru, voici dix ans, que désormais un appareil de la taille d'un jeu de cartes donnerait à tout acquéreur la capacité de disposer d'une puissance comparable aux systèmes gérés par les grandes institutions et sociétés des années 1970-1980, mais aussi d'une gamme inouïe d'applications et d'une connexion avec le monde entier ?

Ainsi se sont succédé d'abord la diffusion des systèmes (mini-ordinateur), puis l'interconnexion (Internet) et enfin l'individualisation (téléphone de dernière génération). Enfin ? Non, car s'annonce le temps, nous le verrons, de la dématérialisation et nous évoquerons les notions d'« informatique ubiquitaire », de « nuage numérique » et « d'informatique contextuelle ».

À ce premier phénomène de l'informatisation de la planète sont venus s'en ajouter deux autres, et d'abord les attentats du 11 Septembre qui nous ont conduits à revoir en profondeur l'équilibre prévalant entre les libertés publiques et le niveau de sécurité attendu par nos sociétés.

Le 11 septembre 2001 et le dilemme sécurité/liberté

La date du 11 Septembre suffirait presque à elle seule. Incontestablement les attentats de New York, de Londres et de Madrid, ont eu, outre leurs conséquences tragiques, des répercussions considérables sur l'équilibre sécurité/liberté, situé depuis toujours au cœur de la problématique de la protection des données personnelles et de la vie privée.

La société est en effet nécessairement amenée à se demander quelle contribution, sous la forme d'une réduction « volontaire » du champ d'exercice des libertés, elle est prête à consentir en échange du maintien ou de l'accroissement du niveau de sécurité. Le terrorisme a engendré une succession de lois et de règlements, à l'initiative de gouvernements de droite et de gauche, en France et ailleurs, dans la perspective d'une amélioration « espérée » de ce niveau de sécurité collective. Mais chacun sait que l'on évalue plus facilement le degré de perte de sa propre liberté que ce niveau d'amélioration. Il est en effet toujours difficile de prouver quelque chose qui n'a pas eu lieu. La dictature garantit une sécurité optimale permettant aux « citoyens » de… ne rien faire puisque les libertés essentielles ont disparu. La démocratie recherche, elle, un équilibre et doit veiller à ne pas donner une double victoire au terrorisme. Car celui-ci remporte une première « victoire », hélas, lorsqu'il tue ou mutile, et une seconde quand l'angoisse qu'il génère suscite des réactions d'ordre politique se traduisant par un discours appelant à une radicalisation du contrôle social. On risquerait alors de s'accoutumer à la perspective de vivre dans une « société de surveillance », comme disent les Britanniques, écartelés entre le spectre de Ben Laden et celui de Big Brother.

Cette question est d'autant plus préoccupante que nombre des dispositifs mis en place ou en cours d'installation, pour répondre à l'exigence de sécurité, sont très largement irréversibles.

Bien entendu, s'agissant du recours aux technologies numériques permettant d'assurer le traçage des individus qui feront, ici, l'objet de notre attention, ce problème de l'évaluation de l'équilibre liberté/sécurité est crucial.

Au passage, puisque je viens de faire allusion à la Grande-Bretagne, disons quelques mots de la diffusion de ces technologies du numérique chez nos voisins d'outre-Manche : il est toujours instructif pour ceux qui vivent dans la « patrie des droits de l'homme » et qui en tirent une fierté certaine ainsi qu'une singulière inclination à donner, de ce fait, des leçons à la terre entière, d'observer les évolutions qui se profilent au « pays de l'*habeas corpus* ».

Non seulement nos amis les Anglais ont mis en œuvre la plus puissante base de données ADN au monde, mais ils détiennent aussi le record en matière d'implantation de dispositifs de vidéosurveillance dans les villes (on sait qu'il est devenu quasiment impossible de se promener à Londres, au-delà de trois ou quatre minutes, sans passer dans le champ d'une caméra) et dans les quartiers privés. De surcroît, ils sont allés très loin dans le développement des usages secondaires des dispositifs vidéo. Ainsi, depuis la fin 2010, la société Internet Eyes propose à des volontaires de regarder les images prises par les caméras, depuis leur ordinateur, et de signaler d'éventuels délits. Ils payent pour cela un abonnement, de même que les commerçants dont les magasins sont ainsi surveillés. Leur périmètre d'action ne s'arrête pas aux crimes et délits puisqu'il comprend également les « comportements antisociaux ». Le meilleur « gendarme virtuel » recevra 1 000 livres ! Ce système permet aussi d'« exploiter » un stock d'images surabondant... De son côté, le gouvernement, dans le souci de réduire la délinquance juvénile, envisage de faire procéder à la surveillance permanente des 2 000 familles posant le plus de problèmes, 7 jours sur 7, 24 heures sur 24. Objectif : vérifier l'assiduité scolaire des enfants, s'ils se couchent à une heure raisonnable, s'ils font leurs devoirs, etc.

Dans le domaine éducatif, également, les responsables d'établissement recourent aux dispositifs de géolocalisation. Ainsi, des collèges testent des systèmes recourant à des puces intégrées dans les uniformes permettant de surveiller les déplacements des élèves. Les puces contiennent des informations relatives aux élèves telles que leur âge ou leur cursus scolaire. Et ce, sans rechercher nécessairement l'accord des parents.

La Chambre des lords s'est émue en 2009 de cette évolution, en affirmant que si le pays continuait sur cette voie, sans débat public, il se préparait un avenir sombre pour « des citoyens en perte d'autonomie et de dignité personnelle ». Viendrait-il à l'idée de quiconque, de bonne foi et de bon sens, d'affirmer que la Grande-Bretagne ne serait plus une démocratie ? Fin 2010 pourtant, elle a été mise en demeure de répondre à la Commission européenne à propos de la collecte des empreintes digitales des écoliers britanniques, au sein de plus de 3 000 écoles, en matière de paiement des repas et de prêt de livres !

Ainsi, nous ne sommes pas les seuls à recourir, selon un rythme et des procédés qui peuvent être différents, à ce type de solution. Cela doit-il nous inquiéter ou nous rassurer ? La question reste ouverte.

Venons-en maintenant au troisième phénomène.

Le déferlement technologique

L'avènement d'une technologie offre, chaque fois, l'occasion de relever des traits constants, pourtant décrits voici bien des décennies. Qu'il s'agisse de l'aéronautique, du nucléaire, de la biologie, les mêmes éléments réapparaissent qui peuvent se résumer ainsi : le progrès technologique se caractérise par une propension à l'universalisation (ou globalisation), une accélération constante et une ambivalence de ses effets. Les technologies du numérique n'échappent pas à la règle et cela, qu'il s'agisse du développement de la micro-informatique, d'Internet, de la vidéosurveillance (plus de 95 % des dispositifs sont désormais numériques), des applications biométriques, des systèmes extraordinairement diversifiés de géolocalisation des personnes et des biens (GPS, puces RFID, etc.).

Globalisation : existe-t-il un phénomène plus remarquable en la matière qu'Internet qui ne connaît aucune frontière ? Et si, comme nous le verrons, notre société glisse, peu à peu, vers un système composé de millions de microcentres d'impulsion, de localisation et de traçage, ceux-ci n'en sont pas moins interconnectés.

Accélération constante : le délai qui s'écoule entre une invention, ou simplement une « trouvaille », en matière informatique et son application industrielle et commerciale se réduit sans cesse dans des proportions qui donnent le vertige. L'unité de mesure semble plus proche de la semaine que de l'année… Et, là encore, nous le verrons, le décalage avec le temps juridique – lent parce que commandé par le rythme démocratique – s'accroît.

Ambivalence des effets : quelles que soient les applications évoquées plus haut, le pire et le meilleur usage peuvent en être faits et nous en analyserons de multiples exemples à la lumière d'un critère déterminant : le risque d'« intrusivité » généré par les procédés de traçage des personnes.

Une dernière caractéristique doit être relevée, présente dans une certaine mesure notamment dans les domaines nucléaire ou biologique, mais qui crée une tension spécifique dans le domaine numérique lorsqu'on l'envisage sous l'angle de la protection de la vie privée et des données personnelles : l'irréversibilité des effets. Car, qu'il s'agisse des usages d'Internet, de la biométrie ou de la géolocalisation, les phénomènes de globalisation, d'accélération mais aussi, en cette matière, d'invisibilité (liée à la miniaturisation croissante des systèmes) induisent le risque d'irréversibilité des impacts sur la société et créent ainsi une situation de grande complexité et de grande urgence.

Tous tracés ?

Dans moins de dix ans les dispositifs de traçage seront devenus quasi invisibles, les techniques du numérique permettront de détecter nos goûts et nos envies et d'analyser nos fréquentations. De les enregistrer et de les calibrer. Plus aucun élément du corps humain n'échappera aux capacités des systèmes biométriques. Notre identité et notre intimité sur Internet auront été « négociées ».

Alors viendra le temps où la question de savoir si l'on est fiché ou non, localisé ou non, entendu ou non, « pucé » ou non, n'aura plus guère de sens. À l'exception de ceux de nos congénères qui courent les bois, planent dans le ciel et sillonnent le fond des mers – et encore ! –, nous vivrons tous, à l'horizon 2020, dans une société dans laquelle il sera impossible de travailler, de se divertir, de se déplacer, de vivre donc, sans être tracés.

Nous ne serons pas nécessairement conscients de cet état de fait, certains de ceux qui en auront conscience le supporteront, l'accepteront même, d'autres non.

La vision qui précède ne doit absolument rien à la science-fiction. On verra même, dans les pages qui suivent, que les choses vont, d'ores et déjà, beaucoup plus loin encore. Elle résulte du travail d'analyse et d'anticipation qu'accomplit la CNIL, jour après jour, à la demande des pouvoirs publics, au service des citoyens.

Face à une telle évolution, qui s'accélère, vers une société de traçage généralisé, susceptible de remettre en cause, réellement et profondément, l'exercice de nos libertés d'aller et venir et d'expression, on peut plonger sa tête dans le sable ou sa plume dans l'encre.

J'ai choisi de témoigner et d'alerter. Je le fais à titre personnel mais je ne suis en état de le faire que grâce à la richesse de la réflexion collégiale menée, depuis plusieurs années, par les membres et l'ensemble du personnel de la Commission nationale de l'informatique et des libertés. Je formule également des propositions, non pas pour « prendre date », mais parce qu'elles sont réalistes et donc applicables. Mais il faut les vouloir. Et il y a urgence.

Pour finir, cette métaphore qui illustre bien l'urgence dans laquelle nous sommes : hier soir, j'admirais un nénuphar au milieu du bassin chinois et voici que, ce matin, celui-ci n'est plus qu'un tapis vert et luisant. Ainsi, dans la pénombre, une multitude de nénuphars, prêts à éclore, se pressaient les uns contre les autres, à quelques centimètres de la surface de l'eau, encore dissimulés aux regards...

De même, chaque nuit, plusieurs applications des technologies numériques, liées ou non à Internet, se préparent à être mises sur le marché et d'innombrables nouveaux consommateurs apparaissent sur tous les continents…

I

Évaluer le traçage

En 2004, mon collègue président de l'équivalent de la CNIL aux Pays-Bas s'est aperçu, à l'issue d'une enquête menée par ses services, que ses propres données étaient présentes dans environ 400 fichiers de toute nature : fichiers publics, de police, fiscaux, sociaux, mais aussi privés, associatifs et commerciaux. Le plus souvent, on ne lui avait pas demandé son accord, soit parce que sa présence y était obligatoire, soit parce qu'on l'y avait inscrit à son insu. Dans quelques cas, on lui avait demandé son consentement ou on l'avait informé. Parfois, il avait été conscient d'être fiché, parfois non.

À ce phénomène de fichage, auquel tout citoyen se trouve désormais confronté, s'ajoute, depuis sept ou huit ans, le développement fulgurant des technologies du numérique, donnant lieu à des centaines d'applications. Ces applications, bien souvent se côtoient, parfois elles se mêlent et conjuguent leurs capacités. Pour mieux comprendre comment elles conduisent au traçage des personnes, et en mesurer l'impact, projetons-nous dans une dizaine d'années…

Un parapluie technologique à Roissy

2 juillet 2020 au matin, départ pour New York.

Pour me rendre à Roissy, j'ai pris le RER grâce à mon passe Navigo (traçage possible). Dans le hall d'accueil du terminal 2E, j'ai acheté un polar avec ma carte bancaire (traçage possible), puis j'ai retiré quelques dizaines d'euros au « Point argent » (traçage possible), avant d'adresser un texto à l'un de mes amis (traçage possible). À présent, une affiche publicitaire me hèle sur mon système Bluetooth, mais je ne donne pas suite. Certes, plusieurs caméras, aussi bien dans les couloirs du métro qu'aux abords et à l'intérieur de l'aéroport, ont enregistré mes déplacements mais je n'y ai pas prêté attention. J'échappe d'ailleurs au dispositif biométrique « Parafes », car il ne concerne que les passagers qui empruntent les navettes sur le territoire français.

Avant de procéder à mon enregistrement, je vérifie que tout est bien en ordre. J'ai rempli le formulaire ESTA (*electronic system for travel authorization*) délivré par le ministère de la Sécurité intérieure américain (j'ai bien fourni les renseignements demandés concernant mon vol, ma destination, mon adresse mail ainsi que mon état de santé, ça devrait aller). Lors de ma réservation, j'ai également fourni les renseignements demandés par Air France (dispositif PNR – *passenger name record*) qui les transmettra aux autorités américaines (qui produiront un profil me concernant, sur la base d'un *scoring* – indicateur de risque). Ces données concernent le pays et l'aéroport d'où je viens, les modalités de paiement, mon agence de voyages, mais aussi mes habitudes alimentaires… *A priori*, je n'ai aucune raison de figurer sur une *no fly list* (« liste de passagers interdits de vol »), contenant environ 65 000 noms de personnes jugées indésirables sur le territoire américain. Quant à mon passeport biométrique (photographie et empreintes digitales numérisées), je suis à jour.

Au contrôle, je préfère passer au scanner corporel plutôt que de me soumettre à la palpation. Pour le moment les autorités françaises ont résisté aux pressions de leurs homologues qui aimeraient les voir renoncer au système reposant sur les ondes millimétriques au profit des rayons X (mais j'y aurai droit à mon arrivée à New York).

Je feuillette un magazine en salle d'embarquement sous le regard de caméras spéciales équipées d'un système de détection des « comportements erratiques ». Puis, finalement, disposant d'un peu de temps, je décide de passer d'une boutique à l'autre. À la caisse, la personne devant moi vient d'être rejointe par un vigile qui lui demande instamment de regagner au plus vite sa porte d'embarquement. C'est une application, désormais généralisée, du système « OPTAG » couplant une géolocalisation du passager « flâneur » permettant de le repérer (grâce à une puce RFID, insérée dans le billet de transport) avec une vidéo panoramique qui permet de le suivre dans ses déplacements jusqu'à l'intervention du vigile...

Que l'on me comprenne bien, il ne s'agit pas de contester la politique mise en œuvre par les responsables de la sécurité de l'aéroport de Roissy ni d'aucun autre aéroport français, confrontés à d'évidents problèmes de sécurité collective. Cette petite excursion virtuelle vise simplement à faire prendre conscience du fait que si chacun de ces dispositifs se justifie en soi, en revanche leur concentration sur un site et leur combinaison créent un phénomène nouveau susceptible de poser de réelles questions quant à notre capacité à exercer encore, dans les années à venir, notre liberté d'aller et venir. Ce scénario me paraît d'autant plus intéressant que, d'une part, les dispositifs évoqués ne sont pas encore tous opérationnels et que, d'autre part, il préfigure sans doute ce qui se passera aussi dans les gares, les stades, les salles de spectacle, etc. Et pourquoi pas, un jour, dans les lycées, les universités, les hôpitaux ?

L'enjeu commence à apparaître : comment donner au citoyen les clés lui permettant de comprendre l'essence de ces phénomènes, de mesurer le risque qu'ils induisent pour l'exercice de ses libertés, et d'exprimer ses attentes en matière de régulation et de réglementation de la part des pouvoirs publics ? Il faut, au préalable, pour avancer dans cette voie, évaluer ces phénomènes technologiques. C'est ce que je me propose de faire ici.

On peut, de manière schématique, distinguer cinq secteurs de développement différents : les applications permettant des usages personnels et quotidiens d'instruments de communication ou de déplacement (comme le passe Navigo, le télépéage, la carte bancaire, le téléphone portable, etc.) ; les dispositifs de biométrie, qui permettent l'identification grâce aux éléments corporels ; les procédés de géolocalisation des personnes et des biens ; les systèmes de vidéosurveillance (ou vidéoprotection) ; les usages liés à Internet (moteurs de recherche et réseaux sociaux).

Quand le traçage confond les coupables

S'agissant de la mise en œuvre de dispositifs à usage personnel et quotidien, des événements survenus dans l'actualité ont amené les citoyens à en découvrir les capacités dissimulées. Ce fut le cas dans l'« affaire Tapie » lorsqu'un des protagonistes a été placé en porte à faux à la suite de la révélation de ses horaires de passage au péage de l'autoroute entre Arras et Paris. De même, en analysant les horaires et les localisations des détenteurs de téléphones portables, les policiers ont pu identifier certains coauteurs de l'assassinat du préfet Érignac. Dans une affaire judiciaire plus récente, un criminel a été confondu par le relevé des horaires de ses retraits d'argent.

Ainsi, peu à peu, l'opinion a pris conscience que, grâce à l'analyse des données techniques conservées par ces différents systèmes, il était possible de tracer des individus dans le temps et l'espace, sans que cela suscitât de réactions négatives car ces usages concouraient à l'éclatement de la vérité dans des affaires judiciaires. Mais aussitôt chacun a compris également que cet usage pouvait évidemment produire des effets négatifs et porter atteinte à la vie privée des personnes.

Puis, un peu plus tard encore, chacun mesura que certains de ces dispositifs pouvaient non seulement générer ce traçage, pour la simple raison qu'ils en avaient le potentiel technique, mais aussi être configurés spécifiquement à cet effet. L'exemple type est celui de l'usage du téléphone portable dont les modèles de dernière génération visent, désormais, quasiment autant à offrir des services de géolocalisation que de communication.

D'une certaine manière, les mêmes remarques peuvent être faites à propos des applications Internet puisque, aux services de courrier électronique, d'accès à de l'information, de moteur de recherche, se sont ajoutées des applications permettant de localiser les personnes, mais aussi de les identifier, de les profiler, de déterminer leurs caractéristiques en tant que consommateurs, internautes ou « amis ».

Le cas des usages des technologies biométriques, qui font appel à la captation et au traitement de caractéristiques du corps humain, et de la vidéosurveillance est d'une nature différente puisqu'il s'agit, alors, presque exclusivement, de repérer et d'identifier les personnes. De même les procédés de géolocalisation, qui recourent au système GPS ou aux puces RFID, visent, par définition, à situer et tracer les personnes.

Autrement dit, l'analyse doit couvrir toutes ces applications technologiques car elles peuvent toutes avoir pour *effet* de tracer les individus mais il faudra porter un regard particulier à celles qui, parmi l'ensemble, ont pour *objet* assigné ce traçage.

Des bons et des mauvais usages

Pour analyser, au plus près, l'impact de ces applications, sous l'angle de la protection des données personnelles et de la vie privée, il est nécessaire de croiser cette distinction entre l'effet et l'objet avec celle qui différencierait les bons et les mauvais usages des technologies.

Bien entendu, le principe de neutralité technologique s'applique ici : les technologies de l'informatique ne sont ni bonnes, ni mauvaises *a priori*. Il est insensé – comme on l'entend trop souvent – de porter un jugement de valeur à propos de telle ou telle technique, indépendamment du contexte de mise en œuvre. Seuls les usages qui en sont faits comptent. Suivre les déplacements d'un salarié, à son insu, afin de connaître ses fréquentations et ses lieux de prédilection, ses goûts et ses mœurs, est chose détestable. Venir en aide, grâce à sa localisation, à une personne frappée par la maladie d'Alzheimer à un stade avancé, et de ce fait désorientée, vulnérable, angoissée, est évidemment une initiative légitime. Injecter une puce RFID dans le bras d'un client, à l'entrée d'une boîte de nuit, pour lui offrir un statut privilégié, est un geste inique. On recourt pourtant, dans les trois cas, au même type de dispositif de géolocalisation.

Encore faut-il disposer d'une méthode d'analyse permettant de distinguer les usages conformes au cadre fixé par le législateur. La grande loi du 6 janvier 1978, profondément modifiée par la loi du 6 août 2004, définit clairement la mission de la CNIL, à qui elle donne le statut d'autorité administrative indépendante : « L'informatique doit être au service de chaque citoyen… Elle ne doit porter atteinte ni à l'identité humaine, ni aux droits de l'homme, ni à la vie privée, ni aux libertés individuelles ou publiques. » Pour permettre à la CNIL d'accomplir sa tâche, la loi décrit une démarche : celle-ci doit vérifier, dans un premier temps, que les finalités pour lesquelles on collecte les données personnelles sont « déterminées, explicites et légitimes », puis, dans un second temps, qu'elles sont « adéquates, pertinentes et non excessives » par rapport à ces finalités.

Ainsi, la CNIL examinera tout projet de traitement de données recourant aux technologies de traçage des personnes en référence aux deux concepts de finalité et de proportionnalité. Concrètement, les questions se posent de la manière suivante : « Vous souhaitez installer un dispositif de biométrie fondé sur la reconnaissance du réseau veineux de la paume de la main. Premièrement : quel objectif poursuivez-vous ? Deuxièmement : la solution technique que vous avez retenue pour l'atteindre est-elle adaptée à cet objectif ? » On voit ainsi que cette approche finalité/proportionnalité permet de mieux cerner la notion d'usage en couvrant la totalité de l'opération : détermination d'un objectif et d'un choix technologique. Bien entendu, les motifs du recours aux diverses technologies disponibles peuvent varier à l'infini : régulation du trafic, surveillance d'un espace public, contrôle des horaires des salariés d'une entreprise, rationalisation des coûts de logistique, accès à un lieu sécurisé, opération menée dans le cadre d'une procédure judiciaire, sécurisation d'un système de transport, aide au déplacement d'une personne vulnérable, actions de marketing, etc. Et il ne se passe guère de semaine sans que nous voyions venir sur le bureau de la CNIL une application nouvelle, une application que nul, y compris même, parfois, nos experts, n'aurait imaginée quelques mois plus tôt !

Le degré d'« intrusivité »

Deux éléments de contexte viennent enrichir cette approche pour appréhender le traçage et son impact sur la vie privée : l'indice d'intrusivité du dispositif utilisé et le consentement de la personne soumise aux effets de celui-ci.

Chacun comprend bien, par exemple, que le port d'un bracelet électronique est, *a priori*, plus intrusif – ou plus invasif – que celui d'une puce RFID presque invisible. Mais si la puce est introduite dans le corps d'une personne, elle devient plus intrusive que le bracelet. Si la caméra d'une Google Car prenant des images dans le cadre de l'application Street View s'attarde devant la fenêtre ouverte d'une chambre (exemple réel) l'atteinte à la vie privée est, à l'évidence, plus aiguë que si l'on se contente de prendre des vues de la façade d'un immeuble. On peut en dire autant d'une caméra de vidéosurveillance orientée constamment vers la porte des toilettes plutôt que sur un couloir d'accès (exemple réel). On pourrait multiplier les exemples à l'infini.

Les choses se compliquent encore lorsque nous constatons que, bien souvent, il existe un lien entre l'intrusivité d'un dispositif, et donc son caractère potentiellement attentatoire à l'égard des libertés individuelles, et sa fiabilité technique. Notamment dans le domaine des applications biométriques, on verra que l'exploitation de l'empreinte digitale numérisée offre un taux de fiabilité, en termes de sécurité, supérieur à celui que l'on peut obtenir avec un dispositif reposant sur la captation de l'image de la main ouverte mais elle se révèle plus intrusive car elle est susceptible de faire l'objet de dérives.

Le consentement et le refus

Il s'agit ici d'évaluer le degré d'acceptation par l'usager de l'objet ou de l'effet du dispositif mis en œuvre. Cette notion n'est pas aisée à manier compte tenu de l'étendue de la gamme d'intensité du consentement exprimé : de l'acceptation par les citoyens d'un système de traçage imposé par l'autorité publique, jusqu'au consentement exprès, éclairé, explicite et libre du client à celui-ci. Mais elle permet d'analyser, au plus près, le ressort profond du phénomène du traçage puisque l'on s'efforce alors d'observer celui-ci en tant que citoyen qui tient à préserver son libre arbitre. Ce citoyen doit donc être informé de l'existence de systèmes technologiques en action autour de lui et il doit être en mesure, sous une forme ou sous une autre, avec une intensité plus ou moins forte, d'exprimer son consentement.

CONSENTEMENT COLLECTIF ?

Arrêtons-nous, un instant, sur l'aspect collectif de la notion de consentement. Et faisons ce constat : l'opinion publique, aujourd'hui, ne manifeste pas réellement d'esprit de résistance, ni même de scepticisme face à l'invasion, lente et puissante, silencieuse et irréversible, de notre société par les nouvelles technologies de l'information. En prend-elle seulement conscience ? Certes des organisations militantes se sont engagées dans l'action face à ce déferlement mais, emportées par la mécanique contestataire, elles en arrivent, bien souvent, à prôner le renoncement, universel et définitif, à l'usage de ces technologies, suscitant ainsi l'incompréhension du public. C'est dans ce contexte de non-réactivité que, dans de nombreux pays, dont le nôtre, la législation et la réglementation relatives au recours à ces technologies se construisent. C'est un peu ce qu'affirmait, avec un réalisme confondant, un ancien chef de l'Office central de lutte contre la criminalité liée aux techniques de l'information et de la communication, pour qui le développement de la surveillance cessera lorsque les citoyens marqueront leur résistance. Là, dit-il, se trouvera le point d'équilibre, le seuil de tolérance…

De surcroît, cette absence de réaction, que d'aucuns considèrent, de façon bien téméraire, comme une forme de consentement collectif, peut être due à une altération de la perception même du phénomène de « surveillance numérique ». Ne succombons-nous pas, les uns et les autres, à la fascination qu'exercent les nouvelles technologies et les services qu'elles procurent ? Et, pour les « développeurs », comment résister à la tentation de produire des applications rapidement commercialisables de ces technologies ? Quant au délai dans lequel le citoyen lambda découvre, apprivoise et insère dans son mode de vie une application nouvelle, il se réduit sans cesse. Ces types de comportements, à la fois du citoyen-client potentiel et du « développeur », laissent peu de temps à la réflexion intime nécessaire à l'établissement d'un bilan en termes de coûts et d'avantages...

LE CONSENTEMENT INDIVIDUEL

La notion de consentement individuel pose également quelques questions délicates. Le principe, en la matière, est fixé par l'article 7 de la loi de 2004 : « Les traitements de données à caractère personnel doivent avoir reçu le consentement de la personne concernée. » Cette référence est également présente à l'article 8 de la Charte des droits fondamentaux de l'Union européenne. Cependant, les caractéristiques intrinsèques du consentement recherché ne sont pas définies. On trouve une définition, négative, de cette notion dans le code civil (article 1109) : « Il n'y a point de consentement valable s'il n'a été donné que par erreur, ou s'il a été extorqué par violence ou surpris par dol. » C'est dans le domaine médical que des précisions ont été apportées pour répondre aux exigences spécifiques liées au partage de données jugées particulièrement sensibles : le consentement doit être libre, éclairé, explicite. De son côté, le code des Postes et Télécommunications précise que par consentement on doit entendre « toute manifestation de volonté libre, spécifique et informée ».

Si l'on s'écarte délibérément de l'argument philosophique qui poserait le problème posé par la différence entre la notion de volonté, conçue comme une manifestation de puissance autonome, voire de domination, et celle de consentement qui induirait une forme d'aliénation, et même de faiblesse, on peut raisonnablement considérer que celui-ci n'existe réellement que s'il y a absence de contrainte, information préalable et expression univoque. Cela devrait, en corollaire, signifier que si tel est le cas, le consentement suffit.

Mais c'est ici que les choses se compliquent !

LE CONSENTEMENT *IN CONCRETO*

En effet, deux conceptions du consentement, en matière de protection des données personnelles, s'affrontent. Pour les Anglo-Saxons, si un consentement exigé est donné par la personne concernée, il n'est pas nécessaire de s'interroger davantage. Le salarié d'une entreprise a accepté, à la demande de son supérieur hiérarchique, d'être géolocalisé, durant sa journée de travail : sous cet angle-là, la procédure est parfaite. Pour schématiser, disons que, dans cette conception, le consentement « lave tout ». La conception française, largement partagée par la plupart des autres États membres de l'Union européenne, est beaucoup plus relative. Elle exige d'apprécier « *in concreto* » la situation de la personne appelée à émettre un consentement de façon à vérifier que celui-ci est réellement libre et éclairé. Tel sera le cas, par exemple, dans le cadre de la relation employeur/employé en raison du lien de subordination qui les unit. Certaines juridictions ont pu considérer que le consentement, exprimé par le salarié, pouvait être ainsi vicié. De même, dans le cadre de la relation consommateur/professionnel, si le premier donne son accord après avoir été peu ou mal informé par le second, on doit considérer que son consentement n'est pas véritablement éclairé.

On voit là apparaître en toile de fond la problématique classique consistant à définir l'équilibre entre, d'une part, le devoir de l'autorité publique d'assurer la protection de l'individu lorsqu'il se trouve en position vulnérable et, d'autre part, le risque de l'excès protectionniste que constituerait la substitution de cette autorité à l'autonomie de l'individu. Et l'on voit bien se profiler ici la perspective du glissement vers l'ordre moral…

QUI EST « *IN* », QUI EST « *OUT* » ?

Dans le domaine de la protection des données personnelles, la notion de consentement est dotée d'un statut spécifique et repose sur une distinction, qui peut paraître byzantine aux yeux du profane mais qui, dans la logique numérique, revêt une signification précise et parfois lourde de conséquences juridiques et économiques. Il s'agit de la distinction entre l'« *opt-in* » et l'« *opt-out* ». Dans le premier cas, la personne – le consommateur, l'utilisateur du réseau – doit manifester de manière positive, concrète, son consentement. D'un point de vue marketing, cela se traduit, par le fait de cocher la case « Oui, je souhaite recevoir des publicités ». Dans le second cas, elle exprime son opposition en cochant une case pour indiquer qu'elle ne souhaite pas être sollicitée. À défaut, elle recevra de la publicité.

On devine que derrière ce choix d'apparence technique se dissimulent des enjeux fondamentaux. Le consommateur dispose-t-il de l'un ou de l'autre lorsqu'il est confronté à l'exercice d'une option vis-à-vis de « cookies » ? Ou lorsque son domicile fait l'objet d'une localisation sur Google Street View ? Ou bien encore, dans un avenir proche, lorsqu'il s'agira de désactiver des puces RFID intégrées aux marchandises qu'il achètera dans les hypermarchés ? Et, bien entendu, des stratégies commerciales seront conditionnées par la politique définie par le législateur ou le régulateur : *opt-in* ou *opt-out ?* Tout cela se complique encore lorsque l'on prend en considération un autre élément : il est clair – et nous serons, à de multiples reprises confrontés à cette divergence – que la philosophie anglo-saxonne en matière de protection des données incline plutôt en faveur du mécanisme de l'*opt-out*, moins contraignant pour les opérateurs et les acteurs de l'Internet, les autres membres de l'Union avouant généralement une préférence pour l'*opt-in*, qui laisse plus de place au consentement de l'individu.

Le traçage dans l'espace et le temps

Pour bien comprendre le phénomène de traçage, il est parfois utile de recourir à une distinction qui repose sur un simple constat mais permet de fixer les idées. Ainsi, la vidéosurveillance, la biométrie ou la géolocalisation permettent de tracer les personnes dans l'espace. En matière de biométrie, par exemple, on saisit leur empreinte digitale, celle de l'iris de leurs yeux ou la forme de leur visage et l'on est en mesure de rapprocher ces éléments de l'identité de la personne. La géolocalisation – par le recours aux puces RFID ou au système GPS – donne, elle, la possibilité de repérer une personne dans l'espace, en temps réel ou différé, et de la suivre. La vidéo capte les mouvements ou les déplacements de personnes dont l'image peut être rapprochée, de manière indirecte, de leur identité.

Dans ces différentes hypothèses, on procède à un traçage physique dans l'espace alors que, pour prendre un exemple léger, lorsqu'un « internaute » se voit, à l'âge mûr, rappeler, sur Facebook, ses frasques d'adolescent, il s'agit, cette fois, d'une espèce de traçage mental dans le temps. Depuis quelque temps, d'ailleurs, se développent des applications qui reposent sur des technologies de l'Internet et du téléphone de dernière génération, mais qui proposent des services de géolocalisation dans l'espace et même de la vidéosurveillance.

Transparence et opacité

Le développement des usages de la biométrie s'évalue, pour le moment, en milliers de dispositifs. Pour la vidéosurveillance, on en compte des centaines de milliers, pour Internet et la géolocalisation (tous types d'applications confondus) des dizaines de millions. Face à ce développement inouï, la mission de la CNIL est de cerner, au plus près, la question de l'« opacité » du citoyen, condition nécessaire à la résistance au traçage et à la surveillance généralisée. L'utilisation de ce mot frise le paradoxe. Au fond, il s'agit de distinguer, en matière de protection de la vie privée, deux conditions essentielles à la démocratie. Il faut, d'une part, que le citoyen ait accès aux fichiers régaliens – c'est la transparence. Mais il faut, d'autre part, que le pouvoir ne puisse pas voir en lui, ni au travers du citoyen qu'il est, car il serait ainsi dépouillé à la fois de son intimité et de son identité – c'est l'opacité.

Pour y parvenir la CNIL utilise, de manière combinée, les différents critères d'évaluation qui viennent d'être décrits. Nous allons voir maintenant plus en détail comment chaque type de technologie contribue au traçage.

II

La biométrie

Le corps identifiant

Les procédés biométriques visent à identifier un individu à partir de la « mesure » de ses caractéristiques physiques, physiologiques ou comportementales, essentiellement pour « sécuriser » la valeur des documents et l'accès à des locaux. L'éventail des éléments corporels utilisables est extrêmement large : l'iris, la cornée, la rétine, le contour de la main, l'empreinte digitale, le réseau veineux de la paume ou d'un doigt, la forme du visage, la démarche, l'ADN, la silhouette, etc. L'oreille est intéressante, semble-t-il, car il en existe une infinité de modèles, elle est « stable » – même si elle grandit avec l'âge, disent certains… – et, surtout, on ne maîtrise pas sa « physionomie » ! Certains laboratoires de recherche travaillent même sur l'odeur du corps humain et avouent qu'ils rencontrent quelques difficultés dans la mesure où celle-ci peut être altérée par des parfums ou des onguents, mais ne désespèrent pas d'aboutir ! Bien entendu ces techniques sont plus ou moins complexes d'usage, plus ou moins intrusives.

Un statut particulier

À la différence des autres données à caractère personnel, la donnée biométrique n'est pas attribuée à un tiers (comme le prénom) ou choisie par la personne concernée (comme l'adresse). Elle est produite par le corps lui-même et le désigne ou le représente, lui et nul autre, de façon immuable. Plus exactement, la donnée biométrique désignera la personne « propriétaire » de ce corps. Dès lors, toute possibilité, toute éventualité de détournement ou de mauvais usage de cette donnée biométrique menace l'identité. Le fait de confier ses données biométriques à un tiers et lui permettre de les conserver doit donc répondre à une nécessité justifiée, quasi exceptionnelle, et impliquer de sérieuses garanties. Bien sûr, cette particularité consistant à déterminer l'identité d'un individu à partir d'éléments lui appartenant en propre, et même le constituant, pose la question de son intangibilité qui peut tout à la fois représenter une garantie et une pesanteur.

En l'espace de quatre ou cinq ans, les usages de la biométrie se sont diversifiés de façon extrêmement rapide. Sur le plan international, cette technologie est très prisée pour son caractère, par définition, objectif, mais aussi parce que, s'agissant d'usages liés aux politiques menées en matière de sécurité publique, elle présente certaines garanties de fiabilité (passeports, visas, etc.). En France, elle est mise en œuvre essentiellement par des entreprises soucieuses de sécuriser les accès à des points sensibles de leurs locaux. On verra que, dans ce domaine, les applications sont extrêmement diversifiées.

On comprend, dans ces conditions, que face à la spécificité de ces applications biométriques, le législateur n'ait pas jugé bon de fixer des règles définissant les bons et les mauvais usages de la biométrie. Mais, tenant compte du fait que ceux-ci sont potentiellement intrusifs, il leur a conféré un statut juridique spécifique. Il s'agit, en effet, d'un des rares cas dans lesquels la CNIL dispose d'un pouvoir d'autorisation expresse aux côtés, par exemple, des traitements de données génétiques, des fichiers d'exclusion des personnes (dits « listes noires »), ou portant sur des données relatives à des infractions ou des condamnations, ou créant des interconnexions de fichiers, ou encore recourant au numéro d'inscription des personnes au répertoire national d'identification des personnes physiques (NIR). Toutes ces hypothèses touchent, on le voit, à des questions particulièrement sensibles.

L'exercice de ce pouvoir spécial d'autorisation en matière de biométrie pose d'abord un problème de communication. Il est, en effet, très difficile de faire connaître au grand public les critères sur lesquels reposent les analyses qui fondent ces décisions : comment un non-spécialiste peut-il comprendre que l'on accepte, à l'entrée de la cantine d'un lycée, un dispositif de captation de l'image de la main ouverte d'un élève mais non l'empreinte numérisée de son seul index ? Et pour quelle raison, dans certains cas, le recours à l'empreinte digitale sera-t-il préféré à l'utilisation du réseau veineux du même doigt ? Et pourquoi est-ce parfois l'inverse ?...

Nous sommes là, semble-t-il, en pleine broderie juridique. Pourtant, nous le verrons, des arguments objectifs viennent à l'appui de ces différentes options.

Les intérêts économiques face aux principes

La biométrie représente un secteur économique connaissant un fort développement, notamment parce que l'impératif de sécurité collective prend une place grandissante au cœur des politiques mises en œuvre dans le monde occidental et asiatique, mais aussi pour des motifs liés aux exigences de l'établissement de l'identité des personnes – condition de la citoyenneté – en Afrique. Les sociétés françaises, très impliquées en ce domaine, comptent parmi les plus grands acteurs à l'échelle mondiale, grâce à leur expérience, leur créativité et leur dynamisme. On comprend dès lors que les relations avec la CNIL peuvent se révéler parfois délicates. Ainsi, la commission sera amenée à marquer une réserve ou une opposition au développement de tel ou tel procédé, considéré comme le fleuron technologique du catalogue de telle ou telle société...

LE PRINCIPE DE PROPORTIONNALITÉ

Autre source de difficulté : on sait que le premier élément à prendre en compte sera la finalité assignée au système. Il s'agit, au fond, d'exiger de la part de celui qui s'apprête à engager une action, qu'il réfléchisse, au préalable, aux motifs pour lesquels il le fait ! Ce qui, *a priori*, semble naturel... Mais l'expérience montre que, dans le domaine de la création des traitements de données, les choses sont souvent moins rationnelles qu'on ne l'imagine. En effet, bien souvent, les promoteurs des systèmes biométriques ont quelque mal à exprimer clairement le but recherché ou même jugent « confortable » de préserver une part de flou de façon à ne pas écarter d'emblée certaines applications, dont ils ne voient pas, au jour de l'accomplissement de la procédure, quelle pourrait être la destination, mais qui pourraient, *a posteriori*, se révéler utiles ou prometteuses.

D'autres difficultés surgissent lorsqu'il s'agit d'examiner la notion de proportionnalité. Les responsables de ces traitements ont parfois du mal à admettre qu'ils ne peuvent mettre en action que les moyens strictement nécessaires à la réalisation de l'objectif déterminé. Ils se demandent à quel titre la CNIL se permet de procéder à ce type d'évaluation puisque, affirment-ils, dès l'instant où celle-ci admet le bien-fondé de cet objectif, ils devraient être libres de choisir les moyens de l'atteindre. Or c'est bien la loi elle-même qui dispose que le caractère pertinent, non excessif, adéquat des moyens mis en œuvre constitue le critère de légalité recherché. Bien entendu, la CNIL peut s'opposer à la mise en œuvre d'une application, dans un cas donné, mais elle n'émet jamais de refus *a priori* à l'égard d'une technologie, au stade de la recherche fondamentale.

UN ESSOR SPECTACULAIRE

On le voit, la situation n'est pas simple. D'autant que – et personne ne l'avait imaginé – le développement des applications de ces technologies biométriques est réellement spectaculaire. Ainsi, alors que la CNIL a enregistré 34 demandes d'autorisation en 2005, plus de 1 000 demandes ont été déposées en 2010 ! Si l'on observe le cumul réalisé durant les quatre dernières années, ce sont près de 3 000 dispositifs qui ont été installés (dont une grande partie dans le cadre de la procédure de l'autorisation unique sur laquelle nous reviendrons). Et selon nos informations, rien n'indique que le rythme pourrait ralentir. Bien au contraire.

De surcroît on assiste à une extension du phénomène de couplage des technologies comme, par exemple, celles qui associent vidéosurveillance et biométrie par technique de reconnaissance faciale (voir plus loin). Or, lors du vote de la loi – en 2004 – le législateur ne disposait pas des éléments lui permettant de prendre en compte ce développement massif auquel nous devons faire face ni la complexité croissante liée au croisement des applications.

Mais il faut prendre en compte un aspect singulier de la biométrie qui la différencie nettement, par exemple, de la vidéosurveillance et de la géolocalisation : l'intensité du risque de traçage variera principalement en fonction des caractéristiques intrinsèques de la solution technique choisie. Pour simplifier, disons qu'en matière de vidéosurveillance, le choix du modèle de caméra n'ayant qu'une incidence limitée sur l'intensité de la menace à l'égard des libertés individuelles, leur nombre, leur emplacement, etc., retiendront bien davantage notre attention. Il en va autrement de la biométrie, comme nous allons le voir maintenant.

Les risques de dérive et l'indice d'« intrusivité »

L'expression n'est pas élégante mais elle est significative. Prenons un exemple simple : le responsable de la sécurité d'un site, souhaitant installer un contrôle d'accès à telle ou telle zone, peut se voir proposer un dispositif reposant sur la biométrie de l'iris de l'œil ou un autre utilisant l'empreinte digitale numérisée de l'index. Dans le premier cas, il est encore impossible aujourd'hui (c'est-à-dire « en l'état actuel de la technologie », précision qui n'est pas qu'une formule de style) de capturer l'image de l'iris d'un individu à son insu et de l'utiliser à ses dépens. Au contraire, le lecteur de ces lignes a laissé, sur les pages précédentes, la trace physico-chimique de ses doigts, ce qui induit le risque d'une usurpation de son identité si elles sont reproduites à son insu.

LATEX ET PÂTE À MODELER

Pour faire comprendre à nos interlocuteurs en quoi consiste ce risque de dérive, voici deux ans j'ai demandé à nos collaborateurs de la CNIL, ingénieurs et juristes, de concocter une petite expérimentation qui a fait l'objet d'une vidéo dont la vision est, bien souvent, plus efficace qu'un long exposé. Budget royal : une trentaine d'euros ! Pour la circonstance, nous nous étions procuré un dispositif de contrôle d'entrée de locaux *via* l'empreinte de l'index. Une de nos collaboratrices s'est enrôlée dans le système puis a laissé son empreinte sur un verre posé sur le bureau. Un ingénieur s'est alors saisi de ce verre et, en quelques heures (temps de prise et de séchage, essentiellement, m'a-t-on expliqué), en utilisant du latex liquide (environ 12 euros le flacon), de la pâte à modeler (4 à 5 euros), un crayon à papier à mine grasse et une photocopieuse, a confectionné un faux doigt qui, présenté au dispositif, a déclenché l'ouverture de la zone supposée placée sous biométrie. Bien entendu, ce dispositif n'était pas le plus performant de ceux disponibles sur le marché, mais reconnaissons que les moyens mis en œuvre pour le tromper n'étaient pas, non plus, très sophistiqués ! Ce qui veut simplement dire que les moyens nécessaires pour forcer un dispositif de très haute technicité peuvent se révéler colossaux, et non qu'il y aurait des hypothèses d'impossibilité absolue, c'est-à-dire de fiabilité absolue. Proportionnalité encore et toujours…

DES ERREURS RARES MAIS QUASIMENT IMPOSSIBLES À PROUVER

Quelles leçons peuvent être tirées de cette expérience ? Supposons que le système fût placé à l'entrée d'un laboratoire auquel, grâce à l'enregistrement de l'empreinte de leur index, une dizaine de salariés d'une société ont accès.

Premier problème : un intrus est parvenu à entrer dans le laboratoire pour y détruire ou y dérober des éléments essentiels à la politique de recherche de l'entreprise. Deuxième problème : l'un des salariés – celui dont on a usurpé l'identité biométrique – se verra mis en cause et, il faut en prendre conscience, se trouvera plongé dans une situation inextricable puisqu'il lui appartiendra d'apporter la preuve que, en réalité, ce n'est pas lui qui est entré dans le laboratoire. Preuve négative singulièrement difficile à produire. Je souligne ce fait, au passage : les processus de traitement des données ont atteint un tel niveau de performance que leur marge d'erreur est extrêmement réduite. Mais lorsqu'une erreur se produit, l'individu concerné se voit placé dans la quasi-impossibilité de démontrer sa bonne foi. J'ai mesuré l'importance de ce phénomène lorsque mon collègue, président de l'autorité de contrôle britannique, m'expliqua, voici quelques années, que sur les 3 à

4 millions de personnes dont les données étaient enregistrées dans le fichier d'empreintes génétiques, il ne relevait que quelques centaines d'erreurs. Ingénument, je me félicitai de ce taux, particulièrement faible, mais il fronça les sourcils en me faisant observer que le piège s'était refermé sur ces malchanceux car il était pratiquement impossible de rectifier leur position en faisant droit à leur demande légitime de sortie du système.

Enfin, pour revenir à notre petite expérience, comment ne pas évoquer une dernière hypothèse qui commence à faire florès dans les polars anglo-saxons ? Qui empêchera, en effet, un tueur à l'esprit tordu de disperser, sur la scène de son crime, les traces de l'empreinte digitale de telle ou telle personne, récupérée à son insu ?

Certes, un non-spécialiste pourrait légitimement considérer que le développement de la biométrie ne constitue pas une nouveauté puisqu'on utilise le système de la prise d'empreintes digitales depuis des décennies, notamment dans l'établissement de documents d'identité. Sauf que jusqu'à une période récente il ne s'agissait que d'empreintes prises grâce à un tampon encreur, et que les millions d'empreintes ainsi récoltées n'étaient pas regroupées dans un fichier central (à l'exception des personnes ayant déjà été impliquées dans certaines affaires judiciaires, précisément).

Mais la numérisation de l'empreinte digitale a bouleversé la donne ; désormais il existe plusieurs fichiers y recourant : FAED (fichier automatisé des empreintes digitales), fichier des passeports, fichier des demandeurs de visa, fichier des étrangers non admis à la frontière, fichier des étrangers bénéficiaires de l'aide au retour. Il faudrait ajouter à cette liste les fichiers européens. Et l'on sait que, bientôt, s'ouvrira le débat sur la création d'une carte nationale d'identité numérisée. Dès lors serait rendu possible le rapprochement entre l'empreinte relevée sur une scène de crime – si celui-ci est prévu dans la finalité du dispositif – et les millions d'empreintes intégrées dans les systèmes centraux. Nous verrons plus loin que cela ne signifie pas qu'il faille renoncer à toute utilisation de l'empreinte digitale mais que, une fois encore, l'approche en termes de proportionnalité s'avère déterminante.

PLUS UNE TECHNIQUE EST FIABLE, PLUS ELLE SERAIT INTRUSIVE

D'une certaine manière, la résistance d'un système aux attaques est un marqueur de sa fiabilité. Et les mesures de sécurité mises en œuvre par le responsable du système font évidemment l'objet d'un examen pointilleux de la part des spécialistes de la CNIL.

Mais l'indice de fiabilité englobe également le taux d'erreur ou de non-réaction de ce dispositif face à une sollicitation. Si l'on prend l'exemple de l'œil on sait qu'« en l'état actuel de la technologie », la biométrie de l'iris est plus fiable que celle s'appliquant à la cornée ou à la rétine. De même, la technique de l'empreinte digitale numérisée l'emporte, en termes de « performance » sur celle de la captation de l'image du contour de la main. Il existe donc une relation entre l'indice d'intrusivité et l'indice de fiabilité. C'est pourquoi il nous faut aller plus loin et évoquer un autre critère susceptible de faire varier le curseur et la nature de cette relation.

Prenons le cas de l'empreinte digitale numérisée : nous distinguons les dispositifs en fonction du mode de stockage des empreintes ou des gabarits d'empreintes utilisés. Dans le cas d'un stockage sur un support individuel (carte à puce, clé USB), exclusivement détenu par la personne concernée, celle-ci a la maîtrise absolue de sa donnée biométrique. Dans le cas d'un stockage sur un terminal de lecture-comparaison ou sur un serveur, la personne perd alors la maîtrise de cette donnée qui est détenue par un tiers. On comprend aussitôt que les risques de dérive – intrusivité et usurpation d'identité – sont, dans ce second cas, plus importants. On remarque, en passant, que le rôle du consentement apparaît au détour de cette distinction.

Enfin, il ne faut pas négliger une conséquence essentielle qui découle de cette distinction entre les modes de stockage. En effet, le fait de vérifier, grâce au système biométrique, que le porteur de la carte est bien le bon titulaire est une opération de simple authentification, dite « 1 contre 1 ». On se contente de comparer le doigt apposé sur le lecteur et le gabarit stocké sur la carte. En revanche, comparer l'empreinte du doigt apposé sur le lecteur aux milliers de gabarits rangés dans la mémoire du terminal de lecture-comparaison ou du serveur, constitue une opération d'identification biométrique, dite « 1 contre *n* ». Inutile d'insister sur le fait que la plus grande fiabilité dans la recherche et la détermination de l'identité des personnes dans ce second procédé correspond à un « taux d'intrusivité » plus élevé.

BASE CENTRALE OU STOCKAGE INDIVIDUEL ?

S'agissant de la finalité, c'est-à-dire de l'objectif poursuivi par le responsable du système, la nature et l'importance des intérêts en cause varieront fortement selon que l'on se propose d'assurer la protection de la vie des personnes, de contrôler l'accès à une salle de réunion ou d'organiser le pointage des salariés à l'entrée d'une entreprise. C'est pourquoi la CNIL a voulu soigneusement encadrer l'usage de la technologie fondée sur l'empreinte digitale numérisée (particulièrement significative par le nombre de dispositifs mis en œuvre et les enjeux en termes d'intrusivité), en définissant une grille de critères. La conception de cette grille repose sur la distinction entre les dispositifs de reconnaissance par empreinte digitale avec stockage dans une base de données et ceux qui recourent au stockage individuel.

Les premiers, les plus délicats, outre qu'ils sont réservés au contrôle d'un nombre limité de personnes dans une zone bien déterminée, doivent contenir un enjeu majeur ayant trait à :

- La protection de l'intégrité physique des personnes : installations nucléaires de base ; sites classés Seveso-II ;

cellule de production de vaccins ; certains blocs opératoires, etc.
- La protection des biens et des installations : zones sensibles d'un centre d'incendie et de secours, d'une entreprise travaillant pour la défense nationale, etc.
- La protection des informations : salle sécurisée recelant des informations de clients de niveau « confidentiel défense » ; bâtiment dépendant de l'Éducation nationale contenant des sujets de concours.

On voit bien que le recours au stockage sur base de données est cantonné à des hypothèses dans lesquelles les enjeux sont lourds et le risque avéré. Quant aux dispositifs fondés sur un stockage maîtrisé par la personne concernée, ils seront mis en œuvre pour des finalités, disons moins impératives, plus éloignées de l'intérêt général, ou ne dépassant pas le périmètre des intérêts légitimes de la structure considérée : gestion de stock, accès à une salle informatique, à un parking, à un casino, au bloc opératoire d'une clinique, etc.

LE CONSENTEMENT EN BIOMÉTRIE : À MON INSU OU DE PLEIN GRÉ ?

Au chapitre précédent, j'ai montré que la question du recueil du consentement dessinait une ligne de partage entre les différentes techniques de traçage des personnes. Je me contenterai de rappeler ici qu'à la différence de ce qui se passe, par exemple en matière de vidéosurveillance, dans le domaine de la biométrie la question se pose très directement puisque, compte tenu de la nécessité technique de l'enrôlement (enregistrement dans le système), on imagine difficilement que des personnes soient soumises à un contrôle biométrique à leur insu. Ce qui, bien entendu, n'empêche pas qu'une personne mal intentionnée puisse capter l'empreinte digitale d'une personne pour un usage non encadré. J'y reviendrai.

Précisons aussi que nous pouvons être consciemment soumis à un contrôle biométrique sans être d'accord. Autrement dit, le contrôle dans ce cas ne s'exerce ni à notre insu, ni de notre plein gré. Voilà pourquoi la question du consentement des personnes concernées est une référence constante dans le raisonnement tenu par la commission à l'appui de ses décisions en matière d'autorisation. Cela sera illustré par les différents cas pratiques exposés ci-dessous, selon une gamme qui ira de l'accès à des locaux professionnels *via* un support individualisé à celle du contrôle de l'identité des patients pris en charge au sein d'un service de radiothérapie. Dans le premier cas, la perspective de recueil du consentement, au sens français du terme, c'est-à-dire libre, exprès et éclairé *in concreto*, n'est pas réaliste puisqu'il s'exprime dans le cadre d'une relation de subordination employeur/salarié. En revanche, dans le second cas, la mise en œuvre du dispositif est conditionnée par l'expression d'un consentement éclairé, explicite et préalable du patient.

MONSIEUR JOURDAIN EN VISITE À LA CNIL

Petite parenthèse : parfois des esprits mal intentionnés, mal informés, chagrins ou espiègles se demandent, à voix haute, « si toute cette affaire de proportionnalité ne se résume pas, tout simplement, à évaluer, avant d'agir, les avantages et inconvénients qui pourraient résulter d'une initiative ». Après tout, il est assez logique d'engager plus de moyens pour garantir la fiabilité d'un système, au prix d'une certaine altération du champ d'exercice des libertés individuelles, s'il s'agit de contrôler l'accès à un site protégeant des matières puissamment explosives et particulièrement instables. Mais pourquoi faudrait-il investir lourdement dans la mise en place d'un tel système s'il ne s'agit que de contrôler l'accès à un parking ? Tirons la conclusion nous-mêmes : ne sommes-nous pas davantage dans le domaine de l'intuition ou du réflexe commun à tous que dans celui de la méthode et du raisonnement ?

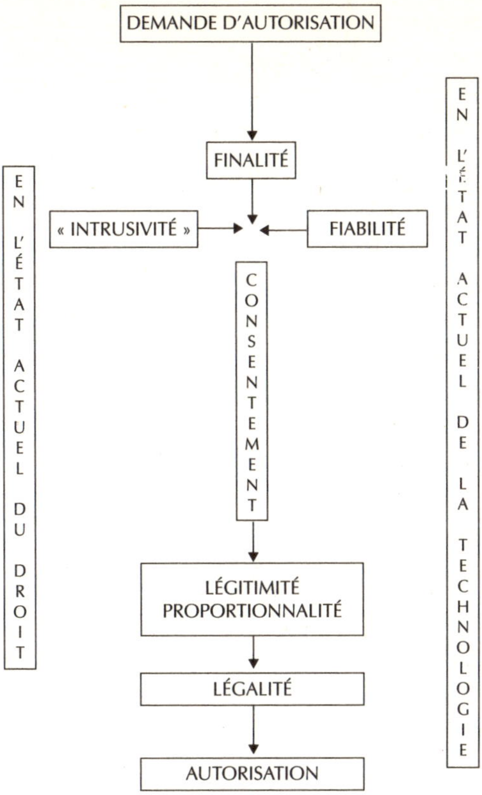

Discours sommaire, qui fleure le bon sens mais passe à côté du sujet. En réalité, cette méthodologie que j'ai essayé de schématiser répond à une exigence forte. Il s'agit de définir clairement, et en amont, une grille d'analyse qui doit permettre à la commission de traiter chaque demande d'autorisation avec la plus grande objectivité possible, la plus grande transparence, dans le souci de l'égalité de traitement et ce, dans la continuité de l'exercice de sa mission, indépendamment des évolutions internes. Néanmoins, cette méthodologie reste, par nature, évolutive car nous devons sans cesse adapter notre stratégie aux innovations technologiques. Tel a été le cas lors de la mise au point de dispositifs biométriques reposant sur la reconnaissance du réseau veineux des doigts de la main.

Tous les aspects de la vie quotidienne

On vient de voir que, progressivement, les technologies biométriques s'étendent à tous les domaines d'activité : accès aux locaux, gestion des horaires, applications régaliennes, mais aussi développements associés à d'autres techniques de traçage. Parmi les milliers de dossiers qui nous ont été soumis depuis 2005, j'en retiendrai quelques-uns qui me paraissent dotés d'une vertu pédagogique particulière dans la mesure où ils illustrent bien la complexité du sujet.

DES CANTINES SCOLAIRES SOUS CONTRÔLE

Le premier cas concerne l'utilisation de dispositifs ayant pour finalité le contrôle de l'accès à la cantine scolaire reposant sur la reconnaissance du contour de la main. Depuis six ans, plus de 400 établissements scolaires se sont dotés de ces dispositifs. Lors de la première saisine, sur ce sujet, la CNIL avait été amenée à clairement distinguer le procédé reposant sur la reconnaissance de l'empreinte digitale numérisée de celui faisant appel au contour de la main. Si le premier présentait un taux de fiabilité supérieur au second, il était, en revanche, susceptible, comme nous l'avons vu précédemment, de faire l'objet de dérives, sous forme de traçage, à l'insu des élèves concernés, ou d'usurpation d'identité.

Or la CNIL a considéré que l'enjeu n'était pas tel qu'il serait justifié de prendre le risque, pour un gain relatif en termes de fiabilité, de voir se mettre en place, sur notre territoire, des milliers de fichiers d'adolescents, au sein des établissements scolaires. Et ce, d'autant plus que l'on peut s'interroger sur le devenir de leurs données lorsqu'ils auront quitté l'établissement. Au contraire, la technologie du contour de la main présente l'avantage de ne pas ouvrir de voie de dérive puisque l'on ne peut conserver la trace de la vision de la main ouverte. S'agissant de la fiabilité du système, il suffit d'examiner, un instant, l'enjeu, pour comprendre l'option retenue : il ne s'agit finalement que de vérifier si tel ou tel élève a déjeuné ou non à la cantine et que le règlement de celle-ci a été effectué par ses parents. Cette question n'est pas sans intérêt mais elle ne présente pas une sensibilité particulière. Précisons que, pour l'élève, la différence est absolument anodine puisqu'il doit, dans ce second cas, présenter, devant l'appareil, la main ouverte plutôt que l'index…

Pourquoi ne pas le dire ? Lors la première demande de ce type, j'ai d'abord été interloqué par ce qui me semblait être une solution technologique de substitution à la relation éducateur/élève. Mais il est vrai que les chefs d'établissement ont à faire face à des contraintes budgétaires, et donc d'effectif, croissantes. Dans cet esprit, une condition supplémentaire a été ajoutée : sur demande des parents des élèves mineurs, ou sur celle d'élèves majeurs, l'administration de l'établissement est dans l'obligation de maintenir la possibilité d'un accès à la cantine sans passer par le dispositif biométrique. En pratique, cette option n'est utilisée que très ponctuellement.

La préférence des fournisseurs allait plutôt à la technique de l'empreinte digitale, probablement pour des motifs commerciaux. Quant aux chefs d'établissement, ils n'avaient guère d'opinion sur le plan technique. Ce qui se conçoit fort bien.

Durant ces trois dernières années, j'ai pu constater que la pression de certaines sociétés qui commercialisent ces dispositifs à l'égard des chefs d'établissement devenait excessive, parfois choquante et même à la limite de l'infraction pénale. En effet, parmi leurs arguments de vente les représentants de ces sociétés n'hésitent pas à affirmer que leurs dispositifs sont « agréés » ou « homologués » ou encore « labellisés » par la commission. Ce qui est, évidemment, totalement faux. Ils diffusent ainsi une ambiguïté à propos du sens et de la portée du concept d'autorisation unique : le responsable du traitement doit, en effet, dans ce cadre, engager une démarche procédurale consistant à mettre son projet de biométrie en conformité avec les exigences d'une norme publiée. Le mécanisme est donc parfaitement étranger à la notion d'homologation ou d'agrément général *a priori*. Inutile de préciser que les sociétés en question sont parfaitement au courant de tout cela.

Il n'est pas rare, soit lors de nos contrôles, soit au cours de conversations informelles, de constater que certains chefs d'établissement ont mis en place leur dispositif dans la plus grande illégalité. Ce qui les met dans une situation très inconfortable puisqu'ils sont susceptibles de se voir infliger des sanctions par notre formation contentieuse, sans parler des conséquences pénales encourues. Il arrive même que certains d'entre eux fassent procéder à l'installation d'un dispositif de reconnaissance fondé sur l'empreinte digitale. Au risque de la sanction s'ajoute alors la perte financière que représente l'abandon du système déjà acquis (et son remplacement par un système conforme à l'autorisation de notre commission).

En 2008, la CNIL s'est prononcée, pour la première fois, au sujet d'un dispositif reposant sur la reconnaissance de l'empreinte digitale afin de contrôler l'accès à un établissement scolaire ainsi que la présence des élèves. Elle a refusé de donner l'autorisation souhaitée en considérant que la mise en place de ce dispositif n'était pas justifiée compte tenu de l'absence, en l'espèce, d'un puissant impératif de sécurité. Là encore, le chef d'établissement avait été trompé par l'offre commerciale qui lui avait été faite. C'est pourquoi, après avoir tenté, en vain, de convaincre les PME, assurant la distribution de produits biométriques, d'assainir leurs pratiques commerciales, nous avons engagé une politique d'information auprès des responsables concernés dans le secteur éducatif. Les éléments d'information utiles ont été insérés dans un guide que nous avons adressé à l'ensemble des établissements à la fin de l'année 2010.

LA CHASSE AUX TRICHEURS

Le deuxième cas concerne l'utilisation de la biométrie fondée sur la reconnaissance du réseau veineux à l'intérieur de la paume de la main pour lutter contre la fraude à un examen. En juillet 2009, en effet, le Graduate Management Admission Council (GMAC), organisme américain à but non lucratif, organise, chaque année, un « concours mondial » permettant à des dizaines de milliers de candidats, dans 110 pays, d'intégrer des grandes écoles dans le monde entier (environ 1 800). En France, cela représente 2 000 candidats. Face au développement extrêmement préoccupant des phénomènes de fraude, essentiellement par le recours aux « faux candidats professionnels », cet organisme souhaite préserver la crédibilité de son examen et donc l'égalité des chances entre les candidats.

La CNIL a autorisé ce dispositif en se fondant sur deux arguments principaux. Le premier tient au fait que la technologie utilisée peut être considérée comme une biométrie « sans trace » car il est particulièrement difficile d'usurper l'image du réseau veineux d'un individu, voire quasiment impossible, pour le moment, contrairement, nous l'avons vu, à l'empreinte digitale numérisée. Dès lors, en l'état actuel de la technologie, le risque de captation des données à l'insu des personnes, et donc l'usurpation d'identité, est quasi impossible. Il est intéressant de noter que, devant cette réaction marquant une nette préférence pour la technique du réseau veineux, le GMAC a décidé de l'étendre à l'ensemble des pays au détriment de l'utilisation actuelle de l'empreinte digitale.

Le second argument tient à la nature spécifique de cet examen international pour lequel des contrôles particulièrement rigoureux sont absolument nécessaires. Ce qui signifie, de façon générale, le recours à l'utilisation de bases biométriques centralisées pour empêcher la fraude à tous les concours et examens.

DES ERREURS MÉDICALES ÉVITÉES

Le cas suivant concerne toujours l'usage de la biométrie fondée sur la reconnaissance du réseau veineux de la paume de la main. Mais, cette fois, en dépit d'un bilan en termes de proportionnalité intéressant, elle a été écartée.

Début 2010, la commission a été saisie par le centre Oscar-Lambret, centre régional de lutte contre le cancer du Nord-Pas-de-Calais, d'une demande d'autorisation d'expérimentation d'un système biométrique fondé sur la reconnaissance des empreintes digitales, assorti de la constitution d'une base de données. On sait que, durant ces dernières années, des patients ont été soumis, dans certains centres, à des radiations inappropriées susceptibles d'avoir des conséquences graves, voire irréversibles, pour la santé. Ces problèmes étaient survenus à la suite d'erreurs concernant l'identité de ces patients. On comprend aisément, d'entrée de jeu, la préoccupation du centre, et ce, d'autant plus que les traitements par radiothérapie nécessitent plusieurs séances hebdomadaires étalées sur un certain nombre de semaines, effectuées par des équipements de très haute technologie, et donc d'une grande efficacité, entièrement pilotés par un système informatique, en présence de personnes mobiles. En outre, le nombre de patients pris en charge augmente (300 par jour) et la durée de prise en charge diminue (dix à douze minutes).

Lors de l'examen en séance plénière de cette demande nous avons été amenés à suspendre nos travaux à l'issue d'un très long débat car, malgré les analyses approfondies menées en amont par notre service d'expertise, un doute subsistait. Le problème était le suivant : aucun membre de la commission ne contestait, évidemment, l'intérêt de santé publique qui s'attache à la mise en œuvre d'un tel procédé mais le choix de la technique biométrique, lui, posait problème dans la mesure où le centre souhaitait recourir à l'empreinte digitale assortie d'un stockage sur une base de données. Or nous avons, jusqu'à présent, cantonné cette utilisation à des hypothèses très limitées ne recouvrant pas l'expérimentation que le centre comptait engager. La plupart des membres de la commission manifestant leur perplexité, j'ai demandé à ce que soit organisée une audition du chef du service en cause, par ailleurs président de la Société française de radiothérapie. Après avoir entendu son argumentation, particulièrement claire et mesurée, nous avons donné l'autorisation sollicitée. Pourquoi ?

Nous comprenions aisément que la solution consistant à enregistrer l'empreinte digitale sur un support individuel détenu par le patient ne pouvait être satisfaisante dans la mesure où elle ne peut apporter le même niveau de sécurité car certains patients sont susceptibles de perdre ou d'oublier leur carte. De même, le recours au bracelet ou au tatouage porté par le patient ne paraissait pas acceptable compte tenu de leur caractère visible et donc stigmatisant. En revanche, nous nous demandions pour quelle raison il n'était pas possible, aux yeux de ce spécialiste, de s'en tenir à une solution technique telle que la reconnaissance du réseau veineux. Sa réponse leva quasi instantanément toute réserve : il se trouve que la chimiothérapie, souvent associée à la radiothérapie, dégrade le réseau veineux alors qu'un tel effet néfaste n'a jamais été, semble-t-il, observé en ce qui concerne l'empreinte digitale.

Toutefois, compte tenu du caractère très spécifique de cette autorisation la CNIL a tenu à l'encadrer assez précisément. Ainsi, bien entendu, la mise en œuvre de ce dispositif est subordonnée au recueil du consentement préalable du patient ou des personnes appelées à le représenter (remise d'une note d'information et d'un formulaire de recueil de ce consentement, par le service d'accueil, au patient). Dans le chapitre consacré à la géolocalisation, je reviendrai sur le caractère relatif du consentement lorsque les circonstances sont telles que, bien qu'il soit formellement exprimé, on peut douter qu'il soit réellement exprès, clair et explicite. Tel est le cas, par exemple, dans le cadre de la relation employeur/

salarié. Dans le cas qui nous intéresse ici on peut être tenté d'évoquer aussi ce caractère relatif mais on voit bien que la contrainte est d'une nature singulièrement différente : un patient a-t-il le choix dès lors qu'un refus de sa part ferait peser une menace grave sur sa santé ? Non, mais on voit bien qu'il ne s'agit pas d'une contrainte par subordination.

Dans ce dossier, la CNIL a également limité la durée de conservation des données biométriques à celle de la prise en charge thérapeutique, prenant acte de la volonté du centre de garantir le maintien de l'intervention humaine pour assurer la sécurité des patients, notamment en ce qui concerne le contrôle technique. Enfin, elle a demandé que lui soit communiqué le bilan de l'expérimentation.

UN PEU DE LIBERTÉ POUR LES HANDICAPÉS

Le dernier cas concerne la mise en œuvre, par un centre d'aide au travail pour travailleurs handicapés, d'un dispositif reposant sur la reconnaissance du réseau veineux et ayant pour finalité le contrôle de leur présence.

Là encore une première séance d'examen du dossier n'a pas suffi et ce n'est qu'après avoir entendu les arguments avancés par la direction du centre et, peut-être surtout, les parents des adultes handicapés, que la commission a pu donner son accord.

Le centre assure non seulement l'organisation du travail mais aussi le transport des employés entre leur domicile et leur lieu de travail. Or à plusieurs reprises s'étaient posés des problèmes d'absence inexpliquée. Un événement particulièrement pénible avait contraint les responsables du centre à s'interroger sur leur mode de fonctionnement : une jeune femme handicapée avait été « oubliée » à l'arrière du bus par le chauffeur et avait passé, seule, une vingtaine d'heures dans le véhicule à l'entrepôt. Ce qui avait, on s'en doute, provoqué une grande angoisse chez elle, bien sûr, mais aussi chez ses parents et le personnel encadrant.

D'où l'idée d'installer dans les véhicules et dans les locaux du CAT un dispositif biométrique afin de s'assurer de la présence des travailleurs lors du trajet entre leur domicile et leur lieu de travail en bus ainsi que sur le site de travail. Ainsi, le travailleur handicapé serait identifié lors de son entrée et de sa sortie du bus en début et fin de journée et lors de son entrée et sa sortie de l'atelier. La vérification s'effectuerait entre le doigt apposé sur le lecteur et le gabarit du réseau veineux de la personne concernée qui serait stocké sur le serveur situé sur le site du CAT. Compte tenu du fait que ce système se rapproche, dans sa philosophie, d'une méthode de géolocalisation des personnes, des mesures techniques seraient prises afin qu'il n'y ait pas de lien direct entre les données d'identité de la personne et ses données biométriques.

Précisons qu'il n'était pas réaliste d'envisager de pérenniser des solutions techniques reposant sur des cartes à code-barres, car les travailleurs handicapés les oubliaient très souvent, ni des mots de passe, pour les mêmes raisons. Pour autant, on pouvait à bon droit se demander si la mise en place d'un système biométrique se justifiait et s'il n'était pas préférable de recruter du personnel supplémentaire afin d'accroître la capacité d'encadrement. Perplexité générale. Et soudain l'intervention du père de l'un des adultes handicapés a débloqué la situation, quand il a expliqué que, dans leur cas, la solution biométrique leur apportait un « plus » puisqu'il leur serait possible, précisément, de vivre les heures de déplacement en bus, dans une relative autonomie, comme une petite communauté. Libres de toute surveillance humaine, de toute présence du personnel encadrant. Chose impossible dans leur vie quotidienne. Mais avec la garantie du contrôle assuré par le recours au dispositif biométrique. Cet argument a incontestablement joué, en termes de proportionnalité, un rôle déterminant.

Nous avons alors fixé quelques conditions, tenant d'abord, bien sûr, au consentement de l'adulte handicapé, en concertation avec sa famille ou son représentant légal, et à d'autres considérations touchant au contrôle du système et, finalement, nous avons donné notre accord à la mise en place de celui-ci.

Pour conclure, la question de la protection de la vie privée dans le domaine de la biométrie est aiguë et la prise de conscience sera longue. D'abord, les usages liés à ces applications sont récents. Et leur développement ne doit rien à un quelconque volontarisme des usagers : au contraire de certains usages de la géolocalisation ou, évidemment, d'Internet, il n'y a guère d'intérêt ludique, social ou culturel à recourir à ces applications. Dès lors, on voit mal comment pourrait se développer une « pratique individuelle » en la matière mais on voit très bien quels développements s'annoncent dans le domaine de la « sécurisation » des lieux publics et privés. Enfin on constate que s'il existe, on le verra, une réelle sensibilisation de l'opinion publique à l'égard de technologies telles que la vidéosurveillance ou l'usage des réseaux sociaux sur Internet, en revanche, nombreux sont ceux qui considèrent encore aujourd'hui que l'enregistrement de l'image de leur iris ou du réseau veineux de la paume de leur main ne pourrait, au maximum, que constituer une atteinte indirecte à leur vie privée.

III

La géolocalisation

L'invasion des puces

Deuxième technologie connaissant un développement considérable, et se présentant comme une composante du système global de traçage des personnes, la géolocalisation permet de repérer un individu dans l'espace et de le suivre, en temps réel ou en « différé ».

Une évolution préoccupante

Depuis peu, on peut se poser la question de savoir si le développement des applications de géolocalisation ne constitue pas l'évolution désormais la plus préoccupante. Plusieurs raisons à cela. Il y a d'abord le fait que la mise en œuvre des dispositifs de vidéosurveillance et de biométrie peut avoir pour effet, plus ou moins directement, de géolocaliser des individus. On sait également qu'il est toujours possible de recourir aux données techniques (appelées dans certains cas « données de trafic ») des téléphones portables, des cartes bancaires ou de certaines cartes de transport urbain pour géolocaliser après coup leurs détenteurs. Mais surtout on assiste, depuis quelque temps, à un accroissement massif d'usages ayant recours aux puces RFID et aux bracelets électroniques tandis que nombre d'applications développées par les grands acteurs d'Internet offrent de nouveaux services de géolocalisation. De surcroît on remarque que les dispositifs installés font de plus en plus appel à des techniques de miniaturisation et donc deviennent de moins en moins visibles. Enfin on s'aperçoit que, à la grande différence des systèmes de vidéosurveillance et des applications biométriques, les dispositifs de géolocalisation sont de plus en plus actionnés sur initiative purement individuelle (usages du smartphone, applications Google Latitude, Places – Facebook). Ce dernier élément est capital, car il change profondément, on le verra, l'angle d'analyse.

Le problème est que l'opinion publique est loin d'être consciente de ce phénomène et ce, d'autant qu'elle ne l'observe pas avec le recul nécessaire puisqu'elle y participe, par exemple, par l'usage du téléphone de dernière génération.

Cependant, alors qu'elle est susceptible de produire des effets en termes d'intrusivité, au moins aussi préoccupants, la géolocalisation n'a pas été dotée du même cadre juridique que celui qui entoure les usages biométriques. Il est vrai que, lors du vote de la loi de 2004, personne n'imaginait que, six ans seulement plus tard, nous serions déjà parvenus à ce stade d'évolution. Au chapitre précédent on a montré pour quelle raison le législateur a confié un pouvoir d'autorisation expresse, en matière de biométrie, à la CNIL. Sans aucun doute, le fait qu'il s'agisse d'une application technologique reposant sur la saisie et la captation de représentations d'éléments du corps humain justifie cette particularité. Mais si l'on comprend qu'il existe une différence entre ces deux sphères technologiques, dans la mesure où la mise en œuvre de dispositifs de géolocalisation ne nécessite pas de traitement de données attaché à des éléments du corps humain, en revanche, on vérifiera que les conséquences du recours à ces dispositifs peuvent représenter une « intrusion numérique », au moins aussi préoccupante.

Dès lors, la situation est la suivante : la CNIL, saisie d'une déclaration correctement agencée, visant à mettre en œuvre un dispositif de géolocalisation, est dans l'obligation de délivrer le récépissé et ne peut donc s'opposer, *a priori*, à la réalisation du projet même si elle juge que de sérieux problèmes se posent sur le fond. Cependant elle n'est pas démunie de moyens d'action puisqu'elle sera, chaque fois, en mesure de déclencher un contrôle du dispositif qui, si ses conclusions sont négatives, c'est-à-dire s'il s'avère que celui-ci ne respecte pas les principes de protection des données fixés par la loi, pourra déboucher sur des sanctions.

Le bracelet et le grain de riz

On considère généralement que la géolocalisation recouvre essentiellement les procédés recourant aux applications technologiques liées au système GPS et aux puces RFID. Or on pourrait se demander s'il ne serait pas judicieux d'intégrer dans le périmètre de la géolocalisation les dispositifs de biométrie et de vidéosurveillance qui permettent de déterminer les lieux et horaires de passage des personnes selon qu'elles sont filmées ou enrôlées.

Se pose encore la question de la nature même de la technologie mise en œuvre. Il n'est pas nécessaire d'être un expert pour différencier un bracelet accompagné d'un boîtier et une puce RFID dont la taille peut être inférieure à celle d'un grain de riz – cru, comme me l'a, un jour, précisé un expert. Dans bien des cas, par exemple dans le suivi et l'accompagnement de personnes vulnérables, on peut recourir à l'une ou l'autre de ces technologies qui rendront le même service : c'est-à-dire tenir informés le ou les responsables en charge de la personne vulnérable de la position dans l'espace de celle-ci. Cependant, derrière le constat d'évidence selon lequel l'un de ces procédés – le bracelet – est plus encombrant se pose surtout la question du degré de visibilité, et donc de l'effet stigmatisant du procédé. Nous y reviendrons. Disons tout de suite que cette question de la visibilité (et de l'invisibilité) deviendra, dans les années à venir, une notion clé : nous montrerons, en effet, lorsque nous évoquerons le développement des nanotechnologies, que la miniaturisation engendre un phénomène d'irréversibilité. Et nous serons là au cœur du malaise !

Le facteur temps peut également jouer un rôle significatif. On peut, en effet, distinguer les procédés employés selon qu'ils permettent au responsable du système d'exercer un contrôle en temps réel ou en temps différé. Les deux hypothèses sont possibles dans le cadre de la même application telle que, par exemple, le bracelet électronique. Il s'agit de savoir quel est le but recherché, étant entendu, bien sûr, que la contrainte pesant sur les personnes est plus forte dans le premier cas.

Quand la géolocalisation n'est pas l'effet recherché

Certains dispositifs ont pour effet de permettre une géolocalisation alors que ce n'est pas le but recherché. Par exemple, j'estime nécessaire de disposer d'un téléphone mobile courant, c'est-à-dire d'avant-dernière génération (taux de pénétration : 3 % en 1995 ; 98,5 % en 2009). Je dois savoir que, sur réquisition du juge, il sera possible d'accéder aux données de trafic de mon appareil et donc de savoir où je me trouvais tel jour, à telle heure. Ce n'est certes pas pour cette raison que le procédé est mis en œuvre par l'opérateur, et encore moins pour cette même raison que je m'en suis doté, mais il est possible de me géolocaliser grâce à cet appareil. Pour ce qui est du « smartphone », c'est-à-dire du téléphone mobile de dernière génération, j'en traiterai ailleurs, car il pose de sérieuses questions compte tenu de la puissance et de la diversité des usages qu'il permet en matière de géolocalisation.

À l'inverse je suis livreur de fioul et – je suppose, pour un motif de rationalisation de ses coûts logistiques – mon employeur juge indispensable de géolocaliser mon véhicule de travail. Il est alors évident que cette géolocalisation constitue l'objet même du procédé et simultanément son résultat.

Cette distinction entre l'objet et l'effet est intéressante car elle permet de conjuguer deux approches particulièrement pertinentes : l'approche par la finalité, d'une part ; celle par le consentement, d'autre part, dont la signification et l'intensité varieront en fonction des caractéristiques de l'application mise en œuvre.

LA VIE QUOTIDIENNE SIMPLIFIÉE

Une série d'applications peuvent être rangées dans la catégorie « géolocalisation par simple effet ». Il s'agit, pour l'essentiel, de celles qui correspondent à des usages personnels et quotidiens, dans lesquels la personne concernée – usager, client, abonné, etc. – a exprimé, par définition, un consentement lié à l'usage spécifique pour lequel le dispositif est mis à sa disposition mais non au processus de géolocalisation potentiel induit par la technologie mise en œuvre. Appelons-le « consentement décalé », car il existe bien, à l'origine, mais il ne se rapporte pas à la géolocalisation rendue techniquement possible. Plusieurs exemples de nature très diverse peuvent être envisagés. Le plus simple, on vient de le voir, concerne l'usage du téléphone mobile. Il en va de même, sous une forme légèrement différente, de l'usage de la carte bancaire (sans compter que le distributeur de billets est souvent placé sous vidéosurveillance). Dans le même esprit, on peut citer le dispositif du télépéage sur les autoroutes qui permet, après coup, de reconstituer les lieu et heure de passage de l'usager à tel ou tel péage.

L'utilisation du passe Navigo, sur le réseau parisien, pose des questions analogues. En effet, dans sa version classique, ce dispositif exploite des données telles que l'heure et le lieu où il a été validé. Les dernières validations figurent sur la carte de l'abonné pour permettre les opérations de contrôle de la RATP. Ces données sont associées au numéro d'abonné du voyageur dans le serveur central de la RATP pendant quarante-huit heures au maximum. Ce qui permet de reconstituer un historique des déplacements effectués pendant ce laps de temps. La CNIL a, depuis plusieurs années, engagé un dialogue assez rugueux avec la RATP à propos d'un autre passe dit « Découverte » qui, lui, ne nécessite pas l'inscription de l'usager dans le fichier client. Mais il est, lui, payant...

Dans ces différents exemples, on voit clairement que l'usager a donné un consentement (dans un cadre d'ailleurs contractuel, la plupart du temps). Il est, le plus souvent, conscient de la possibilité d'être géolocalisé, durant l'utilisation du dispositif ou après coup, mais il n'y a pas donné, bien entendu, son consentement. Celui-ci ne porte donc pas sur la fonctionnalité « géolocalisation » du système elle-même.

D'autres hypothèses un peu plus complexes posent les mêmes questions de principe. Ainsi en est-il de l'application « courrier électronique » du réseau. Compte tenu du protocole d'acheminement des e-mails, du modèle de distribution des adresses Internet au niveau mondial et des contraintes de gestion du réseau de télécommunications des fournisseurs d'accès Internet, et à défaut de précautions particulières, un simple e-mail est susceptible de révéler des informations significatives sur la localisation géographique d'une personne.

VERS L'ÉLECTRICITÉ INTELLIGENTE ?

Évoquons une autre hypothèse, qui fait, pour le moment, l'objet d'une expérimentation et permet, de façon indirecte mais réelle, de situer les individus. Il s'agit du concept de « Smart Gride », « réseau de distribution d'électricité intelligent » visant à optimiser la production et l'acheminement de l'électricité. Ce dispositif nécessite d'équiper les foyers de compteurs électriques capables de transmettre, en continu, des informations sur la consommation d'énergie à des systèmes d'analyse gérés par les opérateurs du réseau électrique. Le changement de compteur ne sera pas conditionné par le consentement du client, mais les services le seront. Et la CNIL devra y veiller. Bien évidemment l'objectif n'est pas de tracer les habitants du lieu ainsi équipé – et on escompte que les mesures de sécurité prises empêcheront tout usage détourné –, mais comment ne pas voir que l'accès aux relevés en temps réel permettrait de savoir si les occupants du logement sont présents ou partis en vacances ? La commission considère que l'information qui sera donnée à l'usager devra distinguer les nouvelles fonctionnalités des nouveaux compteurs des services qui peuvent être apportés en fonction de la remontée précise de ses habitudes de consommation. Évidemment, ce point fera l'objet de la plus grande vigilance de la CNIL lors du bilan de l'expérimentation.

UNE SERINGUE POUR LES BRANCHÉS

Pour achever ce premier examen arrêtons-nous un instant, sur un exemple très particulier. Qui m'afflige.

Il s'agit d'un dispositif consistant à injecter dans le bras de certains clients de « boîtes de nuit branchées » une puce RFID permettant aux heureux bénéficiaires d'entrer, de manière privilégiée et prioritaire, dans l'établissement. De plus – jouissance incomparable – lorsqu'ils régalent leurs amis, le règlement de la bouteille de champagne ou de whisky est directement opéré par l'apposition d'un rayon – vert, je crois ! – sur le bras du client et défalqué de son compte bancaire. Ce système est en service actuellement à Madrid, Barcelone, Rotterdam et Mexico. On imagine le plaisir intense qui envahit ces happy few d'être ainsi distingués des autres clients ! Sensation éprouvée exclusivement à l'intérieur de l'enceinte de l'établissement. Pour le moment…

À l'évidence, ce cas doit bien être rangé dans la catégorie « géolocalisation par effet » car je doute que les clients concernés aient délibérément adhéré à un système de traçage. Nous sommes d'ailleurs face à un cas limite, puisque le dispositif mis en œuvre – puce RFID – est incontestablement du ressort de la géolocalisation, mais il est, en l'espèce, davantage utilisé comme une biométrie dans la mesure où il s'agit seulement de contrôler l'entrée dans un établissement. Reste qu'il sera toujours possible, *a posteriori*, de vérifier si telle ou telle personne a passé la soirée dans l'établissement considéré. Et comme nous sommes dans une hypothèse de géolocalisation et non de biométrie, la commission ne sera pas en mesure de s'opposer à la mise en œuvre d'un tel dispositif au titre de son pouvoir d'autorisation. Elle pourra seulement délivrer le récépissé de la déclaration établie par le responsable de l'établissement, et procéder à un contrôle *a posteriori*.

En l'occurrence, d'ailleurs, les conclusions de celui-ci pourraient fort bien se révéler négatives car se pose ici, me semble-t-il, un sérieux problème de proportionnalité. On s'interroge en effet : comment justifier une telle atteinte à l'intégrité physique et mentale d'une personne pour un bénéfice aussi dérisoire que celui qui consiste à entrer dans un établissement dans des conditions privilégiées ? Car il faut préciser que les autres clients, qui ne souhaitent pas « bénéficier » du système peuvent suivre une voie plus classique et régler leur droit d'entrée et leurs consommations soit en disposant d'une carte de fidélité ou d'un badge soit en recourant aux modes de paiement courants. Et puisque nous en sommes à la question du caractère pertinent et adéquat du dispositif mis en œuvre, je garde le souvenir de l'interview d'un chirurgien madrilène qui, à ce propos, expliquait qu'il lui était arrivé de devoir pratiquer une intervention afin de « récupérer la puce qui se promenait dans le bras ».

Quant au consentement dans cette affaire… Eh bien il est, à l'évidence, clairement et expressément affirmé !

DU CHAMP D'UN RAYON À L'AUTRE

Je dois avouer que je n'évoque pas cette hypothèse sans un certain malaise. Il me semble que nous nous trouvons là devant l'illustration parfaite de ce qu'il ne faut pas faire : recourir à un dispositif aussi intrusif dans l'attente d'un bénéfice aussi faible. Il y a là une manière de succomber à une espèce de tentation technologique tout à fait détestable. Ce n'est pas parce qu'une application technologique est disponible qu'il faut nécessairement lui trouver un usage. Et il faut se saisir de ce type d'exemple pour favoriser une prise de conscience. À défaut, l'opinion publique glisse sur la pente du consentement global et silencieux qui s'apparente davantage à l'effet d'une résignation qu'à l'exercice d'un choix. Quant au décideur public il éprouve bien de la peine à déterminer quelles sont les options légitimes en la matière. D'une certaine façon cet exemple montre très bien comment on peut gâcher une perspective technologique. De tels usages sont susceptibles de « contaminer » d'autres usages de la même technologie aptes, eux, à rendre de réels services à la société et à ceux qui la composent. Si l'on n'y prend pas garde nous serons amenés à vivre, le corps truffé de puces à usages diversifiés – ou habités par une seule puce multifonction ? Et nous vivrons, poussant notre petite vie bien bornée, passant du champ d'un rayon à celui d'un autre rayon.

Lorsqu'il m'arrive de m'épancher sur ce thème auprès de mes étudiants de droit constitutionnel, à Lille, je vois, bien souvent, un sourire se dessiner sur leurs lèvres. Alors je les interpelle : « Vous aimeriez bénéficier d'un tel dispositif pour entrer dans les boîtes de la périphérie ou de la Belgique toute proche ? » Eh oui… ça les tenterait assez, « pour le *fun* ». « Mais, leur dis-je, un peu décontenancé, comment pourriez-vous accepter de subir cette injection – qui ne peut être anodine – alors que, j'imagine, certains d'entre vous, doivent se jeter sous la table du salon lorsque le médecin de famille vient procéder au rappel antitétanos ou au vaccin contre la grippe ! »

Ils hurlent de rire. Moi aussi, mais je n'en pense pas moins.

Protéger les personnes vulnérables

Passons maintenant à l'examen d'une autre catégorie d'applications de la géolocalisation, celles où l'on voit une organisation doter des personnes particulièrement vulnérables de dispositifs utilisant le bracelet électronique, les puces RFID ou le téléphone portable. Bien entendu, diverses variantes peuvent se présenter selon que, par exemple, la puce est placée sur un vêtement ou un objet « véhiculé » par la personne géolocalisée, ou directement « en elle », alors que s'il s'agit d'un bracelet celui-ci sera, évidemment, placé autour de la cheville ou du poignet de la personne. Mais, quel que soit le cas de figure, le consentement ne peut pas être exprimé par la personne faisant l'objet de la géolocalisation. On pourrait le qualifier de « consentement délégué ». C'est en effet la personne en charge de celle qui fait l'objet d'une surveillance particulière qui exprimera le consentement parce qu'elle exerce l'autorité parentale ou parce qu'elle agit, par exemple, dans le cadre d'une procédure de tutelle.

DES NOURRISSONS SOUS CONTRÔLE

Premier exemple : l'installation d'un système de géolocalisation des nourrissons dans une maternité. Le mécanisme est assez simple : sous réserve de l'accord de sa mère le nourrisson est doté d'un bracelet électronique fixé à sa cheville (poids : une dizaine de grammes) qui déclenche une alarme dès l'instant où il franchit un périmètre préalablement défini. Bien entendu, cela suppose une surveillance constante du système de la part des personnels qui y sont affectés de façon à garantir une réaction immédiate. Je dois admettre que, dans un premier temps, on ne peut que relever le bon sens qui semble présider à l'instauration d'un tel dispositif. Existe-t-il un traumatisme plus fort que celui provoqué par la disparition d'un enfant ? Et comme on comprend les jeunes mamans qui voient là le moyen d'assurer la protection de leur bébé.

Mais regardons les choses de plus près. Tout d'abord, et ce n'est qu'une donnée accessoire dans cette affaire, il m'a été expliqué que disparaissait dans les maternités françaises, « en moyenne », 1,6 enfant, par an. Langage de statisticien... Ce qui est peu mais encore absolument inacceptable. Un peu plus loin dans le raisonnement, on doit s'interroger sur l'efficacité du système. Elle est, à n'en pas douter, réelle. Sauf si la personne responsable du contrôle du système est momentanément absente, ou distraite par une autre tâche... Il faut avoir à l'esprit le fait que durant ce laps de temps, plus personne n'exerce de surveillance puisque, de son côté, la jeune maman a délégué son pouvoir au système afin de se reposer tranquillement. Notons aussi que, à la différence de ce qui se passe – nous le verrons plus loin – pour les personnes atteintes de la maladie d'Alzheimer, on ne doit, bien évidemment, attendre, de la mise en place du dispositif, aucun gain en matière d'autonomie et de déplacement des nourrissons...

Mais, surtout, se posent ici deux questions de nature pédagogique. Premièrement, est-il judicieux, de transférer le rôle de surveillance et de protection du nourrisson de la mère vers une application technologique, durant ces premiers jours où se met en place la communauté de vie mère/enfant ? Si le rôle de protection de l'enfant qui vient de naître est corollaire à l'apparition du sentiment d'amour maternel, ne doit-on pas redouter le risque d'une certaine déresponsabilisation ? Enfin lorsque la mère rentrera chez elle avec son enfant, y aura-t-il un dispositif assurant le relais dans le périmètre du logement familial ? Évidemment non.

Seconde question : puisque la légitimité du dispositif semble fondée sur la vulnérabilité de l'enfant, pourquoi ne pas l'étendre aux crèches, puis aux écoles, aux salles de sport, de musique, etc. ? Aux collèges ? Aux lycées ? En effet, pourquoi rompre la chaîne de surveillance ?

« PUCER » LES ADOS ?

La question se posera. Une crèche parisienne prépare, pour le premier semestre 2011, une expérimentation ayant recours à un dispositif de puce RFID, intégrée dans un vêtement spécial remis aux enfants. Et l'on sait que dans la commune de Richmond, en Californie, une école a installé un tel système qui permet de suivre les mouvements de chaque élève en temps réel. On ne doute pas que, à l'étape suivante, on songera à établir des fiches de comportement de ces élèves grâce aux informations issues de cette géolocalisation.

Plus il y aura de dispositifs de contrôle installés sur le parcours de l'enfant, moins l'on supportera l'existence résiduelle de zones non contrôlées. Veut-on réellement habituer les individus, dès leur plus jeune âge, à une forme de contrôle dont ils ne percevront même plus le caractère intrusif ?

Eh bien, il semble que l'on y va tout droit : ne voit-on pas se développer de nombreuses applications proposées aux parents afin de leur permettre de localiser leurs enfants à tout instant ? Ces services passent généralement par l'opérateur de téléphonie qui sera en mesure d'indiquer où se trouve le téléphone portable de l'enfant. Deux problèmes se posent alors. Tout d'abord on constate que, par définition, c'est l'appareil qui est géolocalisé, le positionnement de l'enfant n'étant que le résultat d'une déduction. Un adulte peut donc s'emparer du téléphone dans le but de tromper la stratégie de recherche de l'enfant disparu (ou faut-il recourir systématiquement à un dispositif inséré dans le corps ?). Il faut, ensuite, s'interroger, une fois encore, sur la question du consentement. En effet, que vaut le consentement de l'enfant pour ses parents, s'il est âgé de 8, 10 ou 13 ans ? Nous passerions là du « consentement délégué » au « consentement contraint ». Ou songe-t-on à géolocaliser un adolescent de 15 ou 17 ans ? Il y a fort à parier qu'il se rebellerait. Et comme on le comprend ! Mais peut-être mise-t-on sur le fait que le caractère des adolescents du futur, parfaitement conditionné depuis la maternité, se sera attendri entre-temps…

LES PUCES CONTRE ALZHEIMER

C'est une problématique voisine, mais néanmoins différente dans ses implications, qui se présente en cas d'usage de cette technologie pour assurer l'encadrement de personnes âgées. On parle désormais de « gérontechnologie ». Il s'agit d'un sujet complexe, également, pour lequel aucun débat public – comme sur le précédent d'ailleurs – n'a été engagé, en France. Aucune étude indépendante n'a été réalisée. Aucune réglementation spécifique n'a été élaborée en la matière.

S'il s'agit de personnes âgées qui disposent de toutes leurs facultés mentales mais se trouvent confrontées à des problèmes de mobilité, d'autonomie, de solitude, l'attribution d'un bracelet-montre électronique comprenant un bouton-poussoir d'appel suffit. La personne a le pouvoir d'initiative : elle déclenche le système lorsqu'elle a besoin d'une assistance. La question du consentement ne se pose pas puisque, par hypothèse, elle a souhaité disposer de l'appareil. Le consentement est donc exprès et clair.

Beaucoup plus complexes sont les questions posées par l'attribution de tels dispositifs à des personnes connaissant des problèmes de mémoire et d'orientation, et donc n'étant plus en situation d'autonomie comme, notamment, peuvent l'être celles qui sont atteintes de la maladie d'Alzheimer.

Peu importe le choix technologique en la matière. On sait simplement que le port d'un bracelet est, à l'évidence, plus stigmatisant que lorsqu'il s'agit d'être géolocalisé par un dispositif RFID. On sait aussi qu'il sera préférable d'insérer cette puce dans les vêtements du patient plutôt que de l'injecter dans son organisme. À ce jour, il n'existe pas, en France, de cas connu d'injection de puce RFID dans le corps d'un être humain (en revanche cela existe pour les animaux). Le problème majeur a trait, de nouveau, au mode de consentement.

À noter d'abord : dans le cas de la géolocalisation du nourrisson, par définition, le recours au dispositif est limité dans le temps. Sauf dans l'hypothèse, effleurée plus haut, d'un futur désespérant où l'on contrôlerait les enfants jusqu'à leur majorité. Tandis que dans le cas des personnes atteintes de la maladie d'Alzheimer, le dispositif s'inscrit nécessairement dans la durée. Une durée indéfinie. Du moins en l'état de nos connaissances relatives à cette maladie. Dans le cas général on peut donc admettre, en effet, qu'il s'agit de deux évolutions parallèles mais croisées : l'un ira son chemin, éclairé par une conscience grandissante, l'autre, hélas, achèvera son parcours dans une brume de plus en plus opaque. Cela revient à dire que le besoin de surveillance sera inversement proportionnel au degré de conscience des personnes. Ce constat, cruel mais réaliste, nous amène à admettre que, d'une certaine manière, l'enjeu d'une pédagogie de la citoyenneté n'existe que dans le premier cas.

Ensuite, ceux qui seront amenés à prendre la décision au nom de la personne vulnérable (représentant légal, médecin, etc.) le feront probablement d'une manière irréversible alors qu'elle implique une puissante intrusion dans sa vie privée.

Cela, « pour son bien », c'est-à-dire que l'on sera en mesure d'intervenir pour protéger la personne concernée tout en lui préservant une certaine liberté de déplacement dans une enceinte placée sous surveillance. Mais on ne peut écarter le fait que cela représente, quoi qu'il en soit, un contrôle permanent de ses actes, de ses mouvements, du déroulement de sa vie quotidienne.

Dès lors la question est de savoir à quel moment de l'évolution, inéluctable de la maladie, la capacité d'autonomie du patient sera dégradée au point de justifier la mise en œuvre du dispositif de géolocalisation. Les recherches progressent et autorisent à espérer que, dans quelques années, il sera peut-être envisageable de ralentir, voire de stopper, pour quelque temps, la régression des capacités cognitives des personnes concernées. On imagine alors le poids de la responsabilité qui étreindra la personne investie du pouvoir de décision. Certes, techniquement, il sera toujours possible de débrancher le système mais, sur le plan psychologique, tant pour celle-ci que pour le patient et l'encadrement médical, les choses seront moins simples.

DÉRIVES COLLATÉRALES

Il faut examiner ces questions avec une extrême vigilance car l'expérience montre que certaines dérives peuvent se produire, susceptibles de perturber fortement l'équilibre recherché entre le profit réel des patients et le respect de leur vie privée.

Ainsi, on a pu constater, lors de contrôles opérés dans certains établissements spécialisés que, parfois, ces dispositifs ne servaient pas seulement à surveiller les résidents mais aussi à contrôler l'activité du personnel. De même on relève un manque d'information à l'égard des personnes concernées, des familles, du personnel de l'établissement et de leurs instances représentatives. Ou encore que les règles de sécurité, applicables aux postes informatiques reliés au système de géolocalisation, n'étaient pas toujours correctement mises en œuvre. Cela signifie qu'un trop grand nombre de personnes pouvait avoir accès à des informations qui ne les concernaient pas.

Ces dérives sont inacceptables pour la simple raison que le principe est qu'il ne doit pas y avoir de surveillance des personnes à leur insu. De surcroît, chacun, à sa place, doit comprendre que le non-respect des règles pourrait jeter le discrédit sur les politiques de prévention et d'accompagnement des personnes vulnérables faisant appel à ces dispositifs alors même qu'elles peuvent rendre de réels services.

Quand le consentement est contraint

Une autre catégorie de cas est appelée à connaître un développement important. Il s'agit de ceux pour lesquels le consentement pourrait être qualifié de « contraint » : la personne doit émettre un consentement mais elle est placée dans de telles circonstances que sa liberté de choix est altérée. J'en retiendrai trois exemples particulièrement révélateurs et que j'examinerai selon un ordre croissant de contrainte.

PAY AS YOU DRIVE

Premier exemple : le PAYD (*pay as you drive*) des compagnies d'assurances dans le but d'« affiner » le calcul des primes d'assurance de leurs clients. Cette question a fait l'objet de multiples réunions de travail entre les sociétés concernées et la commission de façon à parvenir à un équilibre acceptable entre leurs intérêts et ceux de leurs clients. Dans un premier temps, il est vrai, le système imaginé imposait aux clients souhaitant bénéficier d'un tarif plus intéressant, des contraintes trop lourdes puisqu'il était envisagé notamment d'enregistrer les vitesses maximales, et d'interdire l'usage du véhicule durant le week-end et lors de certains horaires le soir.

La concertation n'est certes pas totalement achevée mais on peut résumer cette nouvelle politique commerciale de la manière suivante. Tout d'abord le dispositif devrait avoir pour finalité l'ajustement du calcul des primes au vu d'éléments objectifs constatés (kilométrage, respect de plages horaires, etc.). Les données de géolocalisation devraient être supprimées dès qu'elles ont permis d'effectuer les calculs de façon à garantir la liberté d'aller et venir de façon anonyme. La collecte des données relatives à la vitesse du véhicule ne devrait, en aucun cas, conduire à la constitution d'un fichier d'infractions. Enfin la vitesse maximale ne doit pas être collectée.

On comprend bien que la crainte réside ici dans le fait que ce type de système pourrait aboutir à un traçage des déplacements ou évoluer vers des traitements d'exclusion du fait du profilage des conducteurs. Or, en échange de son respect d'un certain nombre de paramètres contraignants, l'assuré doit bénéficier d'une réduction substantielle de sa prime. Et cela concernera, au premier chef, les jeunes conducteurs. Si, comme c'est possible, le montant de celle-ci avoisine les 30 à 40 %, il y aurait une certaine hypocrisie à affirmer que, dans un tel cas de figure, le consentement de l'intéressé ne serait pas fortement conditionné.

SUR LE LIEU DE TRAVAIL

Le deuxième exemple concerne la géolocalisation en milieu professionnel. C'est un secteur dans lequel on a vu un afflux très significatif de plaintes émanant des salariés et des organisations syndicales. C'est pourquoi la commission s'est efforcée, au cours de ces dernières années, d'encadrer strictement la mise en œuvre des dispositifs (publication d'une norme simplifiée en 2006 et d'une recommandation en 2009).

Le principe consiste à fixer un encadrement sur la base du raisonnement finalité/proportionnalité. Ainsi, l'employeur pourra équiper les véhicules professionnels de l'entreprise de dispositifs de géolocalisation GPS/GSM de façon à poursuivre des finalités telles que la recherche d'une amélioration du niveau de sécurité des personnes ou des marchandises transportées, une meilleure gestion des moyens en personnel et véhicules (livraisons ou prestations sur des lieux dispersés), le suivi et la facturation d'une prestation, le suivi du temps de travail des salariés si celui-ci ne peut être réalisé par d'autres moyens.

Mais l'on considère que lorsque le salarié peut disposer, dans son exercice professionnel, d'une liberté dans l'organisation de ses déplacements, le recours à la géolocalisation n'est pas justifié. Dans le même esprit, le système ne doit, en aucun cas, assurer un contrôle permanent de l'employé. Concrètement, cela signifie que le dispositif doit être désactivé lors des temps de pause ainsi qu'à l'issue du temps de travail dans la mesure où une tolérance permet, même de manière ponctuelle, d'utiliser le véhicule à des fins personnelles, par exemple pour rejoindre le domicile à la fin de la journée de travail ou en partir au début de celle-ci. Il existe, en effet, un droit à la vie privée sur le lieu de travail reconnu par la jurisprudence. Le système ne doit jamais permettre la collecte d'informations concernant les éventuels dépassements de limitation de vitesse (sauf législation particulière). En effet, la loi de 1978, modifiée en 2004, interdit à une personne privée de mettre en œuvre des procédés visant à faire directement apparaître des données relatives aux infractions. Mais cela n'empêche pas l'employeur, bien sûr, dans le cadre fixé plus haut, de recueillir des informations sur l'itinéraire emprunté, le nombre de kilomètres parcourus, les temps d'arrêt, la vitesse moyenne du véhicule.

L'employeur doit prendre toutes les mesures de sécurité nécessaires afin de limiter l'accès aux données de géolocalisation exclusivement aux personnes dûment habilitées et fixer une durée de conservation de ces données qui, en général, ne devrait pas excéder deux mois. Il doit informer les salariés du fait qu'ils peuvent accéder aux informations qui les concernent, contenues dans le système. Enfin, il doit prendre soin de consulter les instances représentatives du personnel et informer individuellement les salariés directement concernés par la mise en œuvre du dispositif des caractéristiques de celui-ci. Et il va de soi qu'un tel système ne saurait permettre de géolocaliser les employés investis d'un mandat électif ou syndical lorsqu'ils agissent dans le cadre de leur mandat.

On constate qu'un grand nombre de ces prescriptions se situent à la jonction de la législation du travail et de la loi Informatique et libertés. Se pose donc une dernière question : le salarié peut-il refuser de se soumettre à un tel dispositif de géolocalisation ? Cette question nous ramène à nos réflexions initiales. Dans ce cas de figure, comme dans les autres, la nature et l'effectivité du consentement doivent s'apprécier *in situ* et de façon relative. Dès lors, on se trouve obligé de reconnaître que le lien de subordination qui unit le salarié à son employeur vient objectivement modifier, et même altérer, le sens de ce consentement qui peut difficilement être qualifié d'exprès, éclairé et libre. Le salarié peut donc s'opposer à la mise en place du dispositif mais il doit invoquer des motifs légitimes que l'employeur appréciera. Et, comme dans tout autre litige du travail, seul le juge pourra trancher la question. Il se trouvera donc nécessairement placé en position délicate.

UN BRACELET EN GUISE DE MENOTTES

Le troisième exemple s'inscrit dans le cadre de notre législation pénale et consiste à placer sous surveillance électronique des condamnés à certaines peines. Le processus est mis en œuvre depuis des lois de 1997, 2004, 2005 et 2008, selon deux applications différentes : le placement sous surveillance électronique (PSE) et le placement sous surveillance électronique mobile (PSEM). Si ces mécanismes recourent tous deux à des méthodes de géolocalisation, ils s'appliquent à des stratégies d'exécution des peines bien distinctes, recourent à des procédés techniques différents et posent des questions relatives à la nature du consentement qui le sont tout autant.

Le PSE (loi de 2004) constitue une modalité d'application de la peine privative de liberté qui, dès lors, ne s'exécutera pas dans un établissement pénitentiaire, mais au domicile de la personne condamnée avec interdiction de s'en absenter pendant des plages horaires préalablement définies. Ne peuvent en bénéficier que les personnes ayant été condamnées à une peine inférieure à deux ans (un an en cas de récidive). Sur le plan technique, il s'agit d'un dispositif fixe qui permet exclusivement de détecter à distance la présence ou l'absence de l'intéressé à son domicile ou, le cas échéant, en un autre lieu désigné par le juge. Précisons que rien n'empêche que le régime complet d'exécution de la peine soit assuré selon cette modalité. S'agissant d'un dispositif localisé dont l'objectif est de vérifier le respect d'une seule frontière invisible, le bracelet repose sur la technologie RFID (passage de la borne ou non).

En ce qui concerne le consentement, sa nature est ambiguë car il paraît difficile de le considérer, dans un tel contexte, comme libre, exprès et éclairé. Néanmoins, il existe puisqu'il n'y a pas d'obligation pour la personne condamnée à accepter d'être placée sous ce type de surveillance.

C'est un objectif nettement différent que poursuit le système de placement sous surveillance électronique mobile mis en place selon différentes variantes par les lois de 2005 et 2008. Il peut ainsi concerner, dans le cadre de diverses mesures d'exécution de peines, la libération conditionnelle, le suivi sociojudiciaire et la surveillance judiciaire (pour les personnes majeures condamnées à une peine privative de liberté égale ou supérieure à sept ans). Ce dispositif s'applique également dans le cadre de la nouvelle mesure de contrôle des condamnés libérés pour prévenir la récidive, dite surveillance de sûreté (condamnations égales ou supérieures à quinze ans).

Le procédé consiste à imposer à l'intéressé le port permanent d'un dispositif permettant de le localiser, à tout moment et à distance, sur l'ensemble du territoire national (sous réserve, bien entendu, de contraintes techniques de réception et de transmission). Concrètement, les moyens techniques mis en œuvre sont assez lourds. L'intéressé doit porter un bracelet émetteur à la cheville (ou, à défaut, au poignet) ainsi qu'un récepteur disposant d'un GPS (qui doit être fréquemment rechargé), à la ceinture ou en bandoulière, lorsqu'il se déplace. GPS et non puce RFID car il s'agit, cette fois, de suivre également les déplacements hors domicile.

Un centre de surveillance, géré par l'administration pénitentiaire, assure le contrôle du dispositif. Sa fonction est d'alerter la personne placée sous surveillance lorsque celle-ci se trouve à proximité d'un lieu interdit (« zone tampon ») ou est sortie d'une « zone d'inclusion » qui lui a été désignée. Grâce au système de géolocalisation, s'il y a alerte, la personne surveillée pourra être interpellée. Il est également possible pour un juge d'instruction ou un officier de police judiciaire, spécialement habilité dans le cadre d'une enquête relative à un crime ou un délit, de la localiser et de connaître, de façon différée, les lieux où elle s'est trouvée.

Dans un tel schéma, y a-t-il une place pour le consentement ? L'article 131-36-12 du code pénal dispose que « le président de la juridiction avertit le condamné que le PSEM ne pourra être mis en œuvre sans son consentement mais que, à défaut ou s'il manque à ses obligations, l'emprisonnement prononcé en application du 3e alinéa de l'article 131-36-1 pourra être mis à exécution ». Or cet article qui prévoit les modalités du suivi judiciaire précise que la décision de condamnation doit fixer la durée maximale de l'emprisonnement encouru par le condamné en cas d'inobservation des obligations qui lui sont imposées. Autrement dit, la personne condamnée doit donner son consentement au placement sous surveillance (pendant deux ans, renouvelables selon les cas) à l'expiration de sa peine, étant entendu que si elle ne se plie pas à cette décision, elle encourt une nouvelle peine.

Ce n'est pas le lieu, ici, de procéder à une analyse plus approfondie de la philosophie de ce dispositif. Ce débat s'est tenu au Parlement, et la CNIL s'est longuement penchée sur cette question sous l'angle de la protection des données personnelles. Il semble que l'expérience présente des aspects positifs, même s'il faut relever que le profil des personnes condamnées qui y sont soumises (en général plus âgées et mieux entourées) doit être pris en compte. Comme on vient de le voir, on ne peut guère imaginer des conditions d'expression du consentement plus contraignantes même si celui-ci n'est pas totalement absent.

Enfin signalons qu'en juillet 2010 le Parlement a procédé à une extension (à titre expérimental) du système de placement sous surveillance électronique mobile au domaine des violences commises spécifiquement à l'égard des femmes, aux violences au sein des couples et aux incidences de ces dernières sur les enfants.

« T'ES OÙ LÀ ? »

Achevons ce passage en revue sous l'angle du consentement par quelques exemples dans lesquels celui-ci est exprimé sans ambiguïté en faveur d'un dispositif dont l'objet même est de géolocaliser l'utilisateur.

Citons le dispositif Latitude, une des fonctionnalités du logiciel de cartographie Google Maps qui permet à une personne d'indiquer à ses contacts où elle se trouve et de localiser ceux-ci, *via* le téléphone portable. Et ce, en temps réel. Le dispositif, lancé dans une trentaine de pays et qui représente environ 100 millions d'abonnés, permet aussi, bien sûr, de procéder, par exemple, à la géolocalisation de ses enfants mais nous retrouvons alors le cas de figure envisagé en matière de « consentement délégué ». L'utilisateur peut désactiver ou suspendre le service à tout moment et décider de ne pas être localisé par certains de ses « amis ». Il n'y a aucun doute : l'utilisateur consent réellement à être géolocalisé (*opt-in*) et tel est expressément l'objet, et non seulement l'effet, de celle-ci. Autre exemple, de création récente, « Places », option de géolocalisation de Facebook, propose des services analogues avec un degré de précision moindre. On peut citer également l'application « Aka-Aki », lancée à Berlin, et largement disponible désormais.

Non sans manier la provocation, je dirais qu'il s'agit probablement d'une des seules hypothèses dans lesquelles la géolocalisation est très largement une fin en soi et non un moyen. Il y aurait là comme une troisième catégorie aux côtés de la géolocalisation par effet, puis par objet. Les utilisateurs souhaitent faire savoir où ils se trouvent afin de faire savoir où ils se trouvent... Et savoir où se trouvent les autres... Ce qui est tout de même déconcertant. Mais chacun est libre d'exercer ce choix dès lors que les règles du jeu sont claires. Le sont-elles seulement ?

Cette question s'inscrit dans une problématique plus large et plus complexe qui est celle de la protection des données sur Internet. Précisons néanmoins ici que les smartphones – supports techniques de ces usages –, tels que iPhone (Apple) ou Android (Google), permettent l'installation d'applications qui peuvent transmettre des données à des régies publicitaires, à l'insu des usagers, susceptibles de concerner leur âge, leur sexe, leur localisation, l'identifiant de leur téléphone. D'une part, l'usager ne peut désactiver *a posteriori* le traçage, d'autre part, il règne un grand flou en matière de règles de confidentialité. Certes Apple et Google demandent des engagements relatifs au respect de la vie privée aux sociétés qui développent ces systèmes. Mais leur pression doit être relativement faible, car ils sont, c'est le moins que l'on puisse dire, très diversement entendus... C'est ainsi qu'une responsable de régie explique tranquillement, après avoir présenté le fonctionnement du dispositif : « C'est comme ça que nous pouvons tout tracer »...

Les évolutions qui se dessinent

Quelles peuvent être, à moyen terme, les évolutions significatives en matière de géolocalisation ? Telle sera notre dernière interrogation dans ce chapitre. Il faut être prudent et modeste dans ce genre d'exercice car les applications nouvelles se succèdent à un rythme inouï et l'on sait que le temps de réaction entre l'innovation et la mise sur le marché se réduit sans cesse. Néanmoins, on peut estimer que trois tendances dominent le sujet.

ROCK AROUND THE PUB

Première tendance : la mise à disposition de fonctionnalités de géolocalisation permettant d'offrir des services aux utilisateurs. On assiste à un véritable foisonnement en la matière. Citons trois exemples. Le premier, « iAd », s'inscrivant dans une démarche publicitaire, est un service proposé par Apple pour intégrer des publicités aux applications afin qu'elles prennent en compte la localisation de l'usager pour lui afficher des références de magasins à proximité. Le dispositif « Around me », poursuit, lui, un objectif de guidage urbain en permettant aux utilisateurs de trouver des points géolocalisés d'intérêt proches de l'endroit où ils se trouvent et de repérer le chemin le plus rapide pour s'y rendre. Citons également la plate-forme créée par la société Macrosense, « Sense Networks » (San Francisco), qui se veut être un dispositif de « géolocalisation sociale », permettant de créer des profils précis relatifs aux utilisateurs à partir des données de géolocalisation (âge, sexe, situation financière). Ce système enregistre tous les déplacements et les endroits que les utilisateurs fréquentent. Selon les promoteurs du procédé les données sont anonymes mais, afin de créer les profils, la société doit posséder un identifiant unique pour chaque utilisateur. C'est le même principe que pour les cookies (étant entendu que, là, il sera nécessaire de suivre les déplacements en continu).

SYSTÈMES D'ALERTE

Deuxième tendance : le recours croissant à la géolocalisation en matière de transport routier. Ainsi, s'agissant des déplacements individuels, deux applications se développent ayant pour objectif d'offrir un service à l'usager : l'appel d'urgence (e-Call) et un dispositif de lutte contre le vol (Tracking).

Quelques mots auparavant pour rappeler que les usagers de la route peuvent être, bien entendu, géolocalisés par le télépéage, ou lorsqu'ils sont flashés par radar, ou encore lorsqu'ils seront soumis au système LAPI (Lecture automatique des plaques d'immatriculation). Prévu par la loi de lutte contre le terrorisme de janvier 2006, ce dispositif permettra, grâce aux caméras vidéo embarquées à bord de véhicules, de capter et de stocker la plaque et la photographie des occupants du véhicule. Simultanément la date et l'heure de chaque photographie et les coordonnées de géolocalisation du véhicule de police ayant effectué les prises de vue figureront.

Le dispositif d'appel d'urgence (e-Call) est installé sur le véhicule et déclenche une alerte en cas de choc. Il fait l'objet d'un débat au sein des autorités de contrôle européennes portant sur l'intensité du choc, le problème de la désactivation, etc. Mais il se développera rapidement et ne semble pas, *a priori*, poser de gros problèmes en matière de protection des données et de la vie privée. Il est à noter que des services additionnels d'aide à la navigation et de localisation peuvent être associés à ce système.

En ce qui concerne le dispositif de lutte contre le vol (Tracking), l'objectif est de géolocaliser un véhicule dont le vol a été déclaré. Si ce système ne soulève pas de question de principe, il est toutefois nécessaire de l'encadrer, notamment pour faire en sorte que les abonnés ne soient pas destinataires des informations relatives à la localisation de leur véhicule et ainsi éviter qu'ils « se fassent justice eux-mêmes ».

Deux autres dispositifs se développeront, toujours en matière de transport routier, mais qui, cette fois, sont de portée globale et mis à la disposition non plus des automobilistes mais des sociétés des autoroutes ou des pouvoirs publics, et posent des questions beaucoup plus délicates.

UNE GÉO-ÉCO-TAXE

Le premier devrait être mis en œuvre prochainement : il équipera les véhicules poids lourds empruntant la quasi-totalité du réseau routier national non concédé, actuellement gratuit, certaines routes départementales ou communales. Ce dispositif de géolocalisation est un élément de la politique développée par le gouvernement, dans le cadre du Grenelle de l'environnement. Il concerne une éco-taxe nationale poids lourds visant les véhicules de plus de 3,5 tonnes affectés au transport des marchandises. Le système, constitué d'un boîtier électronique, sera détecté par des antennes satellites et des équipements installés sur la chaussée permettant de géolocaliser les véhicules et leur vitesse instantanée. 800 000 véhicules devraient être assujettis à cette taxe.

Soulignons que les directives européennes « eurovignettes » et « interopérabilité » qui fondent cette action ne restreignent pas le télépéage et la taxe aux seuls poids lourds. On imagine ce que représenterait la puissance d'un tel réseau de traçage des véhicules – et donc des personnes – si ce dispositif, qui devrait être opérationnel dans environ deux ans, devait évoluer, un jour, vers une taxe applicable à l'ensemble des véhicules…

QUELQUES TICKETS ET BEAUCOUP DE PLAQUES

Enfin, signalons, toujours en matière de transport routier, un dernier système qui devrait également être mis en œuvre à court terme, et qui devrait compléter le réseau de géolocalisation évoqué précédemment même s'il ne fait pas appel aux différentes technologies envisagées jusqu'à présent (GSM, RFID, etc.). Il s'agit d'un procédé conçu par une société gestionnaire du réseau autoroutier, ayant pour finalité le contrôle du trafic grâce à la reconnaissance des plaques d'immatriculation. En effet, l'un des objectifs recherchés ici est de déterminer le parcours réellement effectué par le client de façon à lui appliquer le juste tarif. Pour ce faire la société souhaitait collecter et conserver les données de localisation (gares d'entrée et sortie horodatées) associées aux numéros de plaques d'immatriculation de tous les véhicules circulant sur le réseau géré par elle. En 2009, la CNIL avait clairement rappelé que la liberté d'aller et venir et le droit à la vie privée supposaient que les personnes puissent notamment se déplacer de manière anonyme et que tel ne serait plus le cas si les sociétés d'autoroutes collectaient la totalité des numéros de plaques d'immatriculation des véhicules empruntant leurs réseaux.

Or plusieurs millions d'automobilistes seraient concernés alors qu'il s'agit de traiter les 9 000 plaintes émanant des usagers qui contestent la tarification qui leur est appliquée. Ce nombre est à comparer, d'une part, aux 300 000 personnes qui, chaque année, se voient appliquer un tarif inapproprié, c'est-à-dire celles qui, ne pouvant fournir le ticket, se voient infliger le tarif maximal, et, d'autre part, aux millions de personnes qui empruntent les réseaux. Certes la société a exposé certaines garanties en termes de sécurité et de conservation des données collectées mais, en termes de proportionnalité, il paraissait difficile, dans un premier temps, de recourir à des mesures aussi globales pour atteindre l'objectif recherché.

Après une audition des responsables du système, fin décembre 2010, le fléau de la balance coûts/avantages s'est déplacé en faveur de ces derniers si l'on prenait en compte le fait que le dispositif devrait améliorer la qualité du service rendu aux usagers, et le gain en matière de sécurité routière au péage (diminution du temps de procédure). Mais la commission se réserve, bien entendu, la possibilité de diligenter des contrôles sur place pour vérifier la réalité de ces avancées.

DERNIÈRE STATION AVANT LA GÉOLOCALISATION GÉNÉRALISÉE ?

Parvenus à ce point de notre analyse, il nous faut prendre la mesure de l'incidence de ces phénomènes sur notre vie quotidienne. Nous sommes donc concernés lors de nos déplacements en voiture sur une large partie du réseau, lors de nos déplacements en transports collectifs, comme piétons dans nos villes, comme pensionnaires de certains établissements, sur notre lieu de travail, en tant que détenteurs d'appareils faisant appel à certaines applications technologiques, etc. Mais nous ne sommes qu'à l'aube du développement de ces dispositifs. À la fois parce que, chaque semaine, de nouveaux secteurs de l'activité humaine sont touchés par ceux-ci et parce que, chaque semaine, de nouvelles applications technologiques apparaissent dans ce domaine. Dans cinq ans, dans dix ans, où en serons-nous, alors que – il est réaliste de le penser – le réseau de géolocalisation aura entre-temps connu un développement selon un facteur 50 ou 100 ?

C'est en ayant cette perspective à l'esprit que nous devons maintenant envisager une dernière question : la géolocalisation des objets.

Objets inanimés...

Troisième tendance : les puces RFID envahissent progressivement notre vie quotidienne. D'ores et déjà présentes dans les titres de transport, les passeports, les badges d'accès, le porte-monnaie électronique, les clés de voiture, la logistique d'aéroport ou de gestion de stocks, elles deviennent un enjeu majeur : économique bien sûr, mais aussi en termes de protection des données personnelles et de la vie privée. Car les personnes véhiculent les objets qui eux-mêmes transportent les puces. Or celles-ci présentent des caractéristiques qui, en se conjuguant, ouvrent des perspectives inconnues, vertigineuses : dissémination galopante, nature individuelle de l'identifiant de l'objet « tagué », quasi-invisibilité, risque de profilage des individus porteurs. Bien entendu, le danger que présenterait une capacité de suivi des individus, grâce à ces « tags RFID », en continu sur un territoire relativement étendu, n'est pas immédiat car cela nécessiterait des moyens considérables, à savoir un maillage de lecteurs pouvant lire à une distance de plusieurs mètres les puces véhiculées par les personnes. Mais on voit bien que les grands agents économiques ont intégré cette application technologique dans leurs stratégies de développement. C'est donc maintenant que nous devons – pas seulement la CNIL, bien sûr, mais le corps social tout entier – évaluer les avantages et les risques de cette évolution.

Cette question se présente, en réalité, sous une forme très concrète. Prenons l'exemple des puces dans la grande distribution. Essentiellement pour des raisons d'ordre logistique, les responsables de ce secteur songent à en équiper les produits vendus dans leurs magasins. Si un client, ses achats effectués, rentre chez lui en « embarquant » un certain nombre de puces RFID attachées aux produits achetés, on peut imaginer qu'à terme celles-ci permettront aux responsables du marketing d'élaborer des actions en fonction des déplacements des objets et de leur destination. Comment concilier l'enjeu commercial et celui constitué par la protection de la vie privée des consommateurs ? Certains – plutôt du côté de la grande distribution – estiment que la solution consiste dans le fait que le client, après avoir réglé ses achats, passe, s'il souhaite désactiver les puces, devant un dispositif spécialement prévu à cet effet. À défaut il les emporte. La position des autorités de contrôle européennes, dont la CNIL, est plutôt en faveur d'une désactivation automatique de ces puces au passage en caisse du client, tout en lui laissant la possibilité, s'il le souhaite, de suivre une procédure pour les maintenir actives. Nous retrouvons ici, sous une autre forme, la problématique évoquée plus haut en matière de consentement, et qui sera envisagée de nouveau, plus loin, en matière de réseaux, de l'*opt-in* et de l'*opt-out*.

Je dois dire, ici, que les responsables du secteur économique concerné ont eux-mêmes souhaité engager le dialogue avec notre commission sur les modalités de mises en œuvre de ces procédés, probablement parce qu'ils ont compris que, vis-à-vis de leur clientèle, la transparence favoriserait la confiance.

Une fois encore, je précise que la position de la commission, sur un tel sujet, ne doit rien à la paranoïa. Aucune obsession ne nous habite. Simplement une analyse prospective sommaire suffit à comprendre que du choix qui sera opéré dans ce domaine dépendra le statut de milliards de puces qui seront ainsi « libérées dans la nature », petits poissons pilotes permettant de tracer les individus, sous une forme ou sous une autre, à leur insu ou non, de façon visible ou non, de façon temporaire ou non.

Urgence sur les puces

La « problématique RFID » est entrée désormais dans la sphère de préoccupation de la Commission européenne qui a publié en mai 2009 une recommandation « sur la mise en œuvre des principes de respect de la vie privée et de protection des données dont les applications reposent sur l'identification par radiofréquence ». Selon celle-ci, les États membres devront faire en sorte que les entreprises, en collaboration avec les « parties intéressées de la société civile », élaborent un cadre d'évaluation de leur impact sur la protection des données. Une fois le cadre défini (et approuvé par le groupe des CNIL européennes – G29), les opérateurs devront eux-mêmes réaliser une étude d'impact avant de déployer la technologie RFID et mettre le rapport d'évaluation à la disposition de l'« autorité compétente » au plus tard six semaines avant le déploiement effectif (il faut supposer – espérer – que, pour la France, cette autorité sera notre commission...).

En juillet 2010, le groupe des autorités de contrôle européennes (G29), réuni à Bruxelles, a considéré que la définition de la notion de donnée à caractère personnel sur laquelle s'appuie la Commission européenne était ambiguë car elle donne à penser qu'une application RFID ne traite pas ce type de données même si une puce (ou étiquette) RFID a pour finalité d'être détenue par une personne. Cette approche ne prend pas en compte le risque qui peut survenir lorsque de telles puces sortent du périmètre strict de l'application et sont détenues par des individus, notamment sur des objets personnels. Or c'est bien la détention de multiples puces RFID par des individus, dans la vie quotidienne, qui pose le plus de questions en matière de sécurité des données et de protection de la vie privée.

À la CNIL, nous suivons ces questions avec une extrême attention mais je suis persuadé que, d'une façon ou d'une autre, le législateur français, en particulier, devra se saisir de ce dossier dont les implications à l'égard du régime des libertés individuelles peuvent être lourdes.

Et vite.

IV

La vidéosurveillance

Silence, on tourne !

Les questions posées par le développement des systèmes de vidéosurveillance sont suffisamment complexes pour ne pas aggraver les choses par le recours à des ambiguïtés sémantiques. C'est pourquoi j'évoquerai d'entrée de jeu le phénomène relativement récent de la substitution, du moins dans le langage officiel, de la notion de vidéoprotection à celle de vidéosurveillance.

De simples discussions sémantiques ?

Pour certains il faudrait distinguer la vidéoprotection, mise en œuvre dans le champ sous contrôle public, et la vidéosurveillance, sous contrôle privé mais autorisée dans le cadre de la loi de 1995 d'orientation et de programmation relative à la sécurité ou du code du travail. Autrement dit, lorsque la police municipale suit les déplacements des personnes sur la voie publique, ce serait dans un but de protection mais lorsqu'un chef d'entreprise suit les déplacements du personnel dans un entrepôt ce serait de la surveillance. Pour d'autres, il y aurait, d'une part, le contrôle permanent des images, permettant une réaction en temps réel de l'agent en charge du dispositif, qui correspondrait à la vidéoprotection. D'autre part, la vidéosurveillance recouvrirait les cas, les plus courants, dans lesquels le dispositif vise à enregistrer, pour une durée limitée, les images permettant, *a posteriori*, une recherche d'auteurs d'actes passibles de poursuites.

Cette deuxième variante est à la fois plus séduisante et totalement inconciliable avec la précédente, mais elle devrait être alors, en tout état de cause, avalisée par le législateur car sa base juridique ne semble pas plus solide. Dans cette logique, si l'on se réfère aux rares informations dont on dispose à propos de l'efficacité des dispositifs vidéo, il semble que la vidéosurveillance, qui permet plutôt l'élucidation en matière d'activité de police, produise de meilleurs résultats que la vidéoprotection davantage tournée vers la prévention…

En vérité, pour le moment, l'appellation « vidéoprotection » s'inscrit dans une stratégie de communication visant à rassurer, à normaliser le développement massif de la vidéosurveillance. On en trouve la première illustration dans le projet de loi d'orientation et de programmation pour la performance de la sécurité intérieure (Loppsi 2). Depuis elle connaît un grand succès auprès, notamment, des maires qui dotent leur commune de dispositifs vidéo et, cela se conçoit aisément, préfèrent utiliser cette formule moins « orwellienne ». Lorsque j'ai adressé au ministre de l'Intérieur, en janvier 2010, un document lui faisant connaître notre position vis-à-vis de la question, cruciale, du contrôle des systèmes vidéo sur l'ensemble du territoire national, j'ai souhaité l'intituler : « Note relative aux garanties nécessaires au bon encadrement de la vidéosurveillance. Ou comment passer de la vidéosurveillance à la vidéoprotection ? »… On voit bien où je voulais en venir mais, indubitablement, ma formule n'a pas de base juridique plus stable que les deux précédentes… En définitive, peu importe la dénomination retenue, les questions posées restent les mêmes et nous utiliserons alternativement l'une ou l'autre, quel que soit le sujet traité, même si l'on se doute que si le maire est enclin à recourir à la seconde, le représentant d'une association militante antividéo, préfèrera la première.

La petite Lola à la poubelle

La problématique de la vidéosurveillance est beaucoup mieux connue du grand public que celle relative à la biométrie ou à la géolocalisation dans la mesure où elle est plus ancienne et, d'une certaine manière, plus « visible ». Elle constitue le premier pilier de ce qu'on peut appeler la « société de surveillance ». À ses débuts elle passait même pour assez « chic » et le chef d'entreprise ou le maire qui en dotait son entreprise ou sa commune se donnait une allure high-tech. Si les problèmes juridiques posés par la vidéoprotection ne sont pas, en réalité, moins complexes que ceux posés par les deux autres applications, en revanche son usage semble, *a priori*, susciter moins d'interrogations sur le plan technique. Dans les médias, mais aussi dans les universités et les conseils municipaux, on débat régulièrement des questions posées par la vidéosurveillance, ce qui est rarement le cas de la biométrie et de la géolocalisation, pour le moment. Or j'espère avoir montré dans les chapitres précédents qu'il n'y a guère de raison d'être davantage rassuré lorsque l'on aborde le risque d'intrusivité généré par celles-ci.

Dans la ligne que nous avons retenue, consistant à différencier les usages technologiques selon le degré d'acceptation des personnes, la question de la vidéosurveillance présente une réelle spécificité. On a constaté, aux chapitres précédents, que le recours aux autres applications prenait en considération le consentement des personnes de façon plus ou moins déterminante. L'opinion publique est également plus « familiarisée » avec cette technologie qu'avec celles examinées précédemment à cause, surtout, des événements survenus durant la décennie qui vient de s'achever. Les attentats de New York, Londres et Madrid ont évidemment frappé les esprits et incité les pouvoirs publics de nombreux pays à accompagner leur riposte de solutions technologiques. Le public s'est habitué à prendre connaissance, après coup, d'images montrant des individus en train de commettre un attentat ou s'apprêtant à passer à l'acte. D'une certaine manière, il est comme associé à la recherche des auteurs d'actes terroristes ou criminels. Il se les « approprie » ainsi et les fait entrer dans le cercle de sa vie quotidienne, de ses conversations courantes. Au point que lorsqu'en mars 2010, en France comme en Espagne, on a montré, à une heure de grande audience, des images censées représenter des terroristes basques, pour apprendre, quelques heures plus tard, qu'il s'agissait de pompiers espagnols en stage en France, cela ne causa guère de trouble dans l'opinion publique... Et comment ne pas évoquer le cas de cette Anglaise qui avait été filmée alors qu'elle jetait une chatte, appelée Lola, à la poubelle et s'était vue dénoncée sur You Tube !

C'est dans ce contexte que la vidéosurveillance connaît un engouement spectaculaire aussi bien de la part des pouvoirs publics que du secteur privé. Cela se manifeste de trois façons.

Des caméras partout ?

D'abord, simple constat, on assiste à une augmentation massive du nombre de systèmes de vidéoprotection installés sur le territoire national. Il est difficile d'évaluer avec précision leur nombre à ce jour. La plupart des observateurs semblent se rejoindre sur un total d'environ 600 000. Ce qui est sûr, en revanche, c'est le caractère exponentiel de l'accroissement du volume installé. Selon le rapport 2009, relatif à l'activité des commissions départementales de vidéoprotection, le nombre d'autorisations préfectorales s'est accru de 40 % sur l'année écoulée. Le nombre d'autorisations accordées, durant cette période, dépasse les 15 000, ce qui représente 110 000 caméras installées, soit une augmentation de 55 %. Et l'on sait que, dans la perspective établie par le ministre de l'Intérieur, un fonds de 30 millions d'euros a été mis à disposition pour assurer le cofinancement de la vidéoprotection sur la voie publique (ce qui devrait représenter 45 000 caméras d'ici fin 2011, et 60 000, fin 2012). La SNCF a annoncé une augmentation du nombre des caméras installées, à son initiative, passant de 14 000 à 25 000. La municipalité de Paris vient, elle, de lancer son « plan de vidéoprotection pour Paris », dit aussi « Plan 1 000 caméras » alors que, en réalité, le nombre de caméras mises en œuvre sera infiniment plus important puisque, dans ce projet, seront mises en réseau aussi bien celles qui dépendent de l'autorité publique que celles de la RATP, de la SNCF et de certaines sociétés privées, sur la base de conventions. Dans le cadre de ce dispositif, d'une part des opérateurs de la police de l'agglomération parisienne pourront, grâce à un logiciel spécifique, procéder « en direct » à des filatures par caméras interposées. D'autre part, les caméras installées dans les grandes villes, aujourd'hui, sont capables de lire sur les lèvres à plusieurs dizaines de mètres.

S'agissant des dispositifs installés, non plus en vertu de la procédure d'autorisation préfectorale, mais de celle de la déclaration auprès de la CNIL (nous reviendrons sur cette distinction), l'augmentation est également très sensible puisque l'on passe de 54 dispositifs installés, en 2004, à 3 047 en 2009 ! Et je serais très surpris si ce phénomène ne s'accentuait pas dans l'année en cours.

Couplages tous azimuts

Deuxième élément caractéristique du développement de la vidéosurveillance : le couplage qui consiste à associer aux systèmes vidéo une « couche logicielle » leur permettant d'accomplir plusieurs tâches simultanément ou d'accroître leur efficacité. On parle alors – curieusement – de « vidéo-surveillance intelligente ». Ces applications peuvent concerner des personnes ou des objets, ceux-ci pouvant mener à celles-là et, dans le droit fil de la tendance au « tout numérique », les exploitants de ce type de système recourront de plus en plus à Internet pour transmettre les images. Quant à la diversité des objectifs poursuivis et des assemblages de technologies possibles, elle paraît quasi infinie. Quelques exemples suffisent à prendre la mesure du phénomène.

LA « COVEILLANCE »

Il s'agit de la diffusion permanente, en temps réel, sur les postes de télévision de résidents, d'images issues d'un système vidéo installé à l'extérieur ou aux abords de la résidence. Autrement dit, chacun se transforme en un surveillant des « autres » et des voisins.

LE « VIDÉOCOMPTAGE »

Un système a été installé dans les couloirs du métro parisien, capable de procéder au comptage du nombre d'usagers regardant des panneaux publicitaires « intelligents ». Certes, les images issues des caméras sont des données personnelles, mais on constate que le traitement les anonymise instantanément. Vigilance, cependant…

L'« ANALYSE COMPORTEMENTALE »

On procède à un couplage de la vidéo avec des techniques biométriques d'analyse du comportement ciblées sur la démarche des individus, de leurs itinéraires ou de leur vitesse de déplacement. Dans les aéroports, il s'agira de détecter les

« comportements erratiques » en salle d'embarquement. Une vitesse excessive de déplacement, une surexcitation sont dès lors considérées comme suspectes et déclenchent une alarme. Dans le domaine de la surveillance des personnes vulnérables, ces dispositifs peuvent être mis à contribution, par exemple, pour détecter la chute d'un corps. Ces systèmes auront à démontrer leur fiabilité dans le temps car on suppose que le caractère erratique s'appréciera vis-à-vis d'une norme selon laquelle le passager devrait être plutôt serein ou plutôt tendu…

LE SYSTÈME OPTAG

Il s'agit un dispositif envisagé par la Commission européenne afin de traiter le problème posé aux compagnies aériennes par les retardataires à l'embarquement, essentiellement les « flâneurs de *duty free* ». Ces retards engendrent des phénomènes de désorganisation qui perturbent les plans de vols des compagnies dont les avions doivent tourner au-dessus des aéroports de destination. Ce qui entraîne des surcoûts de kérosène… Un couplage serait mis en place entre une vidéo, réalisée grâce à des caméras panoramiques et des tags RFID fournis aux passagers, sur les billets par exemple. Le contrôleur du système peut ainsi, à l'aide de cette interface, sélectionner et visualiser un passager sur un plan en 2D. Le passager retardataire étant ainsi repéré, il ne reste plus qu'à envoyer sur place un membre du service de sécurité de la compagnie afin de rabattre vers le groupe en instance à la porte d'embarquement cette brebis égarée…

LA RECONNAISSANCE FACIALE

Voici probablement l'une des applications les plus « prometteuses », celle dont on attend le plus de profit en matière de sécurité des rassemblements publics, notamment dans les enceintes sportives (hooliganisme), les gares et les aéroports (terrorisme). Techniquement on procède au couplage d'une vidéosurveillance, en temps réel, avec un dispositif biométrique de reconnaissance des visages préalablement enregistrés. On compare alors un visage « pris au hasard », dans une foule, à une collection de visages de personnes à surveiller. Les visages les plus semblables à celui observé sont présentés à un opérateur qui confirme ou non l'éventuelle correspondance. On voit bien l'intérêt du dispositif dans le cadre d'une politique de sécurité, mais on peut aussi s'interroger sur les risques de limitation de la liberté d'aller et venir ainsi que du droit au respect de la vie privée induit par le développement de ces méthodes dans un cadre non coopératif. C'est ainsi que, dans un rapport du 7 mai 2009, la commission a estimé que, compte tenu de ces risques, le principe du recours à de tels systèmes devrait faire l'objet d'un débat national et d'une consultation de la société civile. Et l'on doit réellement s'inquiéter d'entendre, à ce propos, des représentants du ministère de l'Intérieur émettre des doutes publiquement sur le fait qu'un visage doit être qualifié de donnée à caractère personnel (voir plus loin), à seule fin de conserver la loi de 1978 applicable.

LE SYSTÈME LAPI

Déjà évoqué plus haut sous l'angle des technologies de géolocalisation, le système LAPI, créé par la loi de 2006 relative à la lutte contre le terrorisme, permet d'analyser les flux vidéo afin de capter et lire, en temps réel, les plaques d'immatriculation de tous les véhicules passant dans le champ des caméras et de les comparer au fichier des véhicules volés et au système d'information Schengen, afin de générer, éventuellement, une alerte.

Vidéo à tous les étages !

Dernière illustration de l'engouement en faveur de la vidéosurveillance : sa banalisation. Il ne s'agit pas seulement de la perspective de voir se réduire, de manière inexorable, les portions de territoire « vierges », préservés de ce type de surveillance, sur la voie publique, dans les lieux de rassemblement, dans le secteur du travail, du logement, etc. C'est aussi le fait que, progressivement, les responsables de l'aménagement du territoire inscrivent la vidéosurveillance – ou vidéoprotection – dans une « démarche globale touchant au territoire et au cadre de vie, affirmant que, dorénavant, la vidéo répond au besoin de sécurité », au même titre que l'éclairage public et l'organisation de l'espace. Il y a là un processus de cristallisation, préoccupant. La vidéo est ainsi présentée comme une référence de haute technicité au même titre que le concept HQE (haute qualité environnementale) ou les accès au réseau Internet. Bientôt on aura si bien éduqué les clients potentiels qu'ils s'inquiéteront au point de savoir si le dispositif vidéo sur la parcelle qu'ils comptent acquérir est d'origine ou en option !

À ce titre la mise en œuvre, par voie réglementaire, en 2009, du concept de périmètre « vidéoprotégé » doit susciter notre vigilance. L'idée est la suivante : plutôt que d'autoriser l'installation d'une ou plusieurs caméras, on définit une zone qui sera surveillée par des caméras dont le nombre, l'implantation et les éventuels déplacements peuvent évoluer au gré des besoins du maître d'ouvrage. Ce dispositif pourra concerner ainsi des ensembles immobiliers, des quartiers ou les quais et entrées d'une gare.

Le Conseil constitutionnel s'est d'ailleurs, dans sa décision du 26 janvier 2010, efforcé de tracer les limites relatives à l'usage de la vidéo « dans les quartiers ». En effet, saisi d'un article du projet de loi « renforçant la lutte contre les violences de groupes et la protection des personnes chargées d'une mission de service public » qui permettait aux propriétaires d'immeubles, en cas d'événements ou de situations susceptibles de nécessiter l'intervention des services de police, de gendarmerie ou de police municipale, de leur transmettre, en temps réel, des images issues de leur système de vidéosurveillance, il a considéré que ce mécanisme ne prévoyait pas les garanties nécessaires à la protection de la vie privée des personnes résidant ou se rendant dans ces immeubles.

*Pas d'*a priori

Quelle est la position de la CNIL face à ces questions ? Une fois encore il faut rappeler qu'elle ne nourrit aucune conception *a priori*. Elle considère que, probablement, certains usages de la vidéosurveillance sont efficaces, tantôt en matière de prévention, tantôt en matière de recherche des auteurs de crimes et délits. Probablement aussi certains usages sont-ils excessifs, parfois inutiles, parfois inadéquats. Étant en charge de l'analyse, en termes de proportionnalité, cette question de l'efficacité ne lui est pas indifférente, mais elle ne dispose pas forcément, dans chaque cas, de tous les éléments qui lui seraient nécessaires pour étayer son appréciation. En revanche, ce qui ne fait aucun doute c'est l'obligation de veiller, dans le cadre de la mise en œuvre des dispositifs de vidéosurveillance, à ce que les règles de protection des droits individuels soient respectées.

Nous avons fait réaliser un sondage, en 2008 (Ipsos, 14-17 mars, 972 personnes interrogées), qui a montré que 71 % des Français se déclaraient favorables à la vidéosurveillance afin de rehausser le niveau de sécurité, mais qu'ils étaient 79 % à souhaiter qu'elle fasse l'objet d'un contrôle indépendant permettant d'assurer la garantie des libertés individuelles. Nous sommes ainsi, une nouvelle fois, confrontés à cet exercice délicat consistant à rechercher un équilibre, conforme à l'esprit de la législation « informatique et libertés », entre l'aspiration des citoyens, d'une part, à un niveau élevé de sécurité et, d'autre part, à un respect scrupuleux de leurs droits individuels. Une société qui ne mettrait pas en œuvre les systèmes technologiques disponibles aptes à renforcer la protection des citoyens contre le terrorisme et la criminalité manquerait à ses devoirs. Mais une société, placée sous un système de vidéosurveillance (ou sous vidéoprotection) permanente, présent en tout lieu, technologiquement puissant, reconnaîtrait implicitement la victoire des terroristes qui seraient ainsi parvenus à priver les citoyens de leur liberté d'aller et venir pleine et entière.

L'image est-elle une donnée personnelle ?

Avant toute chose, il paraît utile, ici, de rappeler le régime juridique applicable en la matière. La première question est de savoir si l'image et donc la vidéo sont des données personnelles. Je reconnais que la question est insolite tant il semble évident que la réponse est affirmative mais il se trouve que, au sein de certains ministères régaliens comme de la Commission nationale de vidéosurveillance, dont la compétence est généralement saluée, s'élèvent régulièrement des voix pour contester cette position.

Sur le plan technique, une image n'est rien d'autre qu'un ensemble de données. Elle est représentée par une information structurée et codée sous forme d'éléments binaires et découpée en petites cases, appelées pixels, chacune d'entre elles étant codée. Les données se trouvant sur un disque dur concernent bien tous les fichiers informatiques qui s'y trouvent, qu'il s'agisse d'images de textes, de mails, etc. Et l'on note que les sociétés spécialisées dans la récupération de données et auxquelles les utilisateurs peuvent faire appel pour retrouver les informations stockées sur des supports endommagés, visent bien l'ensemble des fichiers se trouvant sur ceux-ci, y compris les images ou les vidéos. Au passage, je relève que la communauté informatique parle de « données vidéo » et de « données d'images » et, ce, dans toutes les langues.

Sur le plan juridique, on définit la donnée personnelle comme toute donnée permettant d'identifier une personne directement ou indirectement. Le texte de la directive européenne de 1995, véritable bible en la matière, précise : « La directive est appelée à s'appliquer aux traitements portant sur [...] les données constituées par des sons et des images » (considérant 14) ; et « la Commission examine, en particulier, l'application de la présente directive aux traitements de données constituées par des sons et des images, relatives aux personnes physiques » (article 33). On ne saurait être plus net. Dans un avis de 2007, sur la notion de donnée à caractère personnel, le Groupe de l'article 29 (les 27 CNIL européennes) précisait que « le concept de données à caractère personnel englobe les informations disponibles sous n'importe quelle forme, qu'elles soient alphabétiques, numériques, graphiques, photographiques ou acoustiques... Il apparaît en particulier que les données constituées par des sons et des images méritent, à ce titre, d'être reconnues comme des données à caractère personnel. » Et, plus loin : « Les images de personnes physiques captées par un système de vidéosurveillance peuvent être considérées comme des données à caractère personnel pour autant que les individus soient reconnaissables [mais] étant donné que la finalité de la vidéosurveillance est d'identifier les personnes apparaissant sur des images, lorsque le responsable du traitement juge cette identification nécessaire, l'ensemble de l'application relève du traitement de données concernant des personnes identifiables, même si certaines personnes enregistrées ne sont pas concrètement identifiables. » On ne saurait être plus clair.

Enfin, je constate que la société Google a effectué la procédure de déclaration auprès de la CNIL à propos de son application Street View parce qu'elle mettait en œuvre la collecte et la mise à disposition d'images faisant apparaître des personnes et des plaques d'immatriculation. Croit-on raisonnablement que s'il ne s'était pas agi de données à caractère personnel, cette société aurait jugé nécessaire de prendre une telle initiative ?

Flou juridique

Se pose ensuite la question de savoir qui est compétent en matière de vidéo dans la mesure où deux régimes juridiques peuvent s'appliquer : l'un issu de la loi du 21 janvier 1995, l'autre de la loi Informatique et Libertés. Il existe une réelle divergence entre le ministère de l'Intérieur et la CNIL sur ce point dont l'origine est une confusion elle-même consécutive à une évolution de la technologie mise en œuvre en matière de vidéosurveillance : passage de l'analogique au numérique. Cette loi de 1995 a été votée au bon vieux temps de l'analogique, alors que personne ne devinait que, quelques années plus tard, la quasi-totalité des dispositifs de vidéoprotection installés feraient appel au numérique. Ainsi, la compétence de la CNIL s'étend peu à peu, non pas parce que le cadre juridique aurait changé mais parce que le dispositif de vidéo a, lui, évolué. Le ministère ne partage pas ce point de vue.

En conséquence, une ligne de séparation s'est mise en place, en pratique, discontinue, poreuse et sinusoïdale, et donc, bien entendu, contestée de part et d'autre. *Grosso modo*, on distingue les cas où la vidéo intervient dans un secteur auquel le public a accès – compétence de la commission départementale placée auprès du préfet – et ceux où il n'a pas accès – compétence de la CNIL. Corollaire inévitable de cette distinction : un cortège de situations cocasses et inacceptables, dans lesquelles le citoyen passe d'un régime à l'autre sans le soupçonner le moins du monde. Et l'on doit s'inquiéter de voir qu'un tel flou règne dans cet espace où se confrontent les impératifs de la sécurité collective et ceux de la garantie des droits individuels.

HÉTÉROGÉNÉITÉ JURIDIQUE

Les aléas liés à cette dichotomie se manifestent, bien entendu, aussi à l'échelon du contrôle qui doit être exercé sur l'ensemble des systèmes et ne peuvent que l'affaiblir. C'est pourquoi j'ai proposé de confier à la CNIL la mission de contrôle de supervision sur l'ensemble du territoire national lors d'auditions menées par les sénateurs Courtois et Gauthier, d'une part (décembre 2008), Escoffier et Detraigne, d'autre part (mai 2009). Dans leurs rapports respectifs, ils ont formulé des propositions allant dans ce sens. On remarquera que les appartenances politiques de ces quatre parlementaires recouvraient la quasi-totalité des tendances politiques présentes au Parlement. De son côté, le rapport du comité d'évaluation des politiques publiques des députés Vanneste et Dosière appuyait cette solution (novembre 2010). Devenu rapporteur du projet de loi d'orientation et de programmation pour la performance de la sécurité intérieure, le sénateur Courtois reprenait cette proposition permettant de traiter le problème posé. Soutenu par le président de la commission des lois, celui-ci a été sensible à la nécessité de combler ainsi une faille dans le mécanisme de protection des libertés individuelles en matière de vidéosurveillance et ce, indépendamment des considérations relatives à la répartition des compétences en fonction de la loi applicable.

Je n'entrerai pas dans le détail de cette question particulièrement complexe sur le plan juridique. On peut résumer les arguments de la manière suivante.

L'EXPÉRIENCE DE LA CNIL

La CNIL réunit les critères lui permettant de remplir cette nouvelle mission d'instance nationale de supervision des contrôles des dispositifs de vidéosurveillance. Elle dispose, en effet, d'un corps de contrôleurs de métier, spécialement recrutés à cet effet, immédiatement opérationnels. Chacun d'eux reçoit une habilitation spéciale du Premier ministre. Elle est autorisée par la loi à mener des contrôles « sur place et sur pièces », elle dispose de services d'appui, spécialisés et aguerris : service des plaintes, service de l'expertise technologique, service chargé de la gestion des sanctions. Il suffirait donc de renforcer l'effectif du corps de contrôleurs pour qu'aussitôt la commission puisse intervenir. On sait qu'elle bénéficie d'une longue pratique des questions liées à la vidéoprotection et qu'elle est ainsi capable de suivre les évolutions technologiques et juridiques, et d'en mesurer les enjeux. Faut-il rappeler que la commission a adopté, dès 1994, la première recommandation sur les dispositifs de vidéosurveillance mis en œuvre dans les lieux publics et les lieux recevant du public ?

Enfin, grâce à sa composition collégiale et pluraliste, elle jouit de réelles garanties d'indépendance (voir au chapitre VIII) et elle est la seule autorité administrative indépendante dont le président est élu par ses pairs et non pas désigné par l'exécutif. Et rappelons que la loi prévoit expressément qu'elle ne reçoit d'instruction d'aucune autorité.

LE PARLEMENT RÈGLE LA QUESTION

Finalement, en janvier 2011, après quelques péripéties, le Parlement a adopté les dispositions nécessaires, dans le cadre de la Loppsi : désormais, la CNIL sera compétente pour contrôler les dispositifs installés dans le cadre de la loi de 1995. Après voir mis en demeure le responsable du système contrôlé de se mettre en conformité avec celle-ci dans un délai qu'elle fixe, elle peut demander au représentant de l'État dans le département d'ordonner la suspension ou la suppression de ce système. Bien entendu, sa compétence dans le cadre de la loi de 1978 est maintenue. Dès lors, son contrôle s'étend à l'ensemble du territoire. Il s'agit là d'un progrès considérable en matière de protection du droit à la vie privée. Le « contrôle des surveillants » est, en effet, une exigence fondamentale dans une société démocratique envahie par les technologies nouvelles. Dès lors, confier la mission de supervision des systèmes de vidéoprotection, à l'échelon national, à une autorité tierce, indépendante et experte, était la condition même de la légitimité de son déploiement massif. Cette question est d'autant plus sensible que, dans le but d'augmenter l'efficacité des dispositifs de vidéo, un arrêté de septembre 2006 a imposé le respect de certaines normes techniques, permettant notamment aux forces de police de disposer d'une meilleure qualité d'image. On comprend aisément les raisons d'ordre pratique qui justifient cette initiative, mais il faut être prudent car cette normalisation peut également se révéler être le premier pas vers l'interopérabilité des systèmes. En effet, l'interconnexion et la centralisation des systèmes rendues ainsi possibles deviennent progressivement des réalités.

Le contrôle par évocation

Il faut être conscient que ce nouveau contrôle ne portera évidemment pas sur la totalité des dispositifs de vidéosurveillance déployés en France. Aucune autorité, qu'il s'agisse de la CNIL, ou de tout autre organisme, ne pourrait être en mesure de faire face à une telle ambition.

L'objectif poursuivi est précisément d'harmoniser l'ensemble des contrôles menés par les commissions départementales (qui verront leurs compétences propres, en la matière, préservées). On pourrait qualifier cette activité de « contrôle par évocation » fondé sur une stratégie mise en œuvre à partir de trois éléments : l'analyse des plaintes répétées de citoyens reçues par la CNIL ; l'analyse des demandes de conseil formulées notamment par les commissions départementales elles-mêmes (car cela arrive...) ; le suivi des évolutions technologiques susceptibles d'avoir une incidence sur la vie privée des citoyens. L'expérience dans ce domaine enseigne qu'il n'est pas judicieux de procéder à des contrôles systématiques et massifs. Au contraire, un programme de contrôles ciblés en fonction de critères éprouvés, reposant sur ces trois piliers, sera bien plus efficace, pour un coût tout à fait acceptable.

À la condition, cela va de soi, que notre commission puisse accroître les capacités d'intervention de son service de contrôle et donc bénéficier d'une augmentation de son budget en considération de ce développement spécifique. Ce qui, au demeurant, ne devrait pas représenter un effort insurmontable.

LA RÈGLE DU JEU

Quel sera concrètement l'objet de ce « contrôle par évocation » ? Il s'agit, ni plus ni moins, de vérifier que les règles fixées par les textes sont réellement respectées ! Ce qui est loin d'être le cas. Il est utile de citer ici quelques exemples réels pour montrer que les préoccupations, en la matière, ne doivent rien au fantasme.

Dans telle école le directeur filme et enregistre toutes les conversations des secrétaires ; dans telle boutique le responsable branche les cabines d'essayage sur son domicile ; dans telle étude d'huissier 11 caméras filment en continu 5 salariés ;

dans tel groupe scolaire, 30 caméras filment notamment le lit de l'infirmerie des filles et l'ensemble du centre de documentation ; dans telle société de télévision, 267 caméras filment l'ensemble des locaux et notamment l'entrée d'un local syndical. Et l'on pourrait allonger la liste.

Il est donc nécessaire de vérifier concrètement, sur place et sur pièces, comment est assuré le respect des droits et libertés des personnes filmées.

- Le responsable du système est-il clairement déterminé, sachant que, en cas d'infraction, sa responsabilité sera engagée ?
- L'objectif poursuivi par le dispositif est-il expressément défini ? S'agit-il de réguler le trafic automobile, de protéger des bâtiments publics, d'améliorer la sécurité publique, de prévenir les atteintes aux biens ? Cette définition est essentielle pour analyser la proportionnalité et la pertinence du dispositif technique installé par rapport à la finalité recherchée. Elle doit être mentionnée dans l'arrêté préfectoral d'autorisation.
- Les zones géographiques réservées à la vidéosurveillance sont-elles définies, signalées de façon telle que les citoyens soient informés qu'ils y entrent, et limitées de façon à ne pas porter atteinte à leur vie privée ? Cela implique que des dispositions soient prises – matériellement – pour assurer leur information. Le dispositif ne doit pas permettre de visualiser l'intérieur des immeubles d'habitation, ni les entrées de manière spécifique.
- Les règles relatives à la conservation des images sont-elles respectées (un mois au maximum) ?
- Le responsable du système a-t-il précisément identifié les personnes habilitées à exploiter celui-ci et à accéder aux images ?
- L'accès au système est-il bien sécurisé de façon à garantir la confidentialité des images (protection à l'entrée des locaux où est installé le dispositif, mots de passe d'ouverture des ordinateurs, etc.) ?

- Le droit d'accès des personnes aux enregistrements visuels les concernant est-il effectivement garanti ?
- Le droit à l'information des personnes est-il effectivement assuré ? Celles-ci doivent être averties de l'existence du dispositif, par exemple par affichage précisant sa finalité, l'identité des destinataires, les conditions d'exercice du droit d'accès (à quel service s'adresser), les coordonnées du responsable.

Un guide pratique de la vidéoprotection

Contrairement à ce que s'imaginent, parfois, certains responsables de ces systèmes, ces prescriptions n'ont pas jailli, un matin du cerveau des commissaires de la CNIL. Il s'agit, ni plus ni moins, de l'application concrète à la vidéo des règles issues de la loi de 1978 modifiée en 2004. Je tiens à apporter cette précision car il nous arrive d'être interpellés par ces mêmes responsables qui nous expliquent, comme le faisait récemment un adjoint au maire d'une grande ville, que, bien entendu, il souhaiterait respecter toutes ces règles mais qu'il n'est pas envisageable d'assurer le droit d'accès des citoyens : d'une part, cela lui paraissait « lourd à gérer », d'autre part, il considérait qu'il y aurait un risque à permettre à un particulier de visionner les images (oubliant qu'il ne s'agit que de celles concernant la personne usant de son droit d'accès). Lorsque je lui ai expliqué qu'il s'agissait de règles de portée générale s'appliquant à tous les responsables de système, et ce en vertu des textes en vigueur, il m'a paru sincèrement surpris.

Bien entendu il existe des dérogations à ces règles mais on comprend que l'idée générale est bien de faire en sorte que le développement de la vidéoprotection soit encadré, sur le plan juridique et technique parce qu'il s'agit d'une technologie particulièrement intrusive.

C'est dans cet esprit que j'ai constitué, à la demande de nombreux maires, un groupe de travail composé de maires et de spécialistes de la commission afin d'élaborer un *Guide de la vidéoprotection*, reprenant les règles que nous venons de rappeler. L'objectif est de proposer ainsi aux maires un instrument d'information à destination de leurs administrés. Bien entendu la compétence en matière de procédure d'autorisation dans ces hypothèses est du ressort de la commission départementale, mais c'eût été faillir à la mission de conseil de la commission que de ne pas s'impliquer dans ce projet. Une transposition au monde de l'entreprise de ce dispositif pourra être réalisée sans aucune difficulté.

Nous avons transmis ce projet à l'Association des maires de France qui, après examen, l'a validé. C'est ainsi que, dans le cadre d'une convention de partenariat, ce guide devrait être adressé à l'ensemble des maires de France. Cela les aidera à élaborer une politique de sécurité garantissant la prise en compte des droits de leurs concitoyens.

Double évaluation

Reste la question de l'évaluation, rarement abordée lors des débats relatifs à la vidéosurveillance et pourtant essentielle. Il y a d'abord, bien entendu, l'évaluation en termes de sécurité du système et de protection des données personnelles. Investie d'une mission de contrôle national, la CNIL serait amenée d'une part à exercer son pouvoir de contrôle classique, comme elle le fait d'ores et déjà pour tout un volet de la vidéosurveillance (on le sait, selon le lieu d'implantation). D'autre part elle pourrait publier, chaque année, un rapport spécifique d'évaluation des systèmes, exclusivement sous l'angle de la protection des données et de la sécurité du système, qui pourrait être adressé au ministre de l'Intérieur ainsi qu'à la CNV. De plus on pourrait demander aux responsables de dispositifs installés de présenter un rapport, par exemple tous les trois ans, leur permettant de rendre compte de leur fonctionnement.

Cette procédure permettrait de réévaluer, selon une périodicité parfaitement raisonnable, la finalité du dispositif et donc sa pertinence et son adéquation. D'une certaine manière le même raisonnement pourrait être tenu en matière de biométrie et de géolocalisation car les risques d'intrusivité y sont tels aussi que cela se justifierait totalement. Mais, comme on l'a vu aux chapitres qui précèdent, l'absence totale d'expression du consentement dans le domaine de la vidéosurveillance crée une situation spécifique.

L'autre forme d'évaluation consisterait à analyser l'efficacité, « la performance », à la fois quant à la fiabilité technique, et, par exemple, quant aux résultats obtenus dans le domaine de la sécurité collective. Notre pays souffre d'une quasi-absence de publication d'études d'évaluation sur une base méthodologique fiable et reconnue. Le mécanisme devrait concerner au moins les dispositifs installés dans les lieux publics et peut-être la CNV aurait-elle un rôle à y jouer.

Cette double évaluation est indispensable car, comment, à défaut serait-on en mesure d'exposer les termes de l'analyse de l'équilibre liberté/sécurité auquel le citoyen doit être convié ? Cette forme de transparence est donc bien la condition principale de leur confiance. Espérons que ces propositions susciteront l'intérêt du Parlement lors d'une prochaine remise en ordre de la législation relative à la vidéoprotection.

Bilan provisoire

Pour conclure, essayons de dresser un bilan des risques communs aux systèmes faisant appel aux technologies que nous venons d'examiner : biométrie, géolocalisation et vidéoprotection.

LE RISQUE D'INTRUSIVITÉ

Le premier d'entre eux est, « par définition », l'intrusivité. Mais il s'agit ici de constater que ce qui rapproche nettement ces trois applications, en matière d'intrusivité, c'est leur capacité à repérer, dans l'espace, et suivre un individu. Qu'il s'agisse de vidéo, de biométrie ou de géolocalisation proprement dite, il s'agit bien de le suivre à distance, dans ses déplacements, et éventuellement, par recoupements, dans ses rencontres. De ce point de vue, le procédé de la vidéo est plus proche de la géolocalisation que la biométrie puisqu'il s'agit, non pas de repérer une personne à son passage à un endroit déterminé, mais de suivre son déplacement. Certes, le contrôleur peut suivre directement, sur son écran, la personne en cours de déplacement ou d'action, de manière visuelle, à la différence du contrôle exercé en matière de géolocalisation. En revanche, cette surveillance s'exerce à l'égard de mouvements et de déplacements largement anonymes et dont la cohérence n'apparaît pas nécessairement à l'observateur, placé devant l'écran, en attente d'un événement. Il s'agit, au fond, de saisir, « au vol » des tranches de vie, le chassé-croisé de personnes dont les destins restent étrangers les uns aux autres. Tandis que lorsqu'on suit, par géolocalisation, le déplacement d'une personne de tel à tel endroit, grâce au dispositif qu'elle porte sur elle ou en elle, le contrôle devient très précis.

LE RISQUE DE LA DÉRESPONSABILISATION

Disons simplement que cet autre risque, inhérent à l'usage de ces technologies, qui a été évoqué à propos de la géolocalisation, notamment en ce qui concerne les dispositifs faisant appel aux procédés du GPS ou des puces RFID dans les établissements accueillant des personnes vulnérables, est également présent dans la mise en œuvre des systèmes de biométrie et de vidéosurveillance car, dans ce type d'application, le transfert de la responsabilité de la surveillance au dispositif technologique peut aboutir de la même manière, par l'effet d'une défaillance de l'agent responsable de celui-ci, à une dégradation soudaine et totale du niveau de protection des personnes.

COUPLAGES ET MINIATURISATION

Deux motifs d'angoisse – réelle – pour le futur proche qui semblent à première vue totalement opposés nécessitent d'être examinés de plus près. Il s'agit, d'une part, du danger lié à la concentration, en un même lieu, de dispositifs de surveillance faisant appel aux différentes techniques passées en revue précédemment. Ce phénomène peut se manifester à la fois par la juxtaposition de celles-ci et par leur combinaison ou couplage. Je n'y reviendrai pas car nous en avons vu de nombreux exemples. Il s'agit, d'autre part, des risques liés au développement des technologies de miniaturisation dans le domaine des systèmes d'information par le recours aux nanotechnologies.

UN DÉBAT TRONQUÉ

Pour le moment, cette question n'a guère suscité la curiosité du grand public. On évoque plus souvent leur utilisation dans le domaine médical, industriel ou cosmétique. Ainsi, par exemple, en mars 2010, une chaîne de télévision du service public a consacré à ces questions une soirée entière, composée de quatre documentaires de cinquante-deux minutes (ce qui est rarissime), sans qu'il soit fait, une seule fois, référence aux risques potentiels pour la vie privée, liés à leur usage en matière de systèmes d'information !

De façon générale, d'ailleurs, on constate que le débat relatif à ces questions est, dès son origine, faussé car on oublie trop souvent que c'est l'usage et non la technologie elle-même qui doit faire l'objet de nos analyses puisque c'est bien la même technologie qui permettra d'agir sur une tumeur cancéreuse aujourd'hui inaccessible mais aussi d'accroître les « performances » d'un système d'armes…

La Commission nationale du débat public (CNDP) a organisé, fin 2009-début 2010, une consultation à ce sujet dans une vingtaine de villes de France. Dans bon nombre d'entre elles, quelques dizaines (parfois un peu plus) de « contestataires » (regroupés sous des intitulés souvent assez cocasses : « Pièces et main-d'œuvre » ou « Oblomoff » – qui, à coup sûr, aurait eu quelque mal à se sentir bien parmi des disciples aussi agités…) ont empêché tout dialogue au motif, ont-ils, souvent à contrecœur, expliqué, qu'ils étaient hostiles à tout usage des nanotechnologies et qu'ils s'opposeraient donc à ce que le débat lui-même puisse se tenir… Lors de la réunion de Lille, adossé à un pilier, j'ai observé, parfois avec amusement, combien leurs techniques de perturbation étaient parfaitement au point. Il est vrai qu'ils avaient pu bénéficier d'un entraînement intensif, étape après étape, dans chaque ville visitée. Devant l'impossibilité de m'exprimer dans des conditions correctes, finalement résolu à quitter la salle – en compagnie, d'ailleurs, d'un représentant de la Ligue des droits de l'homme dépité ! –, je confiai à l'un des « organisateurs » de la pagaille que j'aurais aimé pouvoir faire part de mes préoccupations relatives à un éventuel usage des nanotechnologies en matière de systèmes d'information. Passé l'instant de surprise il me dit : « Pas de débat, c'est pas de débat ! » Je dois avouer que la repartie ne m'est pas venue…

Il m'arrive d'envier le confort intellectuel dans lequel évoluent les extrémistes. Ils ont réponse à tout, ils ne semblent jamais travaillés par le doute, ni troublés par les incertitudes des autres, ni tiraillés par l'angoisse d'avoir à prendre des décisions qui touchent au réel. Rien ne les déroute, ni l'argument rationnel ni le questionnement objectif. Leurs comportements pourraient se résumer à cette repartie : « Vos arguments sont totalement fondés mais ne modifient en rien mon point de vue » ! Ils n'éprouvent aucun scrupule à donner des leçons, y compris dans des domaines particulièrement complexes, et assènent leur discours dans tous les cénacles et « espaces » où l'on délibère de l'avenir de notre société, arborant le mot « juste » sur leur plastron, le jabot gonflé par un vent messianique. Ce faisant, ils pourraient bien faire quelques ravages dans le domaine de la protection des données personnelles. Si on les écoutait…

SE RÉVOLTER CONTRE UN ADVERSAIRE INVISIBLE

En l'état de nos connaissances en la matière, qu'en est-il réellement ? Les experts, avec qui nous sommes en contact un peu partout dans le monde, nous disent que, dans les dix ans à venir, il sera possible de concevoir et mettre en œuvre des dispositifs intégrant des éléments de nanotechnologie permettant d'entendre, de voir et communiquer à distance.

Certains affirment qu'une telle perspective n'est pas susceptible de modifier notre perception du phénomène du traçage des personnes, sous l'angle de la protection de leurs données, puisque, par exemple, dans le domaine de la géolocalisation, on ne ferait que franchir un degré supplémentaire dans la miniaturisation. On passerait simplement du grain de riz (puce RFID) au quasi-invisible. Je crois, au contraire, qu'il nous faut retenir une autre approche parallèle à celle retenue par les scientifiques selon laquelle l'échelon du milliardième de mètre permet de restructurer la matière à une échelle où elle révèle de nouvelles propriétés. Le franchissement de la barrière du visible – disons à l'œil nu – constitue, dans une vision sociojuridique également, non pas un changement de degré mais un changement de nature, puisque, en pratique, l'irréversibilité apparaîtra, en corollaire de l'invisibilité. Car si une multitude de systèmes de vision, d'écoute et de suivi, quasiment invisibles, sont dispersés en tous lieux où se déploie l'activité humaine, comment croit-on pouvoir, si on le voulait, revenir à l'état antérieur ?

Un tel saut signifierait que les citoyens n'auraient plus jamais la certitude absolue de pouvoir échapper au contrôle social, d'être seuls, de ne pas être entendus, vus ni suivis, où qu'ils se trouvent. Ils ne seraient jamais plus en mesure de savoir s'ils embarquent des systèmes nanotechnologiques avec eux, sur eux – en eux ? – ou s'ils en sont environnés. Si nous étions conduits à vivre, demain, dans un nuage de surveillance, clandestine, permanente, ubiquitaire, croit-on que cela se ferait sans répercussion sur nos actes, nos mots, nos pensées mêmes ? N'en viendrions-nous pas à lisser notre langage et notre comportement, glissant insensiblement, et peut-être inconsciemment, par la recherche du plus petit dénominateur commun, vers un autoformatage de nos personnalités par anticipation ? Que ce soit par l'effet de notre volonté, de notre instinct, par réflexe ou par habitude, nous rechercherions la posture qui nous semblerait susceptible de préserver le plus sûrement notre place dans la société qui nous observe.

Si nous étions amenés, un jour, à vivre dans une société dans laquelle nous n'aurions plus la garantie de ne pas être suivis dans chacun de nos faits et gestes, quelle que soit notre activité sociale, professionnelle, culturelle, quel que soit le moment, amical, sentimental, sexuel, je crains que nous n'en venions alors à regretter le bon vieux temps du Big Brother. Le vrai, puissant mais unique, tapi en un point central. Du moins, contre les Stasi, sous toutes leurs formes, nous resterait-il toujours le droit à l'insurrection. Mais comment lutter contre le déploiement tentaculaire et métastasique de milliers de systèmes devenus multipolaires à l'infini, doux et impalpables, dans les tissus de la société ? Si ces « nanobrothers » « vivent » parmi nous, contre qui organiserons-nous la révolte ?

Comment exercerons-nous encore nos libertés d'expression et d'aller et venir dans une société où l'« autre » sera partout présent ? Craignons de laisser un tel usage non maîtrisé du progrès technologique réussir là où, en d'autres temps, les systèmes totalitaires ont finalement échoué grâce à la résistance des individus.

CLONAGE MENTAL

Ainsi, nous sachant vus et entendus, en tout temps et tout lieu, ou peut-être, simplement, ne sachant pas si nous le sommes, nous aurons pris l'habitude de gommer consciencieusement toute aspérité de notre personnalité et nous aurons élaboré un modèle commun de référence, neutre et acceptable. Clonage mental ? Peut-on dire les choses ainsi ? S'il existe un infime risque qu'un tel phénomène se produise, ne devons-nous pas agir dès maintenant ?

C'est au Parlement qu'il revient de prendre une initiative en la matière. N'a-t-il pas, en rejetant toute idée d'avancée vers le clonage humain, démontré l'exigence de ne pas succomber à la fascination qu'exerce sur nous le progrès scientifique et technique et d'affirmer que ce n'est pas parce qu'une technologie est disponible qu'il faut nécessairement lui trouver une application et un usage social ? Et l'urgence à la fois de cette prise de conscience et de la prise en charge, par le législateur, de l'analyse des impacts des nanotechnologies, appliquées aux systèmes d'information, sur notre patrimoine de libertés individuelles, est manifeste. Car le temps juridique, qui marque l'élaboration des normes et des procédures, et le temps technologique, qui sépare l'invention de l'application, n'épousent pas le même rythme. Le premier est ralenti par le respect des règles inhérent à la démocratie parlementaire, tandis que le second est accéléré sous la pression du progrès.

Quoi qu'il en soit, il faut noter que le Sénat a posé un premier jalon en la matière en organisant un débat, en juin 2010, relatif à l'ensemble de la problématique des nanotechnologies.

Certes notre pays n'est pas isolé du monde et l'on sait que, s'agissant d'applications qui confinent au domaine de l'invisible, nos frontières ne sont pas imperméables. Il faudra donc convaincre les autres États de la gravité et de l'urgence de ces questions. Et l'on imagine les écueils et les impasses qui se présenteront sur le chemin d'un éventuel accord international. Cette perspective doit-elle nous conduire au découragement ou nous inciter à l'action ?

V

Internet

La traque numérique

Pour mieux cerner le phénomène complexe du réseau Internet, commençons par l'aborder avec quelques idées simples.

Première remarque : nier l'extraordinaire contribution d'Internet, notamment dans ses applications en matière de courrier électronique, de moteurs de recherche, de commerce électronique ou de réseaux sociaux, au développement de la connaissance, des échanges, de l'économie serait faire preuve d'obscurantisme. Peut-être même l'histoire dira-t-elle qu'aucune innovation technologique n'aura autant participé à cette évolution qui touche aussi bien les peuples que les individus. Comment ne pas songer en effet au rôle joué par les réseaux dans le mouvement pour la démocratie qui s'est développé récemment dans les pays arabes ?

Deuxième remarque : en l'état actuel du droit et de la technologie, quiconque ayant confié des informations personnelles au système doit savoir que nul ne peut lui garantir de manière absolue qu'il pourra en « sortir » totalement si tel est son souhait. Certes les avis, les arguments commerciaux, les croyances, les querelles foisonnent à ce sujet. Mais participant depuis longtemps à d'innombrables conférences et réunions fréquentées par la fine fleur des experts français et étrangers dans le domaine du numérique et de la protection des données, j'en suis arrivé à la conclusion que « si la solution miracle existait, ça se saurait » ! Ou plutôt… ça se commercialiserait.

Troisième remarque : un point de méthode est nécessaire pour cerner, au plus près, la « problématique Internet ». Pour le comprendre, prenons un exemple simple : assis à mon bureau, je suis, durant mes heures de travail, dans le champ d'une caméra installée par mon employeur tandis que le coursier de mon entreprise, lui, est géolocalisé dans son véhicule de livraison et que mon voisin du dessous doit se soumettre, chaque matin, à un contrôle biométrique du réseau veineux de son index droit à l'entrée de son laboratoire. Si le trait commun à nos situations est que nous sommes l'objet d'un traçage par autrui, en revanche, nous y sommes tous trois soumis, en des lieux différents et par le biais de technologies différentes.

Une prise de conscience plus avancée

Or, dans le cas d'Internet, des millions de personnes recourent à des applications, qui peuvent être diversifiées mais sont toutes connectées au même système. Cette distinction induit une différence d'approche : à ce jour la prise de conscience des risques engendrés en matière de protection des données personnelles par ces technologies est – contrairement à ce que pensent certains – beaucoup moins avancée en ce qui concerne les trois premières, notamment à cause de l'absence – pour le moment – d'une connexion globale. De plus, la pratique d'Internet implique, généralement, une participation de l'usager, un minimum d'échanges, comme une sorte d'appropriation individuelle et collective du réseau (parfois confuse, il est vrai), tandis que, dans le cas des autres technologies, les individus ne « participent » pas au système (sans aucun doute pour la vidéo et la biométrie ; avec des exceptions pour la géolocalisation où existe une logique de réseau dans certaines applications). Même si, nous le verrons, la pédagogie vis-à-vis des usages d'Internet représente une obligation ardente et urgente, les considérations qui précèdent amènent à penser qu'il n'est pas nécessaire de procéder ici à un examen exhaustif des risques encourus par les consommateurs de services sur Internet.

DES RISQUES BIEN IDENTIFIÉS

Effectivement, la nature même de ces risques est plutôt bien identifiée désormais (ce qui ne signifie pas que les utilisateurs en soient forcément conscients). Il peut s'agir du comportement des jeunes face aux pièges qui leur sont tendus (cybercriminalité) ou des atteintes aux règles de confidentialité en matière de santé des personnes ou dans le domaine bancaire. La confrontation entre les gestionnaires professionnels des services sur Internet et des usagers amateurs pose aussi des questions touchant, d'une part, aux risques inhérents au dévoilement de la personnalité et des options intimes de chacun et, d'autre part, aux techniques mises en œuvre en matière de ciblage publicitaire.

LE SYNDROME OKAZOU

Là encore, nul besoin de s'attarder. On connaît bien les idées fausses qui circulent depuis qu'Internet existe. Les uns se promènent sur la Toile, absolument convaincus de la fiabilité des informations qu'ils y glanent. D'autres s'imaginent que le volume d'informations disponibles est tel que l'anonymat des utilisateurs s'en trouve garanti. Il y a également ceux qui sont dans un état de croyance tel vis-à-vis de leur réseau social que lorsque celui-ci annonce la mise en place d'une nouvelle fonction destinée à améliorer le service rendu à l'usager, ils n'en soupçonnent aucunement l'ambivalence. Les mêmes sont loin de deviner à quel point certains acteurs du Net s'efforcent de conserver leurs données le plus longtemps possible parce qu'elles peuvent toujours servir. Ce serait le syndrome Okazou : on ne sait ni quand ni comment elles pourront être utiles mais cela ne fait pas de mal de les stocker, au cas où…

S'agissant du recueil des données, il arrive que l'utilisateur – en réalité, le client – participe à l'élaboration de la stratégie commerciale de l'opérateur sans en avoir conscience. Cela se produit généralement parce qu'il existe une conjonction entre la donne économique qui amène celui-ci à solliciter de plus en plus d'informations auprès du consommateur alors que la « configuration psychologique » de ce dernier l'incite à dévoiler des aspects de sa personnalité ou de sa vie privée. Le moins que l'on puisse dire est que l'état d'esprit du premier est plus simple à cerner…

L'amitié au service du capitalisme

Un autre élément rend particulièrement complexe la question de la protection des données sur Internet. Il s'agit du formidable paradoxe sur lequel repose la problématique des moteurs de recherche et des réseaux sociaux. Il faut le reconnaître, les groupes qui développent ces systèmes ont réussi l'un des coups les plus géniaux qui aient jamais été réalisés dans la société capitaliste. D'envergure planétaire, ces sociétés, qui réalisent des chiffres d'affaires se comptant en milliards d'euros, sont parvenues à substituer au concept marchand classique entre un fournisseur et son client, une relation fondée – semble-t-il – sur le partage, l'enrichissement mutuel, la gratuité et même l'amitié ! L'agrégation de profits sur fond d'exaltation libertaire. Comme si elles avaient accédé au stade ultime, au Graal, dont rêveraient nos

« sociétés de progrès » : concilier l'efficacité économique et l'humanisme.

Au passage il a été nécessaire d'établir un nouveau code sémantique. Ainsi, on ne dit pas « client », ni même « usager », non : on est entre « internautes » ou « amis » ! À ce propos, signalons la naissance prochaine d'un nouveau verbe, en cours de gestation : *friend* – « ami » au sens de Facebook – donne *unfriend* (« non-ami »), qui produit *to unfriend,* c'est-à-dire cliquer pour rayer un de ses « amis » de sa liste sur un réseau social (je n'invente rien). Ne doutons pas que l'on proposera, très bientôt, une version française de ce néologisme anglo-saxon : « unfriender ». Dans la mesure, évidemment, où ils auront considéré qu'il s'agissait d'un verbe appartenant au premier groupe. Ou, le pire n'étant jamais sûr, retiendront-ils plutôt « désamiser » ?

Magie de la sémantique encore, on appelle ces mastodontes de l'économie mondiale par leur petit nom, à l'instar des vieux amis de la famille. Et même on les conjugue, lorsqu'il s'agit de recruter ou de cerner le comportement d'un salarié : on « googuelise » et on « facebookise » ! D'ailleurs le mot *free* lui-même, ne désigne-t-il pas, dans ce qui devient notre langage commun, issu du langage commercial anglo-saxon, à la fois ce qui est libre et gratuit ?

La parole aux prosélytes

Si l'on veut tenter d'instaurer un lien de confiance durable entre les gestionnaires de services sur Internet et leurs utilisateurs, il est nécessaire, au préalable, de définir ces derniers. Sans prétendre opérer une classification d'ordre sociologique appuyée sur un critère scientifique, il est possible, en se fondant sur l'observation de distinguer trois types de comportement des usagers face aux moteurs de recherche et aux réseaux sociaux.

La première catégorie regroupe ceux qui sont parfaitement informés, parfaitement conscients des risques qu'ils encourent quant à la protection de leur vie privée et adoptent à ce sujet une position idéologique. Parfois, d'ailleurs, leur conception est très proche de celle des gestionnaires eux-mêmes. Appelons-les « prosélytes ». Deuxième catégorie : on y trouve ceux qui sont certes informés de cette menace mais qui, soit la sous-estiment, soit l'évaluent correctement mais la bravent ou la négligent. On pourrait les qualifier de « naïfs ». Enfin, la troisième catégorie rassemblerait les usagers qui ne sont pas véritablement conscients des risques. Ce sont les « innocents ».

LA VIE PRIVÉE N'EST PLUS CE QU'ELLE ÉTAIT…

Trois personnages dominent la scène où évoluent les prosélytes : Mark Zuckerberg, Eric Schmidt et Larry Page. Chacun sait qu'il s'agit précisément des dirigeants des deux plus grands acteurs du Net : Facebook et Google. Si l'on veut bien comprendre les problématiques auxquelles la CNIL, et à travers elle la société, est aujourd'hui confrontée, il faut leur donner la parole un instant.

En 2004, dans un *chat* publié par *Business Insider*, Mark Zuckerberg s'exclame : « J'ai près de 4 000 adresses, mails, photos… Les gens me les ont données. J'ignore pourquoi ils me font confiance, putain d'abrutis ! » On sent l'âme noble qui perce sous l'enthousiasme juvénile… Mais il n'a que 20 ans et doit être enivré, alors qu'il vient de créer son réseau, par un succès aussi foudroyant qu'inattendu. En janvier 2010, le surdoué de l'informatique est maintenant métamorphosé en businessman. Interviewé par Mike Arrington pour *Techcrunch*, il justifie son projet consistant à installer un nouveau paramétrage de confidentialité sur Facebook en expliquant qu'il faut admettre que le souci de préserver sa vie privée « n'est plus la norme ». Selon lui, les jeunes ont une conception de la vie privée différente de celle de leurs parents et considèrent le monde en ligne comme un espace davantage privé que la maison où ils vivent parce qu'ils « ont davantage de contrôle sur ce qui s'y passe ». Ailleurs, il confirme en soutenant que la norme sociale évolue nécessairement face au développement des nouveaux usages sur son réseau.

LA CIVILISATION REMPLACÉE PAR L'INTELLIGENCE ARTIFICIELLE ?

Curieusement, les déclarations d'Eric Schmidt, qui dispose, lui aussi, d'une audience planétaire, sont moins connues que celles de Mark Zuckerberg. Pourtant, elles sont au moins aussi instructives.

Elles s'articulent autour de quatre thèmes. Premier thème, le caractère démiurgique de Google : « Tout ce que sait Google, les États peuvent le savoir aussi, il leur suffit de demander. » Cette posture est effarante car elle signifie qu'aux yeux de ses dirigeants Google ne se considère pas seulement comme une société commerciale mais comme une espèce de Grand Régulateur, disposant d'un statut le positionnant à l'égal des États. Pis encore, Eric Schmidt expose benoîtement le fait que les autorités de police et de justice des États en question pourraient s'adresser à Google pour « en savoir plus » sur les citoyens ! Pourquoi d'ailleurs s'exprimer au conditionnel puisqu'ils le font déjà ?

Deuxième thème, le projet ultime poursuivi par l'équipe fondatrice de Google. Dans *Wired*, voici ce qu'il déclare le 9 août 2009 : « Ce que nous avons toujours voulu construire c'est une intelligence artificielle plus intelligente que nos cerveaux [...]. Il y a un cerveau droit, un cerveau gauche et une troisième partie où se trouve cette intelligence collective que Google peut vous aider à trouver. » Et il ajoute que les usagers n'attendent pas de Google qu'il réponde à leurs questions mais qu'il « leur indique ce qu'ils doivent faire ». Cela a le mérite d'être clair et implique évidemment qu'il ne saurait exister de limite à l'agrégation de données.

TENIR LA MÉMOIRE DU MONDE DANS SA MAIN

C'est ici qu'intervient Larry Page, cofondateur de Google. Citons cette déclaration faite au *Wall Street Journal* le 14 août 2010 : « Peut-être qu'un jour on pourra implanter une version miniature de Google dans notre cerveau. » Se contente-t-il ainsi de compléter la proposition d'Eric Schmidt, en ouvrant la voie à une diversification commerciale prometteuse ? Non, il faut aller plus loin. Larry Page est, en effet, l'un des fondateurs de la Singularity University qui, dans le sillage du courant transhumaniste – selon lequel tout ce que la technologie peut faire pour améliorer les performances humaines doit être fait –, se donne notamment pour objectif de réévaluer et actualiser le vieux concept de « singularité technologique » – issu de la science-fiction –, qui décrit le moment où la civilisation sera supplantée par l'intelligence artificielle. Aujourd'hui, cela signifie que, dans les années à venir, grâce aux capacités phénoménales de conservation des données, qui pourront être consultées de manière illimitée, il sera possible de faire émerger une intelligence artificielle dont on ne peut évaluer la puissance. Dans un tel schéma, Google se présente évidemment comme le vecteur le mieux approprié pour accompagner l'évolution vers cet état de la connaissance, inédit et vertigineux. C'est ainsi qu'il affirme dans des propos cités par *Le Monde* du 22 mai 2010 : « Notre ambition est d'organiser toute l'information du monde, pas juste une partie. » On notera qu'en décembre 2010 Google a ouvert un site qui dresse la liste de tous les termes employés dans 5 millions de livres publiés depuis 1800. Ce travail de numérisation, dont l'objectif déclaré est de décrypter l'histoire humaine, présente, en lui-même, un intérêt scientifique et culturel, incontestable. La question est : ensuite, derrière, après, plus loin ?

L'IDENTITÉ KLEENEX

Reprenons le fil du raisonnement d'Eric Schmidt : troisième thème, le souci de préserver sa vie privée n'est une réalité que pour les criminels. Difficile de formuler, de façon plus outrancière, l'absurde slogan « rien à cacher, rien à me reprocher » sur lequel nous reviendrons. Mais Eric Schmidt ne recule devant rien et il expose, dernier thème, lors de la conférence *Techonomy*, en 2010 (le 4 août !), sa conception du droit à l'oubli. Ainsi, « la seule façon de faire pour qu'Internet fonctionne de manière transparente est d'en finir avec l'anonymat ». Comment ? C'est très simple : il suffit de considérer qu'il sera normal, dans un futur proche, de changer de nom et donc d'identité (on sait qu'en matière de biométrie, certaines personnes recourent déjà à la destruction de leurs empreintes digitales par brûlure ou par greffe). Puisque ceux qui gèrent techniquement les usages d'Internet ne sont pas en mesure de garantir le droit à l'oubli, l'individu doit s'adapter et, par exemple, accepter la perspective d'être contraint de changer plusieurs fois d'état civil, au cours de sa vie, afin de concilier la nécessaire transparence – au sens que lui donne Eric Schmidt – et le respect de la vie privée. Il fallait y penser. Il est vrai que, quelques semaines plus tard, lorsqu'il constatera l'effet désastreux produit par cette dernière déclaration sur l'image de la société Google, Eric Schmidt prétendra que ce n'était qu'une « mauvaise blague » (on aimerait savoir si l'affirmation selon laquelle seuls les criminels souhaitent préserver leur vie privée est également une *public joke*).

Une précision importante : ce dont il est question ici n'est pas la création provisoire et limitée d'une identité numérique, spécifique à l'usage d'Internet, dont l'objet serait, pour les uns, de préserver leur vie privée, pour les autres, d'échapper à leurs responsabilités. Non, il s'agit bien pour M. Tartempion de constater que son identité étant devenue poreuse, aléatoire, non signifiante, il devrait en changer ! Cette séquence d'identité étant achevée, il prendrait désormais une nouvelle identité et s'appellerait Duschmoll. C'est-à-dire qu'il changerait d'état civil. On imagine que cela impliquerait quelques secousses pour notre code civil !

Peut-on simplement parler de gaffe ? Lors de la dernière conférence internationale des commissaires à la protection des données, qui s'est tenue à Jérusalem en novembre 2010, j'ai pu vérifier qu'il s'agissait bien d'une conception nouvelle de l'identité, totalement déconnectée désormais de la notion de citoyenneté. En effet, plusieurs universitaires américains réfléchissent actuellement au concept, intellectuellement séduisant mais singulièrement pernicieux, de « banqueroute de réputation » : tout comme pour une entreprise, on constaterait la faillite de l'identité d'une personne qui aurait perdu la maîtrise de ses données personnelles au fil de ses usages d'Internet. Cette idée me choque mais ne me surprend pas car on retrouve ici, en filigrane, une distinction fondamentale entre les philosophies américaine et européenne, en matière de protection des données. Cette conception repose en effet sur une « patrimonialisation » de l'identité, qui glisse ainsi imperceptiblement vers la notion de bien marchand, alors que l'on devrait considérer l'identité comme un droit fondamental attaché à la personne pour la durée de sa vie (voir chapitre VI).

UNE AFFAIRE DE « VIEUX CONS » ?

Dans un article du journal *Le Monde* daté du 30 septembre 2009 relatant le témoignage d'un *digital native*, une affirmation de celui-ci permet de prendre la mesure de l'influence des hérauts du Net : « Demain, c'est celui qui n'aura pas de photo de lui, tout nu, sur Facebook, qui sera suspecté de n'avoir aucune vie sociale et donc de ne pas se comporter correctement avec les autres. » Cette version incongrue du fameux « Rien-à-cacher-rien-à-se-reprocher » amène à se demander si le disciple ne dépasse pas ici ses maîtres.

Mais certains journalistes parisiens, spécialisés dans le domaine des nouvelles technologies de l'information, se font, eux aussi, les relais des conceptions développées par les patrons de Facebook et de Google selon lesquelles le combat pour la préservation de la vie privée, telle que nous en jouissons aujourd'hui, ne serait qu'un combat d'arrière-garde, mené, pour reprendre la formule de Jean-Marc Manach, par des « vieux cons ». Dans le cadre du magazine *Capital* sur M6, ce dernier explique tranquillement que pour « protéger sa vie privée, il faut être actif et proactif (sur le réseau) car on contrôle ainsi sa vie privée ». Il poursuit en expliquant que selon sa conception de la liberté d'expression, n'importe qui peut publier la photo ou parler d'autrui sur le système. Lorsqu'on lui demande si, en cas d'atteinte à l'image ou à la vie privée, il est possible d'obtenir du réseau social concerné le retrait des images, il répond que « les Américains ne le font pas car c'est la loi américaine ». On aimerait savoir quelle serait sa réaction s'il s'agissait de la loi française… Et il ajoute que demander aux responsables de retirer des photos de soi constituerait une « censure des gens qui ont mis ces photos » sur le réseau. Ainsi, la liberté d'expression de celui qui enfreint votre vie privée doit l'emporter sur votre droit à l'image.

Si le refus de partager ce point de vue revient à être du côté des « vieux cons », il va falloir choisir son camp !

LA TRANSPARENCE CONTRE L'INTIMITÉ

Dans ce débat, on voit bien que règne une grande confusion autour de la notion de transparence. Jusqu'aux années 1990, on accordait généralement à ce concept une connotation positive. Le point culminant date certainement des années 1970, lorsque fleurissaient, dans le domaine du droit constitutionnel, de la science administrative et de la sociologie politique, les réflexions sur l'« administration de mission », les structures de médiation, le contrôle de l'action publique, et le rôle des autorités administratives indépendantes en matière d'accès des citoyens à l'information, etc.

Aujourd'hui, nous recourons aux mêmes termes pour désigner deux phénomènes différents, et même opposés. Dans le domaine de la protection des données personnelles, la transparence signifie, historiquement, que les citoyens peuvent bénéficier d'un droit d'accès, direct ou indirect, aux traitements de données gérés sous le contrôle de la puissance publique (police, justice, santé, finances, social, etc.).

Avec l'apparition d'Internet, cette notion de transparence devrait caractériser la relation qui unit le consommateur – dit « internaute » – et la société responsable du service offert. Ainsi, le droit à la transparence impliquerait que le consommateur qui recourt aux applications proposées par la société Google soit parfaitement informé de tous les traitements des données le concernant réalisés par celle-ci, par exemple en matière de profilage à des fins publicitaires.

Mais, curieusement, certains utilisateurs d'Internet, notamment ceux qui ont grandi dans un environnement numérique – les fameux *digital natives* ou « natifs du Net » –, prônent, selon une dialectique plus ou moins structurée, une conception de son usage fondée sur une transparence totale dont ils attendent, à la fois une justification de leur propre comportement et un effet « moralisant » à l'égard de ceux qui tiennent les commandes de la société économique et politique, eux-mêmes usagers du système.

Cette conception de la transparence, qui est réellement entrée dans le débat public lors des révélations produites par Wikileaks, est extrêmement ambiguë. Elle incite nombre d'entre eux à affirmer tranquillement que ne pas être sur Facebook peut, de nos jours, paraître « louche », puisque cela signifie que l'on souhaite garder pour soi certaines informations ! Il y a là une forme de tyrannie de la transparence qui pourrait les amener bientôt à revendiquer la même chose en matière de géolocalisation. En effet, pourquoi ne pas exiger la transparence absolue ? C'est-à-dire faire en sorte qu'à chaque instant de la journée, les autres puissent savoir où je me situe, avec qui je me trouve et parle.

Une fois encore se pose la question de l'intimité qui, dans cette optique, apparaît de plus en plus comme remplissant une fonction sociale : la vie en communauté n'est possible – « tolérable » – que dans le respect mutuel de l'intimité des uns et des autres. Je ne franchis pas la limite invisible qui me sépare de sa « bulle » respective sans l'accord de l'autre et *vice versa*. L'intimité est au cœur du patrimoine génétique de nos libertés individuelles puisqu'elle préserve notre libre arbitre et donc nos chances d'exercer réellement celles-ci.

PROFIL ET PROFIT

Bien souvent, ceux-là mêmes qui dévoilent des pans entiers de leur vie privée sur Facebook sans paraître le moins du monde troublés poussent des cris d'orfraie (dans certains cas, d'ailleurs, parfaitement justifiés) devant l'éventualité que certaines de leurs données personnelles fassent l'objet d'une inscription dans un fichier de police, tel le fichier EDVIRSP (Exploitation documentaire et valorisation relative à la sécurité publique), anciennement EDVIGE, lui-même anciennement fichier des Renseignements généraux. On retrouve probablement ici la vieille méfiance qu'éprouve une partie de nos concitoyens à l'égard de l'action régalienne. Et les mêmes confient, sans réelle réticence, leurs données personnelles à un système géré par l'un des fleurons du capitalisme mondial afin qu'il puisse établir leur profil et en tirer profit ! Or, si les objectifs poursuivis par les réseaux sociaux et les fichiers de police sont fondamentalement différents, leurs effets peuvent être largement analogues puisque tout le monde sait que les personnels de police considèrent les premiers comme une mine d'informations au moins aussi productive que les seconds.

Est-ce la vie privée qui change ou le contexte social dans lequel elle s'enracine ? Certes, il se peut que l'homme se soit progressivement approprié cette notion mais aujourd'hui elle est comme sacrée, inhérente à la condition humaine. Nous n'avons pas à adapter le mode d'exercice du respect de notre vie privée et de notre identité au développement des technologies du numérique. Nous devons maîtriser celles-ci pour faire en sorte de préserver notre sphère de vie privée tout en l'enrichissant. Trop de luttes ont été menées, de sacrifices consentis, de ce côté-ci de l'Atlantique et récemment à l'est de l'Europe, pour transiger sur ce point.

UN GÉNIE IMMATURE

Je ne nourris aucune animosité à l'égard de Mark Zuckerberg. Mais je l'observe, je le lis et je l'écoute avec perplexité. Il est doté d'une intelligence hors du commun, qui confine peut-être au génie. Il est le leader d'un réseau comptant 500 millions d'usagers, répartis sur tous les continents. La société qu'il préside constitue désormais une puissance financière planétaire. C'est une personnalité complexe et, semble-t-il, immature dans l'appréhension des impacts potentiels de l'expansion de son système sur le droit individuel au respect de la vie privée. Que nous réserve un tel alliage ?

Citons, pour finir, et pour sourire un peu, George Clooney déclarant au Festival international du film de Toronto, en 2009 : « Je préférerais me faire examiner la prostate en direct à la télévision par un chirurgien aux mains froides… plutôt que d'avoir ma page sur Facebook ! » On peut s'offusquer de la crudité de l'image, mais cette boutade doit-elle, sur le fond, nous choquer davantage que les déclarations du trio Zuckerberg-Schmidt-Page ? Nous tenant à distance de ces deux formes d'outrance, nous pouvons raisonnablement affirmer que nous n'avons pas à modifier notre conception de la vie privée au motif que le monde se transforme sous la pression des technologies du numérique. Le droit au respect de la vie privée et à l'intimité doit être spécialement protégé car il est comme le cristal, pur et fragile.

« *Rien-à-cacher-rien-à-me-reprocher* »

Parmi ceux que nous avons appelés plus haut les « naïfs » se trouvent d'abord les usagers qui sont parfaitement conscients des capacités des acteurs du réseau à identifier, capter et manipuler leurs données, et donc analyser leurs comportements, cerner leurs goûts et ainsi établir leurs profils. Mais, disent-ils, cela ne leur pose aucun problème car « ils n'ont rien à cacher ni rien à se reprocher ». Précisons que ce syndrome du « rien-à-cacher-rien-à-me reprocher » peut concerner aussi bien les familiers des moteurs de recherche et des réseaux sociaux que les personnes susceptibles de faire l'objet d'une prise de vue ou d'une géolocalisation, à leur insu ou non. Et il s'agit d'un des plus redoutables adversaires d'une institution, telle que la CNIL, chargée d'assurer l'équilibre entre la protection des données personnelles et de la vie privée et le développement des nouvelles technologies de l'information.

Lors de mes interventions en France et ailleurs, j'entends très souvent cette phrase, prononcée comme une sentence définitive et en toute bonne foi. D'abord, je prends bien soin de dire à mes interlocuteurs combien je les admire de confiner ainsi à la perfection et combien je les envie d'en être si convaincus ! Puis, lorsque nous allons un peu plus loin, ils m'expliquent qu'étant en conformité avec les lois en vigueur et la morale, ils n'ont aucune raison de s'inquiéter outre mesure. Comprenez : si je ne commets aucun crime, délit ou contravention, si je suis en compagnie de ma femme légitime ou de mes enfants ou de mes amis (sous-entendu : mes amis n'ont évidemment rien à se reprocher…), pourquoi aurais-je à me dissimuler ? Cette posture, qui semble *a priori*, largement inspirée par le bon sens, repose sur une confusion. En effet, il n'est en réalité pas question, ici, de culpabilité ou de non-culpabilité mais de préservation de l'intimité. Pourquoi distinguer les cas dans lesquels on serait suivi, observé, photographié ou filmé en compagnie de son épouse légitime de ceux dans lesquels on serait en compagnie de sa maîtresse ? Curieuse conception dans laquelle la femme légitime n'aurait pas droit, elle aussi, à la protection de son intimité ! Comme si notre droit à l'intimité pouvait être fragmenté ou modelé en fonction des circonstances ou de la culture dominante… Non, nous avons le droit – et le devoir – de revendiquer le même statut d'anonymat, d'incognito, d'intimité, dans les deux cas.

SOUS L'ŒIL DES RECRUTEURS

Quelques mots, en passant, au sujet de l'apparition de cette problématique dans le domaine de l'emploi. Dans l'article du *Monde* cité plus haut, un jeune adulte, usager de Facebook, développait l'idée suivante : « Il n'y a que les vieux qui considèrent que la photo de quelqu'un, en soirée, doit être prise en compte au moment de son embauche. » Les vieux, je ne sais pas mais les recruteurs, oui, à coup sûr ! C'est vers la fin de l'année 2008 que nous sont parvenues les premières plaintes concernant le recours, par les DRH et les cabinets de recrutement, au réseau Facebook, dans le cadre de leurs procédures de sélection des candidats. Dans un premier temps, ils ont nié vigoureusement cette évolution pour admettre peu après, devant l'évidence, que le phénomène s'était généralisé au motif que 50 % des CV qui leur étaient remis étaient tronqués. En réalité, la « googuelisation » ou la « facebookisation » leur offre une approche « dynamique », « en situation », et plus « spontanée » des candidats que la lecture d'un CV.

S'agissant de la légalité de ces pratiques, rien, semble-t-il, n'interdit à un employeur de consulter des informations diffusées sur un réseau social, en accès libre, pour vérifier les qualités d'un candidat à une embauche. Mais, bien entendu, l'accès frauduleux à un système automatisé de données est répréhensible. Récemment, la jurisprudence a reconnu à un employeur le droit de licencier un salarié en raison de la teneur de ses propos diffusés sur un réseau social dès lors qu'ils avaient un caractère public et constituaient une faute. Il est probable que, par analogie, les tribunaux reconnaîtraient la possibilité pour l'employeur de recourir aux informations issues d'un réseau social, lors d'un recrutement.

LES *DIGITAL NATIVES*

En juin 2010, l'institut BVA a publié une enquête très instructive relative aux comportements de la « génération numérique », composée de jeunes de 18 à 25 ans, nés avec le « Web 2.0 », le plus souvent appelés *digital natives.* Cette génération – dite aussi « génération Y » (Why) – devrait représenter 30 % de la population à l'échéance 2015. Il ressort notamment de cette étude que ces jeunes adultes – qualifiés de « mutants » – semblent vivre dans un nouvel univers moral et politique et entretenir une relation au temps en rupture totale avec leurs aînés : ainsi, ils préfèrent s'investir pleinement dans le présent plutôt que de s'engager dans une logique de projet.

En tant que consommateur, le *digital native* aurait, d'une part, tendance à se fier aux informations recueillies auprès du « groupe », notamment sur les réseaux sociaux, et à développer, d'autre part, une approche fondée sur le principe de gratuité, en décalage complet avec les codes du monde marchand. En tant que salarié, il connaîtrait les codes d'intégration au monde du travail et serait parfaitement conscient des méthodes utilisées par les recruteurs.

Ces analyses viennent utilement compléter mes observations, issues d'échanges réguliers avec ces « mutants » au demeurant très sympathiques. Ces jeunes adultes, qui ont une pratique quotidienne des moteurs de recherche et des réseaux sociaux, sont, pour la plupart, largement conscients des risques potentiels induits par leur fréquentation quotidienne d'Internet. Leur stratégie consiste à déterminer le périmètre de données personnelles qu'ils acceptent d'introduire dans le système, et de maîtriser ensuite le flux, le rythme et la nature des informations transférées. Certains d'entre eux éprouvent le besoin de revendiquer, ce faisant, un droit à dévoiler leur personnalité et leur vie privée – droit que personne, d'ailleurs, ne songe à leur contester –, mais ils sont peu nombreux et ressortissent plutôt de la catégorie des prosélytes.

1 + 1 = 3

En réalité, si les « individus numériques » ont une perception assez juste des capacités du système à identifier, sélectionner, agréger, conserver et exploiter les informations les concernant, et s'il est rare qu'ils dévoilent tout à trac des éléments de leur intimité, ils surestiment, bien souvent, leurs propres capacités à maîtriser leurs données, y compris lorsqu'il s'agit de données qualifiées de sensibles par la loi et qui touchent à leurs options religieuses, politiques, philosophiques, sexuelles, ainsi qu'à leur état de santé.

Une expérience a été faite à ce propos, en décembre 2008, par des journalistes de la revue *Le Tigre* qui avaient montré que lorsque des professionnels s'attelaient à

« pister » – à son insu – un usager d'Internet, informé, conscient, socialement épanoui tout en étant raisonnablement réservé, ils finissaient par établir un profil très précis de celui-ci, suffisamment, en tout cas, pour entrer réellement dans son intimité. Lorsque cet usager a pris connaissance des résultats auxquels ils étaient parvenus, il a réagi à la fois avec une certaine agressivité – ce qui pouvait parfaitement se comprendre – et la lucidité nécessaire pour reconnaître qu'il n'avait pas été assez prudent. Au fond, il n'avait négligé qu'un détail : dans les mains de professionnels, la combinaison de deux informations anodines produit une information significative.

Autre illustration d'un phénomène inhérent aux usages de l'informatique. Pour marquer les esprits, il m'arrive d'expliquer que l'interconnexion de fichiers est spécialement encadrée par la loi parce que l'addition de deux traitements poursuivant des finalités différentes doit être, contrairement aux lois de l'arithmétique, ainsi représentée : $1 + 1 = 3$.

Il faut être, en effet, doté d'une structure mentale extrêmement cohérente et d'une mémoire particulièrement puissante pour ne pas laisser transparaître, au fil de ses usages sur Internet, quelques indices susceptibles de faire ensuite l'objet d'une analyse de profil assez éclairante. Ces analyses peuvent d'ailleurs être réalisées par le système mais aussi par d'autres usagers, en matière de recrutement de candidats à un emploi, de prospection commerciale, bien sûr, ou encore pour des motifs directement liés à la vie privée. Comment maintenir, en effet, le même niveau de vigilance lorsque l'on intervient sur Internet pour des objectifs divers, de manière fragmentée, tantôt une soirée entière, tantôt quelques instants, seul ou non, à intervalles plus ou moins réguliers ? Ne faudrait-il pas, pour y parvenir, avoir reçu une formation spéciale ou se concentrer à un point tel que l'usage en serait corrompu et perdrait ainsi l'intérêt qui s'attache précisément à ce type d'échange ?

L'Éducation nationale à la peine

Deux générations d'usagers constituent la grande majorité du groupe des « innocents » qui recourent assez régulièrement à Internet sans être réellement informés des risques qui pèsent sur la protection de leur vie privée. Ce sont tout d'abord ceux qui l'ont découvert alors qu'ils avaient déjà largement atteint l'âge adulte. On constate que, généralement, lorsqu'ils reçoivent l'information appropriée, ils évaluent correctement les enjeux et corrigent leur pratique de façon à maîtriser le flot et la nature des données personnelles qu'ils introduisent dans le système. Leur cas ne me préoccupe donc pas au premier chef, et ce, d'autant plus que la plupart d'entre eux ne courent plus guère le risque de se trouver placés en position délicate vis-à-vis de leur employeur, d'un recruteur, de leur famille ou de leurs petites amies (ou petits amis) ! En revanche, le cas de l'autre génération, celle des très jeunes et des adolescents, m'inquiète bien davantage.

État des lieux : selon deux études Ipsos publiées en mars et mai 2009, 33 % des enfants âgés de 9 à 17 ans déclarent ne pas avoir mis leur profil Facebook sur le mode privé, 2 sur 10 envisagent de se rendre à un rendez-vous avec une personne inconnue (un quart pour les plus de 15 ans), près de 60 % des enfants sont sur Facebook et 65 % d'entre eux ne respectent pas au moins une des règles édictées par leurs parents. Précisons que, selon une enquête européenne d'octobre 2010, l'âge moyen du premier usage d'Internet est de 7 ans. Selon une étude Calysto-Voix de l'enfant, de décembre 2010, 87 % des 11-13 ans et 58 % des 15-17 ans ne protègent aucune information personnelle. Et 39 % de ces derniers ont vu des données privées publiées à leur insu.

Je me rends périodiquement dans des établissements scolaires de différents degrés de façon à suivre les choses de près. Il n'y a, effectivement, aucun doute : jusqu'à l'âge de 14-

15 ans, l'immense majorité de ces jeunes usagers ne sont pas conscients des risques qu'ils encourent lors d'une relation non maîtrisée avec Internet.

À l'occasion d'une rencontre, voici quelques mois, avec deux classes de CM1 et CM2, dans la commune d'Erquinghem-Lys, dans le Nord, j'ai pu vérifier l'extraordinaire intérêt de ces enfants pour tout ce qui touche à Internet et constater la merveilleuse agilité d'esprit dont ils font montre dans l'apprentissage du maniement des processus techniques. Mais j'ai aussi mesuré, avec effarement, leur profonde ignorance des questions relatives à la protection de leur vie privée, malgré la réelle mobilisation de leurs enseignants.

Je n'insiste pas sur la nature et l'intensité des risques spécifiques qu'ils bravent dans leur usage quotidien d'Internet. Ces questions sont maintenant bien connues même si, parfois, on entend de-ci, de-là, des déclarations irresponsables visant, les unes, à caricaturer ces dangers, les autres, à les minimiser.

Quand j'envisagerai des solutions (chapitre VI), j'essaierai de répondre à la question suivante : comment préparer ces jeunes pour qui l'accès au réseau Internet sera un élément constituant de la vie sociale, professionnelle, culturelle et, parfois, même, affective ?

Face à Facebook

Enfin, avant de réfléchir, aux solutions efficaces, globales et pérennes, comment caractériser les relations existant aujourd'hui entre les grands acteurs du Net et les autorités de contrôle ? S'agissant du réseau Facebook on peut dater de la fin 2008 le début des actions en faveur de la protection de la vie privée menées, dans divers pays, par le mouvement associatif ou à la suite d'initiatives individuelles, qui interrogent réellement l'opinion publique. Ce mouvement est particulièrement actif en Allemagne où, par exemple, en septembre 2010, a eu lieu une manifestation réunissant plusieurs milliers de personnes. De même, en avril 2010, la Fédération des associations de consommateurs allemands a appelé les utilisateurs à quitter le site à la suite de l'installation d'une nouvelle politique de confidentialité. En Belgique, ce phénomène se développe également. En Italie, des artistes et des chercheurs organisent un « hack conceptuel » sur Facebook, intitulée *Face to Facebook* dont ils définissent ainsi la finalité : « Une fête éternelle et illusoire, sous surveillance et enregistrée pour toujours. » À cet effet, ils créent un site de rencontres – lovely-faces.com – et classent les visages des « amis », en fonction de certaines caractéristiques physiques et psychologiques, à l'aide d'un dispositif de reconnaissance faciale. Ils démontrent ainsi la fragilité de l'identité virtuelle que l'on a confiée, sans y réfléchir à deux fois, à une société comme Facebook qui se considère comme propriétaire des données personnelles.

Le plus souvent, toutefois, les initiatives en la matière prennent la forme de plaintes soutenues auprès des autorités de contrôle. En moins d'un an, ce phénomène s'est répandu comme une traînée de poudre, de la Corée du Sud au Royaume-Uni, de l'Allemagne au Canada. Les plaintes portent sur des objets multiples : absence de consentement et manque d'information des membres du réseau Facebook relative à l'utilisation commerciale de leurs données personnelles, installation de nouveaux paramètres de confidentialité, transmission de données à des tiers développeurs, utilisation de données à l'insu de personnes non inscrites sur le réseau, impossibilité pour un consommateur d'obtenir la fermeture de son compte, etc.

Dans la quasi-totalité des cas, les autorités de contrôle saisies réagissent aussitôt en lançant des investigations qui ont pu aboutir à la prise d'engagements ponctuels et limités par la société Facebook.

Sur le plan européen, l'attention vis-à-vis de ces questions est également très soutenue. Lorsque je présidais le

Groupe des autorités de contrôle européennes (G29), nous avons organisé une série d'auditions de réseaux sociaux, et notamment de Facebook, qui ont porté essentiellement sur les questions relatives à la protection des mineurs, à la durée de conservation des données et à l'accès aux données par des tiers. Le Groupe a d'ailleurs été amené à exprimer son mécontentement à l'égard de cette société qui, peu de temps après cette audition, a procédé à la modification du profil des utilisateurs de son réseau en rendant publiques certaines informations les visant (noms, photos, amis, etc.). Et il a demandé le réglage par défaut limitant les données fournies les concernant et les sites qu'ils visitent.

En France, le nombre de plaintes s'accroît dans de telles proportions que le face-à-face tend à devenir quotidien. Des points positifs doivent d'ailleurs être relevés dans ce dialogue. Ainsi, lorsque les utilisateurs demandent la restauration de l'accès à leur compte, la communication d'un profil créé sous leur identité ou sa suppression, il n'est plus nécessaire de recourir à une ordonnance du juge. De même ils peuvent désormais signaler et obtenir la suppression de données les concernant, publiées par d'autres utilisateurs, et leur portant préjudice.

Mais restent de trop nombreux points négatifs. Par exemple, Facebook fait la sourde oreille au sujet de la question lancinante de la durée de conservation du contenu des profils désactivés par ses services en se fondant sur la nécessité de répondre aux demandes de communication émanant des autorités compétentes dans le cadre d'enquêtes judiciaires (alors que le régime juridique en la matière manque de précision). Cette société précise d'ailleurs que les contenus supprimés peuvent persister dans des copies de sauvegarde pendant un « certain temps ». De même, l'accès à l'option de suppression nécessite encore un effort de recherche excessif. Autre exemple : les motifs invoqués pour fonder l'exclusion d'utilisateurs sont bien souvent imprécis et artificiels. De plus, soucieux de retenir le plus d'informations possible, susceptibles d'être exploitées à d'autres finalités que celle de leur collecte, Facebook rechigne à s'engager sur une durée de conservation compatible avec les principes européens de protection des données. En réalité, Facebook éprouve toujours quelque peine à accroître l'efficacité de ses dispositifs permettant d'assurer la protection des données personnelles et de la vie privée parce que, tout simplement, la culture de la société est entièrement vouée à l'exploitation de celles-ci au profit du développement d'activités commerciales.

Google en son jardin planétaire

La société Google Inc., installée également en Californie, développe de multiples traitements que l'on peut regrouper en quatre applications majeures qui font l'objet d'approches diversifiées tant de la CNIL que des autres autorités de protection des données en Europe et dans le monde (dont le dispositif de géolocalisation Latitude qui sera, lui, évoqué au chapitre suivant).

L'activité « de base » est évidemment l'application du moteur de recherche. Dès l'entrée en fonction de celui-ci, le G29 a engagé un dialogue ferme et permanent avec Google. Le moment fort fut l'audition des représentants de Google par le G29, à Bruxelles, en février 2009, portant sur les questions relatives au droit applicable, à la politique d'anonymisation des données et au problème récurrent de la durée de rétention de celles-ci.

Je garde un souvenir très vif de nos débats sur ce dernier point. Il s'agit d'une question centrale puisqu'elle touche directement à la problématique du droit à l'oubli. Nous voulions convaincre cette société de la nécessité de limiter le plus possible cette durée de conservation. Lors de la mise à disposition du moteur de recherche, elle avait considéré que la durée de conservation était illimitée. Puis, seulement quelque temps avant cette audition, elle avait accepté le principe d'une réduction à dix-huit mois. Auparavant, le G29 avait fait officiellement savoir aux acteurs concernés que ce délai ne devait, en aucun cas, excéder six mois, et que tous les efforts devaient être faits pour le réduire au strict minimum (l'autorité allemande jugeait même qu'une durée de trois mois était le maximum acceptable). Les représentants de Yahoo et de Microsoft, qui participaient à cette séance, nous indiquèrent que leurs sociétés étaient prêtes à accepter un délai inférieur à six mois (trois mois) à la condition – bien légitime – que cette règle soit acceptée par tous les opérateurs. Réaction du représentant de Google : non seulement il refusa cette proposition, mais il exhorta ses concurrents à s'aligner sur neuf mois !

Nous sommes toujours dans l'impasse en la matière. Certes, on devine que l'effort à accomplir était plus grand dans le cas de Google, compte tenu de la place occupée par le service moteur de recherche au sein de son activité globale par rapport à ses concurrents. Néanmoins, la proposition de ceux-ci prouvait que l'argument de Google, selon lequel le délai de six mois était impossible à tenir pour des raisons exclusivement techniques, n'était pas fondé.

Lorsque j'ai commenté cette affaire, quelque temps plus tard, le représentant de Google m'a qualifié de « technophobe ». En réponse, je lui ai fait savoir que je me sentais aussi technophobe qu'il se sentait liberticide. Nous en sommes restés là et nous nous serrons la main chaque fois que nous nous croisons.

GOOGLE BUZZ

En février 2010, Google annonce le lancement de son réseau social. Très rapidement, on découvre que des utilisateurs de comptes courriel gmail – service de courriel privé et personnel – se voient attribuer automatiquement, sans leur consentement ni information préalable, une liste de contacts – d'« amis » – comprenant des personnes avec lesquelles ils avaient communiqué le plus souvent. Ce qui constitue évidemment une atteinte grave aux règles de confidentialité, composante essentielle du principe de protection de la vie privée. Les utilisateurs ont été très réactifs et ont marqué leur scepticisme à l'égard de ce nouveau service. Google a été amené à présenter ses excuses et à procéder aux aménagements nécessaires.

C'est à cette occasion que, pour la première fois, neuf autorités de protection ont agi ensemble et adressé une lettre commune à Google et aux autres acteurs d'Internet (Canada, France, Espagne, Irlande, Israël, Nouvelle-Zélande, Pays-Bas, Royaume-Uni, Allemagne). Les termes de cette lettre ont surpris par leur franchise : « Votre lancement récent de l'application de réseau social buzz [...] a été fait dans le mépris des normes et des lois fondamentales en matière de protection de la vie privée. En outre, ce n'est pas la première fois que votre entreprise omettait de tenir compte du respect de la vie privée en lançant de nouveaux services. » Les autorités faisaient également certaines recommandations visant à inciter les sociétés concernées à intégrer les principes fondamentaux de protection de la vie privée dès la conception de nouveaux services en ligne. Cette lettre collective a été présentée lors d'une conférence de presse qui s'est tenue, à Washington, en avril 2010, dans le cadre du sommet annuel de l'International Association of Privacy Professionals. Cette action a eu un grand retentissement dans la presse et a réellement amené Google à reconsidérer certaines de ses pratiques.

GOOGLE STREET VIEW

Ce service, lancé en France en juin 2008, propose une vue panoramique des rues à 360°, horizontalement, et à 90°, verticalement, réalisée à partir de photographies collectées dans le monde entier au moyen de véhicules équipés d'appareils photo numériques (Google Cars). Google précise, d'entrée de jeu, que les images brutes (non floutées) seront conservées pendant un an à compter de leur publication.

En Allemagne, en Espagne, en Italie et en France, notamment, la société Google a donné la possibilité aux utilisateurs d'exercer un droit d'opposition (*opt-out*) à la mise en ligne de leur domicile sur le système. Ce qui est une garantie intéressante mais évidemment bien plus faible que l'exigence de l'expression d'un consentement (*opt-in*) puisque le particulier se voit contraint de déclencher une procédure pour éviter que le monde entier puisse repérer le lieu où il habite (cette faculté n'est toutefois offerte qu'aux personnes résidant en habitat individuel). La CNIL reçoit nombre de plaintes de personnes qui se plaignent de cette situation et admettent difficilement qu'une Google Car passe lentement devant leur maison en prenant consciencieusement des vues de celle-ci. Parfois, même, les mouvements de caméra sont particulièrement intrusifs et suscitent alors l'indignation.

Depuis décembre 2009, la CNIL réalise une série de contrôles du dispositif. Après avoir obtenu des informations sur les moyens techniques mis en œuvre pour enregistrer les photographies et demandé quelles étaient les données collectées, elle contrôle une Google Car opérationnelle. C'est alors que l'on découvre que des données Wi-Fi (technologie permettant de relier différents appareils informatiques sans fil) sont enregistrées. Élément inconnu jusqu'alors de la commission qui avait pourtant demandé des explications sur les données collectées. En mai 2010, Google reconnaît la collecte de données de contenu – j'insiste : de contenu – qui serait due à une « erreur de programmation du code source du logiciel de collecte » remontant à 2006... Auraient ainsi été enregistrés des « fragments de données de contenu de communications ». La CNIL procède alors à un nouveau contrôle qui l'amène à mettre en demeure Google de, notamment, lui communiquer les données Wi-Fi enregistrées de manière à analyser les catégories d'informations visées. Pour la première fois, une autorité de protection des données était ainsi en mesure d'exercer un contrôle indépendant à l'égard du dispositif Street View. L'analyse montra que ces données consistaient en des mots de passe permettant d'accéder à des sites Internet ou à des messageries électroniques, des adresses de sites Internet consultés, et étaient susceptibles de révéler, parfois, indirectement des données relatives à la santé ou à la vie sexuelle des personnes. Ont également été relevés des contenus de messages électroniques. L'autorité canadienne, peu après, dressait le même constat.

La mise en demeure n'ayant pas été totalement satisfaite, la formation contentieuse de la CNIL a, le 6 janvier 2011, examiné une proposition de sanction pécuniaire à l'encontre de Google.

UNE NOUVELLE APPROCHE

Les questions posées par le positionnement de Google, en Europe, commencent enfin à faire l'objet d'un traitement sous l'angle du droit de la concurrence. Ainsi, fin 2010, constatant que cette société détenait désormais entre 85 et 95 % des parts de marché en Europe (environ 90 % en France), la Commission de Bruxelles a ouvert une enquête antitrust pour déterminer si pouvait être ainsi relevé un « abus de position dominante dans le domaine de la recherche en ligne ». Cette initiative faisait suite au dépôt d'un certain nombre de plaintes émanant d'opérateurs européens.

En France, l'autorité de la concurrence a engagé une action analogue fondée sur le constat selon lequel la publicité liée à ce type de recherches constitue un marché spécifique et non substituable à d'autres formes de communication dans la mesure où il offre aux annonceurs un ciblage précis du consommateur.

Pour clore cet état des lieux, venons-en maintenant aux derniers développements technologiques d'Internet et à la dématérialisation des données personnelles.

Nuages, émotions et technologies

Il n'est pas nécessaire de remonter à 14 milliards d'années pour capter quelque image du Big Bang originel en matière informatique. Certains pensent qu'il faudrait remonter à Descartes, mais on peut raisonnablement penser qu'il se situe un peu avant la Première Guerre mondiale. Peu après vint le temps des mastodontes gris qui ronronnaient, jour et nuit, dans de grandes salles réfrigérées. Chaplin aurait bien pu y apparaître au détour d'une allée. Puis vint le temps de l'expansion de l'univers informatique, sans limites.

Première phase : les ordinateurs individuels envahissent la sphère professionnelle et familiale. Deuxième phase : Internet crée le lien entre ces millions d'usagers. Troisième phase : grâce aux smartphones ceux-ci s'approprient complètement le système, le rendent mobile et en diversifient les usages à l'infini. Nous venons d'entrer dans la quatrième phase : celle de la dématérialisation.

DES DONNÉES PERSONNELLES QUI FLOTTENT DANS L'ÉTHER NUMÉRIQUE

Première forme de dématérialisation, sous l'effet de la dilution des données personnelles, dans le champ virtuel : le nuage numérique, ou informatique (*cloud computing*).

Afin de bénéficier de la plus grande puissance de calcul disponible tout en ménageant leur compte d'exploitation, nombre d'entreprises recourent, de manière de plus en plus massive, aux services proposés par les *data centers,* capables de traiter des milliards d'octets. L'avantage financier est évident puisque cela permet à ces sociétés de transférer les dépenses d'investissement en matériel et logiciels aux systèmes hébergeurs qui, eux, procèdent à une mutualisation. Sur le plan technologique, cela peut être également avantageux car le *data center* propose une gamme de prestations, bien sûr plus étendue que celle que peuvent s'offrir la plupart des entreprises. Ces fournisseurs ouvrent aussi aux particuliers la possibilité de stocker des milliers d'e-mails et, en guise de paiement, les lisent pour développer leur stratégie de publicité ciblée. Et, chaque jour, ils diversifient encore davantage leur offre de services.

Certaines sociétés ont des besoins tels qu'elles constituent, elles-mêmes, des « fermes de serveurs » (ou fermes numériques). Ainsi, la société Google aurait « semé » plus d'un million de serveurs dans ses fermes (il y en aurait près de cinquante millions sur la planète). Comment d'ailleurs ne pas sourire en découvrant ce paradoxe : des sociétés de pointe, recourant aux technologies les plus sophistiquées et affirmant assurer, au profit des internautes, des services teintés des couleurs de l'humanisme, sont amenées à gérer des hangars ou des entrepôts, dans les contrées les plus reculées, renfermant des milliers de systèmes et gardés par des vigiles dotés de moyens de persuasion ! La presse a même récemment cité le cas d'un opérateur allemand qui avait installé son système d'hébergement dans un ancien bunker nucléaire de l'OTAN.

C'est le réseau constitué par l'ensemble de ces systèmes que l'on appelle « l'informatique dans les nuages ».

DES DÉCHETS INFOACTIFS

Si l'on discerne immédiatement les avantages, pour les entreprises, procurés par ce mécanisme, il ne faut pas négliger les risques induits. D'abord, pour l'entreprise concernée, il s'agit, tout de même, d'opérer un choix stratégique puisque c'est une part essentielle de sa valeur ajoutée qu'elle confie ainsi à des entreprises étrangères. Un autre risque réside dans l'éventualité d'une perte de données liée à un défaut de sécurité du système. En 2009, Microsoft avait dû reconnaître avoir « égaré » des millions de données dans le « nuage ». Ces *data centers* sont certes conçus comme de véritables forteresses numériques mais ils ne pourront jamais garantir une sécurité absolue des données transmises.

Sous l'angle de la protection des données, le risque réside dans la dilution virtuelle de celles-ci. On doit, en effet, redouter qu'un certain nombre d'entre elles finissent par échapper au suivi de ceux qui ont la responsabilité de les gérer. La circulation incessante de ces données, au sein du nuage, peut permettre, plus ou moins volontairement, de contourner les dispositifs juridiques relatifs aux transferts de données au-delà des frontières de l'Union européenne, par exemple. D'autant que les géants du Net, gérant des milliers de serveurs, sont amenés à procéder, en permanence, à des transferts en fonction de leurs contraintes de charge sur le réseau. Ce qui ouvre, une fois encore, la problématique du droit applicable, plaie ouverte dans les relations entre les systèmes juridiques européen et américain (on imagine le casse-tête juridique, en matière contractuelle, puisque l'on ne sait pas exactement où sont géographiquement situées les données).

Puisque le volume, déjà considérable, des déchets info-actifs, en semi-hibernation dans le « nuage », s'accroît, chaque jour, dans des proportions effarantes, et qu'il n'est pas question d'enfouissement, on ne s'étonnera pas qu'à tout moment, puisse jaillir de ce grenier numérique un aggloméré d'informations qui, en se combinant selon un certain ordre, prendront du sens. Car elles seront toujours assez attrayantes pour susciter la convoitise de prédateurs numériques et venir troubler le cours de notre vie privée. On pense à ces vieilles lettres, tant attendues, au début du siècle dernier, glissées par erreur derrière le fond d'un classeur, dans un bureau de poste, et qui réapparaissent, cinquante ans plus tard, à l'occasion de travaux, pour voiler le regard du destinataire. L'image s'arrête là car l'élaboration, après coup, d'une information significative, et donc toujours active, à partir d'un faisceau de données, devra plus à la recherche d'une exploitation optimale du système, dans un objectif commercial, qu'au surgissement, des brumes d'un temps évanoui, d'un rêve d'avenir qui brûle encore.

D'une certaine façon, la question du statut de ces données rappelle un peu celles qui se posaient, il y a une quarantaine d'années, à propos d'éléments naturels tels que l'air ou l'eau. Les juristes de ce temps-là, penchés sur la problématique de la sauvegarde de l'environnement, réfléchissaient à l'application à ceux-ci du concept de *res nullius*, qualifiant des choses censées n'appartenir à personne. Ou à tout le monde... Ce qui, bien sûr, n'ouvrait guère la voie à un régime particulièrement protecteur. Non, les propriétaires de ces données personnelles, dispersées en tous lieux de la planète, existent bien, et les responsables de leur gestion, aussi !

L'INFORMATIQUE CONTEXTUELLE

Seconde forme de dématérialisation : l'utilisation combinée de certaines applications est susceptible, selon les experts, de faire franchir à l'informatique la « barrière du contexte ». Ainsi, les techniques de géolocalisation liées au GPS, le système Bluetooth (qui permettra de vérifier si une personne est accompagnée ou non), les techniques de captation de la voix connectées avec une méthodologie de comparaison avec une banque de données classifiant les voix en fonction de l'émotion véhiculée (peur, joie, tristesse, etc.), ou le procédé de l'accéléromètre (qui déterminera si le sujet est en mouvement ou non), mis en œuvre dans le cadre de recherches sur la technologie de détection de l'émotion, adaptée au téléphone portable, donneront naissance à ce que l'on appelle l'« informatique affective ». Les « ultrasmartphones » réagiront bientôt à nos émotions. Ils analyseront les informations nous concernant, issues de notre environnement, du réseau social dont nous sommes membres, ainsi que nos préférences en matière de programme de télévision, etc. Dans le même esprit, lorsque l'on découvre qu'un lecteur de livre électronique, désormais commercialisé, permet aux utilisateurs de surligner les passages qui leur ont plu, ne doit-on pas se poser quelques questions ? En effet, les usagers ne risquent-ils pas de partager leurs passages préférés sans le savoir puisque cette fonction de partage est automatiquement installée lors de la mise à jour du logiciel (en *opt-out*) ?

Au chapitre précédent, j'avais déjà alerté le lecteur au sujet de l'impact prévisible, sur l'exercice de nos libertés d'aller et venir et d'expression, d'un éventuel recours aux nanotechnologies dans le domaine des systèmes d'information. S'y associent maintenant les incidences des phénomènes liés au « nuage numérique » et à l'« informatique contextuelle ». Les technologies du numérique atteignent aujourd'hui un tel niveau de puissance, de sophistication – j'allais dire de subtilité – qu'elles s'estompent peu à peu de notre cadre de vie ! Ou, dit autrement, elles sont en train de devenir si présentes, dans notre vie de tous les jours, qu'elles disparaissent physiquement à nos yeux : elles imprègnent, elles emplissent, elles habitent, elles hantent l'atmosphère dans laquelle flotte notre bulle où vibrent notre intimité et notre identité. Nous glissons vers une société « détechnologisée » dans laquelle la technologie n'apparaîtra plus puisqu'elle en sera, entre-temps, devenue une composante.

VI

Comment se protéger ?

La vie privée, fragile comme le cristal

S'agissant de répondre aux questions posées par le développement des technologies de traçage des personnes, il faut distinguer celles qui concernent le fonctionnement d'Internet des autres applications envisagées précédemment : biométrie, vidéosurveillance, géolocalisation.

Pour cette seconde catégorie, en effet, les pouvoirs publics sont en mesure de maîtriser largement les phénomènes. C'est une affaire de choix politique. Rien n'empêche le gouvernement et le Parlement, s'ils le jugent souhaitable, de recadrer le développement de la vidéosurveillance. On sait que des contrôles sont opérés en la matière soit par les commissions départementales, soit par la CNIL. Et il n'est nul besoin d'une coopération internationale pour assurer une telle maîtrise.

La situation est analogue dans le domaine des technologies biométriques. De surcroît, le cadre juridique qui leur est applicable est encore plus rigoureux puisqu'il s'agit d'un cas exceptionnel dans lequel la CNIL dispose d'un pouvoir d'autorisation *a priori*. Certes, la biométrie se développe puissamment au service de la lutte contre la fraude et l'usurpation d'identité, dans le cadre d'accords internationaux portant sur les passeports ou les visas, mais on ne se heurte pas, là, à une impossibilité liée au caractère applicable ou non du droit national ou européen sur notre propre territoire.

Le sujet de la géolocalisation est plus délicat, compte tenu de la miniaturisation, de l'individualisation et de la dissémination des systèmes mis en œuvre. Dans une large mesure, les pouvoirs publics peuvent réguler l'usage des bracelets électroniques ou des puces RFID mais on peut penser qu'ils le pourront de moins en moins, surtout lorsque les nanotechnologies seront mises à contribution dans la conception des dispositifs. Évidemment, le cadre de compétence géographique limitera les capacités d'action de ces pouvoirs publics puisque, devenant peu à peu invisibles, ces dispositifs rendront totalement inopérante la notion de frontière. Par ailleurs une part grandissante des usages de la géolocalisation est liée aux applications des téléphones portables de dernière génération, eux-mêmes associés à Internet.

Au moment de réfléchir à des solutions, plusieurs voies paraissent intéressantes. Elles sont complémentaires mais elles présentent des difficultés de mise en œuvre inégales.

La première est de nature pédagogique et dépend essentiellement du volontarisme des pouvoirs publics de notre pays. Ayant pour vocation de sensibiliser en priorité les jeunes générations elle est à la fois urgente et nécessairement inscrite dans le long terme. La deuxième voie consiste à demander à la technologie elle-même de concevoir des mécanismes capables de juguler les effets néfastes de la technologie. La troisième réponse est celle du droit national, européen et international. C'est celle dont on doit attendre les résultats les plus tangibles mais c'est aussi celle qui rencontre les obstacles les plus résistants.

Pédagogie, pédagogie, pédagogie !

Des efforts sont accomplis, sous l'égide du ministère de l'Éducation nationale, pour améliorer la situation de notre pays en matière d'accès à l'informatique. Nous sommes actuellement placés en position moyenne, derrière les Britanniques et les Scandinaves. C'est pourquoi de nouvelles mesures viennent d'être annoncées, dans le cadre du Plan numérique, consistant à doter tous les élèves, dès 2011, d'un « cahier de textes électronique » permettant aux parents de surveiller les notes et les devoirs de leurs enfants, nommant un responsable du numérique par établissement et lançant un plan national de formation pour les enseignants. À côté de ces initiatives, d'autres efforts, budgétaires, sont faits qui doivent accroître le taux d'équipement en matériel informatique.

Toutes ces initiatives sont essentielles et pourraient même être encore confortées mais, il faut bien le dire, elles n'intègrent pas réellement la préoccupation relative à la protection des données personnelles des jeunes utilisateurs. Après sept ans de présidence de la CNIL, je suis toujours aussi troublé par le paradoxe suivant : les ministères régaliens sont plus réceptifs à nos appels concernant l'impératif de protection des données personnelles et de la vie privée, dès la conception même de nouvelles applications informatiques par leurs services, que le ministère en charge de l'éducation ! Il me semble pourtant que, confronté à la perplexité, bien compréhensible, d'un grand nombre d'enseignants en la matière, il reste le mieux placé pour en saisir l'intérêt.

UNE INSTRUCTION CIVICO-NUMÉRIQUE

Il est vrai que ce sujet complexe pose à ce ministère des questions d'une nature inconnue jusqu'à présent. Il faut, à ce propos, relever ici ce qui me semble être une erreur d'appréciation souvent commise par certains sociologues selon lesquels les phénomènes liés au développement des moteurs de recherche et des réseaux sociaux seraient propres à l'apparition de tout nouveau système de communication. Pourtant, on ne peut en aucune manière comparer l'avènement de la radiodiffusion ou de la télévision et celui du réseau Internet, qui se caractérise par sa globalisation planétaire, son appropriation individuelle rapide et quasi gratuite par les utilisateurs, la diversification quasi infinie et l'accélération constante de la mise en œuvre de ses applications mises à la disposition du public.

Si l'on veut envisager la situation des jeunes de moins de 15 ans face à Internet, on constate qu'ils sont, la plupart du temps, seuls face à l'écran, en contact avec le monde entier, et passent d'une application à l'autre avec une aisance qui frise la désinvolture. S'ils vivent dans le même monde que les adultes, l'informatique transforme leurs sens, et les usages du numérique se sont fondus dans le fil et le rythme de leur vie quotidienne. S'agissant du contenu pédagogique à inventer, il est donc nécessaire, non pas d'ajouter des modules complémentaires aux matières traditionnelles ou à l'apprentissage de l'informatique, mais de comprendre que l'impératif de la protection de la vie privée et des données personnelles doit « teinter » l'ensemble des programmes et des matières. Avançons l'idée d'une instruction « civico-numérique » plaçant les notions d'intimité et d'identité au cœur des réflexions partagées avec les élèves. En réalité, il s'agirait tout bonnement de reconstituer ces notions qui ne signifient plus grand-chose à leurs yeux.

En pratique, on pourrait commencer par réapprendre aux enfants les différences qui existent entre l'écrit et l'oral, pour leur montrer ensuite qu'il leur appartient de se forger un mode de fonctionnement spécifique lorsqu'ils évoluent sur l'ensemble des applications Internet, c'est-à-dire dans un troisième espace, conjuguant les caractéristiques de l'écrit et de l'oral, dans lequel, naturellement, ils peinent à fixer des repères. Il faut alors leur rappeler qu'ils doivent préserver le secret de leur correspondance, qui est un trésor, et respecter celui de leurs voisins. Pourquoi, en effet, aujourd'hui, une adolescente défend-elle farouchement l'accès à son journal intime, mais libère-t-elle, bien souvent, avec la plus grande insouciance, l'accès à son courrier électronique ou à ses données sur un réseau ?

Reste la question de la mise en sécurité des jeunes usagers, de manière technique et objective. Une première mesure de simple bon sens serait de fixer un âge minimal en deçà duquel un enfant ne peut accéder, seul, à un réseau social. On admet généralement que cette limite pourrait se situer vers 13 ans. Or j'ai constaté – autre source d'effarement –, lors de mon dialogue avec les jeunes de CM1 et CM2 (et donc âgés de 10-11 ans) que 80 % d'entre eux étaient des usagers réguliers de Facebook qui prétend pourtant, selon ses « conditions générales » (longues et touffues) réserver ses services aux personnes âgées d'au moins 13 ans ! En vertu de celles-ci, lorsque les responsables du réseau prennent connaissance du signalement d'un compte de mineur de moins de 13 ans, ils peuvent le fermer. Je ne doute pas, *a priori*, de leur volonté réelle de faire respecter cette règle mais le fait est là : quelques sondages auprès des usagers permettent de vérifier aussitôt que ce seuil est purement théorique. Et donc des enfants de 11 ou 12 ans passent plusieurs heures, par jour, sur Internet sans aucun accompagnement (lors d'une rencontre avec des élèves de quatrième, j'ai pu constater qu'ils passaient effectivement en moyenne deux heures et demie par jour sur Facebook).

La seconde mesure serait de mettre en place une procédure d'alerte. Des efforts sont faits par Facebook qui met à disposition de ses utilisateurs des dispositifs destinés au signalement des contenus illicites ou des personnes ayant un comportement anormal. Mais, par définition, c'est le jeune usager lui-même qui doit réagir…

Mettre ainsi à la disposition des jeunes usagers des procédés techniques de sauvegarde, multiplier les mises en garde sont des actions certes utiles mais d'une efficacité très limitée s'ils ne mesurent pas eux-mêmes le prix à payer, s'ils ne sont pas intransigeants quant au respect de leur intimité et de leur identité sans lesquelles l'exercice de leurs libertés fondamentales deviendrait illusoire. La conception et la mise en œuvre d'une véritable instruction civico-numérique, probablement dès la fin du cursus primaire, constituent donc bien une nécessité préalable.

Reconnaissons, enfin, que les parents ont un rôle essentiel à jouer en la matière. Mais qui fera l'école aux parents ?

DES INITIATIVES CONCRÈTES

Devant l'urgence de ces questions, la CNIL a lancé un programme d'information et de sensibilisation très ambitieux à destination des enseignants, des parents d'élèves et des élèves. Certes, des initiatives ont déjà été prises par le ministère de l'Éducation nationale. En 2000 a été créé un brevet Internet et informatique (« B2I »), attestation obligatoire pour obtenir le brevet des collèges. Mais, pour aider à sa mise en œuvre, il n'existe pas de ressources spécifiques relatives à la thématique « Informatique et Libertés ». La CNIL s'est donc efforcée de proposer sa collaboration de façon à en préciser le contenu en matière de protection des données, et participe au programme « Internet sans crainte » qui permet aux enseignants de valider un volet de ce B2I.

En attendant que le ministère soit prêt à s'engager plus fortement, nous avons adressé une édition spéciale du journal *Mon quotidien* aux 8 000 classes abonnées (élèves de 10 à 11 ans), accompagnée d'une déclinaison en version « tourne-pages Web » disponible sur le site de la CNIL. Un partenariat renforcé avec « Internet sans crainte » a été mis en œuvre pour la conception et la diffusion d'instruments de communication pour les 12-16 ans (dépliants, *serious game*, clip vidéo présenté sur 34 chaînes de télévision grâce à la coopération du Conseil supérieur de l'audiovisuel, outils pédagogiques à destination des éducateurs). Des actions sont également entreprises à destination des rectorats et des chefs d'établissement du second degré (réalisation d'un guide très documenté et envoyé à 7 031 collèges, 2 630 lycées, 1 672 lycées professionnels et 80 écoles régionales d'enseignement adapté). Une édition spéciale « enseignement » du journal *L'Actu* (quotidien pour les 14-18 ans) est adressée aux 21 000 professeurs d'histoire-géographie de 4e (souvent professeurs en charge de l'instruction civique), ainsi qu'aux 6 030 CDI (à raison de 30 exemplaires par centre). Nous avons également créé un espace Web pour les enseignants sur le site de la CNIL et publié une affiche (envoyée à 21 000 enseignants destinataires de *L'Actu*, aux 6 030 CDI et aux 7 000 principaux de collège). De plus une action de sensibilisation est ciblée vers les classes de CM2 dans le domaine de l'utilisation des applications iPhone et de l'usage de l'Internet.

Enfin, nous menons, en partenariat avec le rectorat d'Auvergne, une action pilote en matière de formation des personnels aux impératifs de protection des données personnelles, susceptible, après évaluation, de faire l'objet d'une extension.

Je suis parfaitement conscient que toutes ces initiatives ne sont qu'un tout premier pas, mais peut-être serons-nous ainsi parvenus à entamer la cuirasse du « mammouth ». Il me semble d'ailleurs percevoir, depuis peu de temps, une autre manière d'envisager ces questions. Ainsi le ministre a-t-il précisé en novembre 2010 que l'Éducation nationale devait former les « citoyens numériques de demain, en transmettant les valeurs civiques dans la société de l'information » et que le B2I devrait accorder plus de place à « l'apprentissage de l'usage responsable d'Internet ». C'est encourageant et nous croisons les doigts…

La technologie au secours de la technologie

Dans quelle mesure la technologie peut-elle aider à résoudre les problèmes posés par la technologie ? Cette question n'est pas nouvelle car elle a été soulevée dans d'autres domaines d'activité. En revanche, elle ne constitue un objet d'analyse partagé par toute la communauté de la protection des données personnelles que depuis deux ou trois ans. C'est pourtant une affaire de bon sens : on peut espérer apporter ainsi une solution, parmi d'autres, aux questions ouvertes en matière de défense de la vie privée sur Internet mais aussi à celles qui se posent dans le champ d'autres applications.

Pour simplifier, disons que deux voies sont possibles : la voie préventive et la voie curative.

INTÉGRER LA VIE PRIVÉE DÈS LA CONCEPTION

Cette approche repose sur le concept dit de « *privacy by design* », que l'on peut traduire par « prise en compte de la vie privée dès la conception » des nouvelles technologies. En réalité, cette idée, qui n'a pas jailli brusquement du cerveau d'une personne, est fondée sur une évidence : comment être plus efficace, lorsqu'il s'agit de juguler les effets potentiellement néfastes d'une application technologique, qu'en intégrant les éléments de protection dans le processus originel ? Dès 1995, une directive européenne prévoyait expressément que les responsables de traitement de données devaient mettre en œuvre des garanties technologiques lors de la conception des technologies de l'information et de la communication. Mais, devant les risques encourus par nos libertés fondamentales sous la pression des grands acteurs d'Internet ce concept apparaît désormais comme un axe majeur.

C'est ainsi que le Groupe des autorités de protection des données européennes (G29) recommande que les nouvelles technologies soient conçues avec un paramétrage par défaut favorable au respect de la vie privée, et ce de manière contraignante. Dans son esprit, cela signifie que la collecte des données devrait être limitée, que les personnes concernées devraient bénéficier d'un bon niveau d'information et disposer de pouvoirs de contrôle plus importants, que les données collectées devraient bénéficier d'un haut niveau de sécurité.

Concrètement, cela pourrait avoir des implications prioritairement pour Internet mais aussi dans d'autres domaines d'application technologique.

Dans le domaine de la biométrie, on peut envisager la prise en compte de l'impératif de protection de la vie privée en faisant en sorte que les identificateurs soient conservés dans des dispositifs contrôlés par les personnes concernées (c'est-à-dire *via* des cartes à puce) plutôt que stockés dans des bases de données externes. Ce concept pourrait également sous-tendre de nouvelles approches qualifiées de « biométries révocables » qui permettraient de supprimer le risque de repérage, par corrélation, d'un individu qui s'enrôle sur plusieurs dispositifs fournis par un même fabricant. Dans cette hypothèse, un gabarit différent est produit à chaque enrôlement. Dès lors, si on « vole » celui-ci dans une base biométrique, la personne pourra en produire un nouveau totalement différent du précédent et le gabarit volé ne pourra pas être utilisé pour tromper le dispositif biométrique.

En matière de vidéosurveillance, le même principe permettrait de concevoir de nouveaux systèmes permettant de flouter automatiquement (ou masquer) les visages ou les corps de personnes filmées selon le besoin. Ces données personnelles sont cryptées et stockées séparément du reste des images réalisées par le dispositif. En cas de nécessité justifiée, les services de police compétents pourraient accéder aux données et les décrypter aux fins d'identification d'un suspect. On voit là comment cette technique d'intégration de protection des données dès l'origine offre un cadre intéressant à une conciliation entre les exigences de sécurité collective et de respect de la vie privée et de l'identité des personnes.

Les choses avancent plutôt bien dans cette voie. Ainsi, lors de la dernière conférence internationale « Informatique et Libertés », qui s'est tenue à Jérusalem, en octobre 2010, une résolution « sur la prise en compte de la vie privée dès la conception » a été adoptée. Elle prend en considération le fait qu'en l'état actuel des réglementations et des initiatives de nature politique qui se révèlent insuffisantes, « seule l'inclusion de la vie privée dans la conception des systèmes et des traitements pourra y parvenir ».

INTERVENIR EN AVAL

Nous sommes en aval, cette fois, dans le processus de mise en œuvre d'une application technologique. On peut, tout d'abord, ranger dans cette catégorie, les entreprises « e-réputation », spécialisées dans l'offre de services visant à restaurer la réputation d'individus sur la toile, parfois appelées « nettoyeurs de réputation Internet ». Leur action peut consister à exercer une veille à l'égard d'éléments publiquement accessibles sur Internet. Elle peut aussi chercher à obtenir la suppression d'informations préjudiciables à un individu ou à créer un contenu neutre ou positif au profit d'une personne dont la réputation est mise à mal afin que les premiers résultats, qui apparaissent lors de recherches la concernant sur un moteur, type Google, fassent apparaître une information positive. Dans ce cas de figure, on ne corrige pas, on cherche à « noyer » les données qui écornent l'image ou la réputation de l'intéressé dans un flot artificiellement recomposé.

Mais d'autres outils ont pour objet de s'opposer frontalement à des risques créés par des technologies existantes. On peut citer, par exemple, la conception de composants logiciels qui s'intègrent dans les navigateurs Internet afin de bloquer toute forme de publicité ou les cookies traceurs. Cependant, leur usage exige un niveau technique qui n'est probablement pas à la portée de l'utilisateur moyen. Évoquons également le réseau Tor qui est un réseau informatique anonyme permettant de cacher notamment l'adresse IP des usagers du réseau.

La voie juridique

Une question d'ordre conceptuel se pose en premier lieu : quelle place donner au « droit à l'oubli » dans l'architecture juridique à créer ? Ce sujet a fait l'objet d'innombrables réflexions et commentaires, mais aussi de polémiques. Il est donc utile de faire ici le point.

Vient ensuite la problématique du droit applicable aux activités déployées par les grands acteurs d'Internet, qui conditionne évidemment la possibilité pour les utilisateurs, notamment les non-ressortissants des États-Unis, consommateurs de services proposés par des sociétés américaines, d'être assujettis au droit de leur propre pays.

Enfin, et probablement s'agit-il là de la réponse la plus large car adaptée à l'ensemble des technologies du numérique, mais c'est aussi la plus complexe à mettre en œuvre : comment créer un mécanisme de droit international apte à sécréter des solutions juridiques harmonisées pouvant être reprises par l'ensemble des États ?

LE DROIT À L'OUBLI ET LE DEVOIR DE MÉMOIRE

Essayons d'aborder cette question avec un peu de bon sens. Contrairement à la caricature que certains se plaisent à reproduire, le droit à l'oubli n'a, évidemment, jamais signifié que quiconque, ayant commis les pires exactions, se verrait absoudre le lendemain matin ! Reconnaître l'existence du « droit à l'oubli » (DAO) ne veut pas dire, non plus, que l'on peut nier avoir dit ou fait telle ou telle chose, quelle qu'en soit la gravité. Récemment, à l'issue d'une conférence, une personne m'a apostrophé en me disant : « Avec ce type de raisonnement, on en oublierait que les camps d'extermination ont bien existé ! » Bien sûr que non ! Et d'ailleurs, sur ce point, comment ne pas rappeler ce paradoxe : aux États-Unis, le droit à l'oubli n'a pas bonne presse et, pour autant, on ne poursuit pas ceux qui nient la réalité de l'Holocauste. En France, c'est le contraire. Cela prouve bien qu'il s'agit de deux registres totalement distincts. Le droit à l'oubli, répétons-le, n'est, en aucune manière, contradictoire avec le devoir de mémoire et ne vise pas à déresponsabiliser l'auteur d'un acte.

Cependant, lorsque ce concept a été lancé dans le débat, je n'ai pas prétendu que nous en étions les inventeurs ni que nous tendions ainsi à nos concitoyens la pierre philosophale qui manquait à la société numérique en devenir. Il s'agissait, dans un premier temps, et dans une certaine urgence, d'attirer l'attention des acteurs d'Internet mais aussi des médias et de l'opinion publique. Cela sonnait bien, c'était compréhensible et n'empruntait, en aucune manière, au langage technocratique. Et dès que le président de la commission des lois du Sénat me donna la possibilité d'en tracer les contours, lors d'une audition, immédiatement la décision fut prise de créer une mission d'information pour approfondir la question. Celle-ci déboucha sur la proposition de loi des sénateurs Detraigne et Escoffier « visant à mieux garantir le droit à la vie privée à l'heure du numérique », qui s'efforçait notamment – nous y reviendrons – de tracer un cadre législatif au droit à l'oubli.

Mais pourquoi chercher à oublier ?

L'OUBLI, UNE NÉCESSITÉ VITALE

Chacun sait que les caractéristiques de la mémoire humaine et de la « mémoire numérique » sont profondément différentes. La première est temporaire, de puissance limitée, et imparfaite tandis que la seconde est perpétuelle, d'une puissance infinie, et infaillible.

Si tous les spécialistes s'accordent sur ce point, on croit discerner toutefois des nuances quant à la nature du processus d'oubli. Pour les uns, semble-t-il, la trace des informations fugaces disparaît par l'effet d'un mécanisme biologique d'effacement contrôlé (on parle de « molécule de l'oubli »). Les autres considèrent, eux, que l'oubli résulte d'un phénomène d'effacement naturel par dégradation passive. Oubli spontané ou refoulement...

On se gardera bien d'exprimer un quelconque avis dans ce débat d'experts pour se réjouir seulement de disposer de cette capacité à oublier – car il s'agit bien d'une capacité. Le souvenir des bons moments s'estompe et adoucit la douleur que nous cause le temps qui s'enfuit. L'oubli nous empêche ainsi de rejeter notre présent. Quant à l'effacement de notre mémoire des heures difficiles, il nous aide à vivre le présent et à entrer dans l'avenir. Ainsi envisagée, cette capacité correspond à une nécessité vitale.

L'OUBLI SUR LA TOILE

On sait que le concept d'oubli n'est pas réellement une nouveauté dans notre droit. Le mécanisme de la prescription est en effet, depuis l'origine, au cœur de notre système juridique, héritier du droit romain.

En matière de protection des données personnelles, le concept d'oubli est présent dans la loi initiale « Informatique et Libertés » de 1978. Techniquement, il consiste à obliger le responsable d'un traitement à fixer une durée de conservation des données qui n'excède pas la durée nécessaire à la finalité pour laquelle celles-ci sont collectées. Cela implique la reconnaissance à chacun d'un droit à l'effacement de ses données périmées.

Ainsi exposée, la question paraît aller de soi. Or il faut préciser qu'elle est quasiment accessoire dans la conception américaine. J'en ai été moi-même témoin, à plusieurs reprises, notamment lors de discussions relatives à la mise en place de l'accord entre les autorités américaine et européenne à propos des transferts de données issues du système Europol ou de l'installation du dispositif des PNR (*passenger name record*) en matière de transport aérien (voir chapitre VII).

Dans une conception stricte, le droit à l'oubli s'appliquerait aux relations existant entre les utilisateurs et les gestionnaires d'offre de services sur Internet. Dès lors la problématique de l'oubli interviendrait sur un champ d'expression spécifique qui n'est, en réalité, ni exclusivement public ni exclusivement privé. Il s'agit d'un troisième espace d'expression aux contours flous et mouvants, que l'on peut appeler le « Réseau ». Il faut ensuite se demander si l'usager a conscience ou non du fait que des données significatives le concernant ont été versées dans le système. On saisit que si elles l'ont été à l'initiative d'une autre personne, et de plus à l'insu de l'intéressé, on peut admettre que ce dernier puisse disposer d'une capacité de réaction, sous la forme d'un droit à l'oubli plus puissant que celui qui lui serait reconnu dans le cas où il aurait lui-même livré ces informations. Troisième aspect, le délai de conservation des données : il doit nécessairement être fixé *a priori* et être, dans sa durée, en adéquation avec l'enjeu, en termes de protection de la vie privée, ouvert par la mise sur Internet de données personnelles. L'objectif est de garantir à l'utilisateur qu'il sera toujours en mesure d'exercer, dans sa plénitude, sa liberté d'expression. Car, une fois, encore, c'est bien de cela dont il est ici question : que reste-t-il de notre personnalité si elle n'est pas en mesure d'évoluer dans le respect de notre intangible identité ? À défaut des trois critères évoqués, comment qualifier ce que nous aurions à subir, autrement que par l'expression de « traçage mental », homologue du traçage physique auquel nous sommes soumis par les technologies de la géolocalisation, de la vidéoprotection et de la biométrie ?

Si on admet la pertinence d'un tel cadrage, il est alors possible de proposer un axe logique, qui pourrait inspirer les réflexions à venir, préparatoires à l'élaboration de règles communes pour tous les acteurs du Net, et fondée sur un retour aux concepts du droit de la consommation. Celui-ci se justifie pour la simple raison que l'échange entre le fournisseur et le consommateur est de nature quasi contractuelle : dans le cas, par exemple, d'un réseau social, le premier met un dispositif technologique à la disposition du second, sans lequel rien n'est possible ; inversement, sans la transmission au système de ses données personnelles par le consommateur, rien n'est possible, non plus. Et comme, dans cette logique, chacun a des droits et des devoirs, la politique commerciale mise en œuvre par le gestionnaire du réseau doit s'accompagner, outre d'une éventuelle rétribution, au minimum du respect de la trilogie suivante : consentement-transparence-oubli.

Lors de son premier accès à une application, le consommateur, doit manifester son consentement. La nature de celui-ci et les modalités de son expression peuvent varier en fonction des caractéristiques du service offert.

En cours d'usage, le consommateur a droit à la transparence quant aux opérations auxquelles sont soumises les données qu'il a confiées au système : transfert, profilage, etc. Le mot « transparence » signifie ici, bien entendu, que le gestionnaire du service lui donne les informations adéquates (il ne s'agit pas de la « transparence » revendiquée par certains usagers eux-mêmes, conçue comme le dévoilement d'éléments de leur vie privée, telle que nous l'avons envisagée plus haut).

À la sortie du système, le consommateur devrait pouvoir exercer son droit à l'oubli dans le cadre envisagé, assorti éventuellement de conditions clairement définies en amont par le gestionnaire et ayant fait l'objet d'un consentement du consommateur.

Il est utile à ce titre, de noter que, depuis quelque temps, des représentants des acteurs du Net mettent en avant le respect du droit à l'oubli par leur organisme ou leur société comme argument de marketing, prélude, très certainement, à l'introduction dans le jeu de la concurrence de l'impératif de la protection de données personnelles, garantie apte à susciter la confiance du consommateur.

LE DROIT À CE QUE L'ON ME FICHE LA PAIX !

Le droit à l'oubli, par extension, c'est aussi le droit de chacun d'accepter ou de refuser d'être tracé par autrui. Car, qu'est-ce que ce droit sinon le droit à l'anonymat, à l'incognito, à la solitude, à la discrétion, au secret, à l'intimité ?… Bref, à ce que l'on me fiche la paix ! Certes, ce droit dont la conquête s'est inscrite dans les mouvements d'accession à la démocratie de nos sociétés y est devenu relatif comme nous avons pu le vérifier à maintes reprises. Si on veut le maintenir, il peut encore nous permettre de préserver l'essentiel de l'exercice de nos deux libertés fondamentales d'aller et venir et d'expression. Les pouvoirs publics pourraient prendre en compte cette préoccupation légitime des citoyens en envisageant l'insertion du principe du droit à l'oubli au sein même de la norme constitutionnelle. Au fond ce serait là comme un écho constitutionnel à la nécessité pédagogique, que nous avons exposée, d'insérer dans les programmes scolaires, quelles que soient les filières, un module d'éducation « civico-numérique ».

On peut noter que ce concept du droit à l'oubli est en train de s'installer, insensiblement, dans le paysage juridique. Ainsi, dans le cadre de sa « stratégie numérique », le Parlement européen demande actuellement que les utilisateurs disposent du « droit à l'oubli ». Également, la Commission européenne, dans sa communication « Une approche globale de la protection des données à caractère personnel dans l'Union européenne », fixant les grandes orientations de la révision la directive de 1995, de novembre 2010, propose, au chapitre du renforcement des droits des personnes, la « clarification du droit à l'oubli ».

SANTA CLARA-SUR-SEINE

Deuxième volet de l'approche juridique : résoudre la question du droit applicable aux activités développées par les grands acteurs d'Internet sur le territoire européen. En première approche, on peut résumer ainsi le problème posé : actuellement, un consommateur souhaitant défendre ses droits vis-à-vis des sociétés Facebook ou Google se trouve dans l'obligation de s'adresser aux juridictions du comté de Santa Clara, en Californie ! Ce qui, dans le même temps, signifie que les sociétés en question ne se considèrent pas tenues au respect de règles en vigueur dans les États membres et dans l'Union européenne. Mais, en fonction du critère qui sera retenu, on verra que les consommateurs français pourront être soumis au droit irlandais !

Le fait que les consommateurs européens se voient appliquer le droit américain pose donc un problème concret, immédiat et quotidien. Il ne faut pas hésiter à dire les choses de cette façon-là. Or on voit des représentants de grands cabinets d'avocats américains faire mine de s'étonner quand des responsables d'autorités de contrôle européennes, telle que la CNIL, leur exposent cette très vive préoccupation. Et, à l'inverse, on entend les représentants de ces autorités européennes minimiser la gravité des enjeux concernés. Or, compte tenu de la multiplicité des applications mises en œuvre et de leur « intrusivité » potentielle croissante, il est devenu indispensable et urgent de forger des solutions adaptées à cette question du droit applicable.

Deux critères ont été établis, en la matière, tant par la directive européenne de 1995 que par la loi française de

1978, modifiée en 2004. Le premier, dit de rattachement principal, est fondé sur le lieu d'établissement du responsable de traitement : sera applicable, en Europe, le droit de l'État membre sur le territoire duquel le responsable du traitement dispose d'un établissement qui participe à ce traitement. Cela signifie que, par exemple, si le responsable est établi en Irlande, c'est le droit irlandais qui s'appliquera aux traitements de données collectées en France et que si une société est établie dans les 27 États, elle devra respecter les 27 législations...

Le second critère est dit subsidiaire : le droit européen est applicable alors même que le responsable du traitement de données n'est pas établi sur le territoire européen, s'il recourt à des moyens de traitement en Europe. Le G29 (Groupe des « CNIL européennes ») retient une conception large et considère comme étant des traitements les logiciels de collecte, les serveurs informatiques, les cookies, etc. Conséquence : si c'est ce critère qui est mis en œuvre parce que le responsable est établi en dehors de l'Union européenne tandis que la loi française s'applique au traitement, une procédure de déclaration auprès de la CNIL doit être engagée (par l'intermédiaire d'un représentant du responsable, établi, lui, sur le territoire français). Des critiques s'élèvent contre cette solution dans la mesure où elle induit le risque d'une compétence universelle du droit européen.

Pour nous familiariser avec ce mécanisme, prenons deux exemples majeurs.

PREMIER CAS : FACEBOOK

Facebook affirme que le contentieux relatif à ses activités doit être soumis au droit californien alors que les autorités de protection des données considèrent, elles, que du fait du recours à des moyens de traitement en Europe (notamment par l'utilisation de « cookies »), le droit européen s'applique.

Tout en entretenant la confusion sur la localisation de ses serveurs en Europe, Facebook a fait appel au critère de l'établissement et attribué la responsabilité du traitement des données des utilisateurs européens à sa filiale, installée en Irlande. Or ce pays est moins exigeant en matière de protection des données que la plupart des autres États membres de l'Union européenne… Précisons, en passant, que, ce faisant, Facebook garde le silence sur la nature des traitements effectués à partir de ses serveurs installés sur le territoire des États-Unis (la Federal Trade Commission ignore la nature des données présentes sur ces serveurs et n'envisage pas, pour le moment, de réaliser un contrôle sur place).

Dès lors, aux yeux de ses responsables, les autres établissements de Facebook, en Europe, sont considérés comme ne jouant aucun rôle dans le traitement des données. C'est donc le droit irlandais qui s'appliquerait aux utilisateurs français. CQFD… Certes, on peut soutenir que cette formule présente au moins un aspect positif dans la mesure où il n'y a pas de recours au droit californien – la bouteille est à moitié pleine – mais, pour la CNIL, ce n'est pas le droit irlandais mais bien le droit français qui devrait s'appliquer – la bouteille est à moitié vide.

La question est loin d'être réglée et le dialogue entre Facebook et la CNIL continue. L'objectif, en attendant que des solutions cohérentes, communément admises et s'inscrivant dans le long terme soient conçues et mises en œuvre, est d'approfondir l'analyse de façon à déterminer si, d'une manière ou d'une autre, la société Facebook France participe au traitement des données, auquel cas le droit français serait applicable. Pour le moment, ce n'est pas le cas et il n'existe donc pas de moyen juridique de contraindre Facebook en matière de protection des données.

SECOND CAS : GOOGLE

La société mère Google Inc. est établie en Californie et dispose de succursales et de sociétés dans divers pays dont, notamment la France, avec Google France. S'agissant du service de moteur de recherche, Google considère que le responsable du traitement est la société mère et qu'il doit donc se voir appliquer exclusivement le droit californien. Ce qui a pour effet de priver les citoyens européens de la protection que leur garantit le droit européen. Position pour le moins mal fondée car, en réalité, le second critère, celui de l'établissement trouve ici une parfaite illustration puisque des moyens de traitement sont mis en œuvre en France, ne seraient-ce, par exemple, que les cookies. On notera, en passant, que la société Yahoo ne conteste pas l'application du droit français et que, d'ailleurs, sa politique de confidentialité fait expressément référence à notre loi.

En ce qui concerne le service Street View, l'utilisation de véhicules équipés de caméras pour prendre les photos de rues, ne peut guère être analysée autrement que comme un moyen de traitement mis en œuvre sur le territoire français. C'est ainsi que la société Google s'est résolue à accomplir la procédure de déclaration auprès de la CNIL.

Enfin, s'agissant du service de géolocalisation Latitude, lancé en France en février 2009, comment ne pas reconnaître que les moyens mis en œuvre par la société Google correspondent au second critère ? En effet, pour déployer cette application, Google a répertorié les antennes relais des opérateurs de téléphonie mobile ainsi que les cellules correspondantes (c'est-à-dire les zones géographiques couvertes par ces antennes), et installé des logiciels sur les téléphones portables et ordinateurs situés en France pour recueillir les données de géolocalisation *via* le réseau de téléphonie mobile ou *via* le GPS afin de les transmettre aux serveurs de Google. Celle-ci reconnaît que la collecte des informations se déroule en

France mais conteste le fait même qu'elles soient des données à caractère personnel ! Par là même, elle refuse de reconnaître l'applicabilité du droit français.

Il faut admettre que la position de cette société est, comme nous l'avons souligné, mal fondée en droit. Elle est, en effet, incohérente puisqu'elle varie d'une application à l'autre. Et elle est également confortable car les juridictions américaines se déclarent compétentes et appliquent leur droit national si un site Internet, implanté en Europe, porte atteinte à la protection des données des ressortissants américains.

L'AFFAIRE BÉNÉDICTE

Hélas, la situation s'est encore compliquée au printemps 2008 lorsque, par ordonnance de référé, le tribunal de grande instance de Paris a, dans l'affaire Bénédicte, estimé que la loi française n'était pas applicable alors que la requérante demandait que Google supprime de ses archives accessibles en ligne des messages postés, par elle, sur des forums de discussion, et portant sur sa vie privée (certains d'entre eux dataient de dix ans !). À l'appui de sa décision, le tribunal a relevé, d'une part, que les serveurs de Google (y compris le service Google.fr…) étaient établis en Californie et exploités par une société de droit californien, Google Inc. et, d'autre part, que la société Google France n'était qu'un représentant commercial et non le responsable du traitement. Il considère ainsi que la loi californienne n'est pas contraire à l'ordre public international français alors que la Commission européenne n'a pas reconnu les États-Unis comme offrant un « niveau de protection adéquat », au sens de la directive de 1995. Certes, à ce jour, cette décision n'a pas été confirmée par les juridictions supérieures mais les conséquences juridiques de cette position jurisprudentielle sont préoccupantes. Elles avaient d'ailleurs, en leur temps, beaucoup surpris les membres du G29.

APPRÉCIER *IN CONCRETO*

Bien entendu, le processus de révision de la directive européenne de 1995, déjà bien engagé, devra intégrer cette problématique. Et ce, d'autant plus que cette question du droit applicable se pose dans d'autres secteurs d'activité tels que le droit de la consommation ou la lutte contre la contrefaçon. Un éventail de solutions s'offrira au choix des instances en charge de ces questions. Par exemple, en rester au double critère actuellement en vigueur (mais on en a montré les limites), ou bien, retenir le critère du lieu de résidence, ou encore celui du ciblage de l'activité du responsable de traitement.

On pourrait verser aux débats l'idée selon laquelle le droit européen s'appliquerait dès lors que le responsable de traitement a un établissement sur le territoire européen (et donc maintenir le critère principal du lieu d'établissement). Mais il sera nécessaire de réfléchir à l'application d'un seul droit national pour toute l'Union européenne. Ce qui impliquerait de procéder à une harmonisation totale des législations nationales. On note, en passant, que la solution dépendra aussi de la capacité des Européens à forger des solutions communes. En revanche, il faudrait écarter le critère subsidiaire actuel du moyen de traitement qui montre déjà très nettement ses limites, notamment dans la perspective du développement du *cloud computing*. Il s'agirait de lui substituer le critère du ciblage de l'activité, déjà utilisé dans le domaine du droit de la consommation. L'inspiration, en la matière, vient de nos amis les Canadiens : il s'agit de prendre en compte l'impact de l'activité ou le lieu vers lequel elle est dirigée. Ainsi, l'autorité canadienne s'est estimée compétente pour traiter de la protection des données personnelles gérées par Facebook en se fondant sur le fait que des millions d'utilisateurs canadiens font usage de ce service. Le critère réside alors dans l'existence d'un « lien réel et substantiel » entre l'organisation en cause et le pays considéré.

Dès lors, si le responsable de traitement dirige son activité vers le public français, il sera soumis au droit français. Dans ces conditions les citoyens français bénéficieraient, dans le cadre de leurs relations avec les grands acteurs d'Internet, de la protection de leur droit national. L'Union européenne ne deviendrait pas, pour autant, une zone de non-droit pour les entreprises situées en dehors de son territoire et ne ciblant pas le public européen. Les moyens de traitement utilisés en Europe devraient respecter un minimum d'exigences fondamentales, et notamment les principes de finalité, de proportionnalité et de sécurité.

Ce raisonnement qui ouvre de réelles perspectives de solution à une question majeure touchant à la protection des données et de la vie privée des citoyens européens fonde l'avis rendu par le Groupe de l'article 29 en décembre 2010. Mais les instances de l'Union européenne feront-elles preuve de la lucidité et du courage nécessaires pour introduire ce mécanisme dans le texte de la future directive dont l'examen vient de commencer, et « pousser » ainsi la solution du « ciblage de l'activité » ?

Le « processus de Madrid »

Dès les années 1980, des initiatives sont prises, sur la scène internationale, pour définir un cadre de protection des données personnelles et de la vie privée (« Lignes de l'OCDE », 1980 ; convention n° 108 du Conseil de l'Europe, 1981 ; résolution de l'ONU, 1990 ; directive européenne, 1995 ; principes de l'Asia-Pacific Economic Cooperation, APEC). Mais l'ensemble de cette architecture présente trois défauts : le contenu de ces textes est disparate ; leur périmètre géographique d'intervention ne repose sur aucune cohérence ;

leur force juridique contraignante est très inégale. C'est ainsi que la grande majorité des États, représentant plus des quatre cinquièmes de la population mondiale ne sont pas dotés, actuellement, des instruments juridiques appropriés tels qu'un texte fondamental, haut placé dans la hiérarchie des normes juridiques, et une autorité de contrôle indépendante. C'est pourquoi, depuis plusieurs années, les représentants d'une soixantaine d'autorités de contrôle, sous l'impulsion des 27 de l'Union européenne, réfléchissent sur le thème de l'élaboration d'un corpus de principes juridiques apte à offrir une réponse globalisée en matière de protection de la vie privée.

Ce processus s'est étendu sur une période de cinq ans. Lors de la conférence internationale des autorités de protection de Montreux, en 2005, une résolution est adoptée qui appelle l'ONU à rédiger un instrument juridique opposable définissant clairement la protection de la vie privée et des données comme un droit fondamental. Lors de celle de Strasbourg, en 2009, un groupe de travail est mis en place, chargé de rédiger un projet de norme internationale. Puis, en 2009, à Madrid, est adoptée une résolution visant à établir des « standards internationaux pour la protection de la vie privée et des données personnelles ». Enfin, à Jérusalem, en 2010, une résolution est adoptée, prévoyant la convocation d'une conférence intergouvernementale, au plus tard fin 2012, afin d'adopter l'instrument international adéquat.

Les objectifs poursuivis par cette résolution de Madrid répondent précisément aux préoccupations évoquées dans les pages qui précèdent puisqu'il s'agit d'assurer une protection efficace de la vie privée et de faciliter les transferts internationaux de données personnelles. C'est la raison pour laquelle ils reprennent essentiellement les principes fondamentaux qui sous-tendent, depuis de nombreuses années, l'action des autorités de contrôle européennes : finalité, proportionnalité, transparence, sécurité, droits des personnes, etc.

À noter qu'ils introduisent le concept anglo-saxon d'*accountability* en vertu duquel les responsables de traitements de données doivent prendre toutes mesures utiles afin que ceux-ci soient exploités dans le respect des règles en vigueur, et être en mesure de le démontrer… Il n'est pas nécessaire de pousser plus loin l'analyse pour comprendre qu'un tel concept devra être sérieusement encadré si l'on ne veut pas courir le risque d'ouvrir une brèche dans le dispositif de protection des données.

UN PETIT PAS DE GÉANT ?

Quoi qu'il en soit, ce « processus de Madrid » est considéré, par les observateurs, comme une « avancée historique ». Pour la première fois, en effet, ces autorités sont parvenues à élaborer, à l'échelon mondial, un ensemble de principes communs adaptés aux dernières évolutions technologiques. Et celui-ci est l'aboutissement d'une action concertée des autorités de protection des données et non une juxtaposition des différents systèmes existants. Mais ce n'était là qu'un premier pas et je constate aujourd'hui que c'était, de loin, le plus facile à franchir.

L'opiniâtreté des autorités de contrôle n'aura servi à rien si les pouvoirs publics des États concernés – c'est-à-dire, pour ainsi dire, tous ceux qui adhèrent à la charte de l'ONU… – ne prennent pas le relais. Car la vraie question, désormais, est celle-ci : veut-on réellement donner une valeur juridique contraignante à ces principes en les inscrivant dans une convention internationale sous l'égide de l'ONU ou en les intégrant dans le cadre de la convention 108 du Conseil de l'Europe, instrument suffisamment ouvert pour offrir un réceptacle intéressant ?

Élément encourageant, dans sa communication de novembre 2010 citée plus haut, fixant les orientations pour la révision de la directive de 1995, la Commission européenne affirme la dimension mondiale de la protection des données en insistant sur l'exigence d'une rationalisation des règles en matière de transfert des données en dehors de l'Union européenne et – point essentiel – prône « l'élaboration de règles universelles en matière de protection des personnes à l'égard du traitement des données à caractère personnel » sous forme de « normes juridiques et techniques élevées dans le pays tiers et au niveau international ». La volonté est claire. Après, doit venir l'action…

UNE PREMIÈRE FRANCO-ALLEMANDE

Avouons que, du côté des pouvoirs publics des États membres, le sujet ne suscite guère, pour le moment, de réactions passionnées. Encore faut-il, il est vrai, comme le prévoit la résolution finale de la conférence mondiale de Jérusalem, de novembre 2010, que les autorités nationales de contrôle prennent les initiatives nécessaires auprès de ceux-ci. Tel est le cas en Espagne et en Allemagne où les parlements ont voté des résolutions saisissant l'exécutif de cette question. Mais le Parlement français n'est pas en reste. En effet plusieurs commissions des deux chambres ont souhaité m'auditionner à ce sujet. À la suite de ces auditions, des propositions de résolution ont été déposées, à l'Assemblée nationale, par le président de la commission des affaires économiques, et au Sénat, par ceux des commissions économique, des lois, des affaires européennes et des affaires culturelles, visant à soutenir l'élaboration et la signature d'une convention internationale (universelle) pour la protection de la vie privée et des données personnelles. Ces résolutions déclarent soutenir expressément les résolutions de Madrid et de Jérusalem et invitent les institutions de l'Union européenne et ses États membres à en faire de même.

La protection des données et de la vie privée est d'ailleurs à l'origine d'une première dans les relations parlementaires franco-allemandes puisque – processus inédit – une déclaration commune a été publiée sur ce sujet qui affirme que des risques nouveaux découlent des nouveaux usages des technologies du numérique et évoque le cas des réseaux sociaux. Elle relève également que les jeunes devraient bénéficier d'une formation spécifique en la matière. Les parlementaires des deux pays, membres de la mission d'information française et de la commission d'enquête allemande relatives à la révolution numérique, appellent à un renforcement des droits des individus, à une prise en compte du concept de *privacy by design* et à la mise en œuvre d'une politique de labellisation.

DES RAISONS D'ESPÉRER

Depuis quelques mois on voit poindre une évolution de chaque côté de l'Atlantique : leur sens et leur rythme diffèrent mais elles témoignent d'une dynamique et pourquoi ne pas espérer qu'elles se rejoignent ?

Ainsi, élément essentiel de la problématique de la protection des données, la stratégie américaine consiste, jusqu'à présent, à ne pas élaborer une législation qui pourrait ralentir la progression du secteur de l'Internet, devenu un puissant moteur de la croissance. Mais on devine que lorsque les positions seront stabilisées, et totalement occupées par les grands acteurs tels que Google et Facebook, notamment en Europe – ce qui est presque accompli – alors pourra être envisagée la mise en œuvre d'une législation américaine protectrice des données de la vie privée, et probablement, même, la création d'un organisme de contrôle dédié, à l'instar de ce qui existe au sein de l'Union européenne depuis de nombreuses années... Cette perspective est d'autant plus proche qu'une telle législation pourrait, de surcroît, conforter la confiance du consommateur parfois soumise à rude épreuve par ces grands acteurs. Plus tôt eût été préférable, il est vrai, mais ne négligeons pas l'effet que produirait une telle évolution vis-à-vis, notamment, des États membres de l'organisation de l'APEC (auprès de laquelle il est d'ailleurs regrettable que nous n'ayons pas de représentation).

Une telle évolution se justifierait d'autant plus qu'en Europe, plusieurs initiatives ont été prises ou sont en cours de mise en œuvre, et ce alors même qu'il existe déjà un véritable corpus de règles applicables, au sein de l'Union européenne, établissant un niveau de protection élevé des données personnelles.

C'est ainsi que, dans une communication d'octobre 2010, la Commission de Bruxelles traite de la stratégie visant la mise en application effective, par l'UE, de la Charte des droits fondamentaux qui avait été proclamée en décembre 2000, et « confirmée » en décembre 2007 afin de lui conférer une valeur juridique contraignante (traité de Lisbonne). De même, le Parlement européen, dans une résolution de novembre 2009, et le Conseil européen, dans le programme de Stockholm, en mai 2010, considèrent comme prioritaire la promotion de ces droits fondamentaux. Or cette Charte des droits fondamentaux, dotée, depuis le traité de Lisbonne, d'une valeur contraignante, prévoit, en son article 8, que « toute personne a droit à la protection des données à caractère personnel la concernant » et que « le respect de ces règles est soumis au contrôle d'une autorité indépendante ». En mai 2010, le Parlement européen demande qu'une charte des droits des citoyens et des consommateurs sur Internet soit adoptée avant 2012 et souligne la « valeur fondamentale de la protection de la vie privée ». Citons enfin la résolution n° 3 de la 30e conférence du Conseil de l'Europe des ministres de la Justice qui s'est tenue à Istanbul en novembre 2010 et qui appelle à la mise en œuvre des principes de base de la protection des données.

Cette éclosion d'initiatives montre, sans aucun doute, que l'enjeu de la protection des données et de la vie privée est désormais perçu. Mais cela ne suffit pas. Il faut « embrayer » dès maintenant à l'échelon des autorités investies du pouvoir de décision. Pour qu'elles agissent, faudra-t-il attendre l'éclatement d'un scandale ou l'explosion de colère d'un groupe de personnes menacées gravement dans leur intimité ? Ou pouvons-nous espérer que les pouvoirs publics à l'ère numérique, portés par leur conviction et leur opiniâtreté, s'engagent dans une action volontariste qui ne cessera pas tant que la protection de la vie privée ne sera pas devenue une valeur universelle, juridiquement protégée ?

À cet égard, il faudra bien, un jour, s'attacher à comprendre et tenter de réduire la divergence qui s'approfondit peu à peu entre les conceptions développées, sur chacune des rives de l'Atlantique, à propos de la question centrale du rapport entre les notions d'identité et de personnalité des individus dans la société numérique : dans l'approche américaine, la première est une variable, la seconde est une constante ; en Europe, c'est l'inverse. En effet, les américains envisagent la perspective de changer d'identité lorsque celle-ci serait usée et privée de sa signification, sous pression des usages liés à Internet, mais ils sont très réticents vis-à-vis du concept de droit à l'oubli, mécanisme dont l'objectif est d'éviter la vitrification de la personnalité dans un présent virtuel qui se dilate et se prolonge indéfiniment. Les Européens, eux, du moins dans leur majorité, considèrent encore l'identité comme le socle, intangible, dont ni l'architecture ni la composition ne sauraient dépendre des contraintes extérieures telles que des impératifs liés aux usages du numérique. En revanche, préservée par ce statut identitaire, la personnalité, elle, doit pouvoir évoluer.

VII

La pression américaine

Une autre conception de la vie privée

On ne peut traiter la question de la protection de la vie privée et des données personnelles sans évoquer la relation que les États-Unis entretiennent avec l'Europe. Cette relation, qui prend tantôt des airs de dialogue, tantôt de confrontation, pose trois questions qui ne sont généralement pas dissociées par les observateurs, ce qui est regrettable car on risque alors de passer à côté du sujet.

Premier point, le droit européen, et notamment français, subit une pression exercée par les normes et la jurisprudence américaines intervenant, par exemple, dans les secteurs financier, bancaire, pénal, ou de la lutte contre le terrorisme, ce qui peut avoir une puissante incidence en matière de protection des données personnelles et de la vie privée. Deuxième point : il existe un profond hiatus entre les conceptions européenne et américaine dans le domaine spécifique du droit de la protection des données personnelles et de la vie privée. Troisième point : les grands acteurs américains de l'Internet contestent vigoureusement l'applicabilité du droit européen aux activités qu'ils déploient sur le territoire de l'union Européenne.

Il y a là trois phénomènes extrêmement préoccupants et qui posent des questions juridiques particulièrement complexes. Et ils sont absolument incontournables car ils sont au cœur de la problématique de la protection des données et de la vie privée présente et à venir.

Essayons d'y voir plus clair.

La prééminence du droit américain

Sur la toile de fond d'un unilatéralisme latent, le traumatisme du 11 septembre 2001 donne le *la* aux relations que tissent les États-Unis avec les Européens, dans le domaine de la protection des données personnelles et de la vie privée. On ne s'attardera pas, ici, sur l'aspect unilatéraliste sauf peut-être pour évoquer tout de même les problèmes posés par la « gouvernance » d'Internet.

En 1998, une association à but non lucratif de droit californien a été créée sous le nom d'ICANN (Internet Corporation for Assigned Names and Numbers) avec pour mission d'assurer la « gouvernance » d'Internet. Gérée par un directoire de quinze membres, elle a été placée sous la supervision du département du Commerce américain. Cette formule a été mise en place au grand dam des Européens qui souhaitaient que le cordon ombilical soit coupé car, dans ce mode de fonctionnement, les États-Unis disposent d'un véritable droit de veto à l'égard de toute perspective d'évolution d'Internet.

Un nouvel accord a vu le jour en septembre 2009, qui devrait permettre de rendre l'ICANN plus transparente par la création de panels de représentants des gouvernements, des entreprises et de la société civile. Affaire à suivre, donc, avec une extrême vigilance en ce qui concerne le choix des participants à l'ensemble des organismes…

DANS LE SILLAGE DES ATTENTATS

À la suite des attentats du 11 septembre 2001 et dans l'esprit du Patriot Act, adopté par le Congrès des États-Unis le 25 octobre 2001, les autorités américaines ont formulé un certain nombre de demandes pressantes, en matière régalienne, auprès de leurs homologues européennes.

Ainsi, dès le 28 septembre 2001, le directeur de l'office européen de police Europol leur a transmis des données à caractère personnel, dont certaines d'ailleurs se sont révélées concerner des personnes impliquées dans les attentats. Le problème était que l'autorité de contrôle d'Europol, que je présidais à l'époque, avait pour mission, de rendre un avis sur le niveau de protection des données garanti par les États-Unis, pays tiers à l'Union européenne. Or ces derniers ne présentaient pas, au sens de la directive européenne, un « niveau de protection adéquat ». Nous avons décidé, compte tenu des circonstances exceptionnelles, et bien que les autorités américaines n'aient pas fourni, à Europol, le rapport qui nous aurait permis d'évaluer leur niveau de protection des données, que des négociations devant conduire à un accord Europol/États-Unis pouvaient être engagées. Le bien-fondé de cette décision s'est révélé, très rapidement, puisque deux des dix-neuf auteurs des attentats ont pu être identifiés grâce aux informations transmises.

Dans les semaines qui ont suivi, alors que les informations utiles avaient été transmises dans l'urgence, et qu'il ne s'agissait plus désormais que de construire un accord de long terme, les choses se sont singulièrement compliquées. Tout d'abord, on remarqua une certaine forme de désintérêt de la part des autorités américaines pour la signature de cet accord. Plusieurs sources nous indiquèrent, il est vrai, que des accords bilatéraux entre celles-ci et certains États membres (dont, semblait-il, la France) étaient en train de se mettre en place, court-circuitant ainsi la procédure Europol-autorités américaines… Il fallut ensuite constater que ces dernières renâclaient à donner les assurances nécessaires aux autorités européennes sur un certain nombre de points : durée de conservation des données transmises, nature et nombre des organismes susceptibles d'en être les destinataires, possibilité de transmettre ces données à des États tiers, etc.

Il n'est pas nécessaire d'aller plus loin, ici, dans le détail de cet accord. Disons simplement qu'en définitive, après d'âpres négociations, les autorités européennes ont fini par consentir à la reconnaissance au profit des États-Unis, face à Europol, d'une position ultraprivilégiée par rapport aux autres États, et ainsi susciter une très grande réticence de la part des autorités de protection des données de l'Union européenne.

En second lieu, en octobre 2001, la présidence américaine adressait au président en exercice du Conseil européen et au président de la commission, une liste de quarante-sept demandes. Elle préconisait ainsi, notamment, « l'adoption du projet de directive européenne sur le blanchiment d'argent » et suggérait qu'Europol, Eurojust et toutes les autorités judiciaires nationales mettent « toutes leurs informations, y compris sur les personnes », liées au terrorisme, à la disposition de la justice américaine.

CASHER OU HALAL ?

Dans la ligne des mesures prises à la suite des attentats du 11 Septembre, deux lois ont été adoptées, aux États-Unis : l'une, en novembre 2001, relative à la sécurité de l'aviation et du transport, l'autre, en mai 2002, concernant la sécurité aux frontières et la réforme des visas. De ces lois découle l'obligation, pour les compagnies aériennes qui assurent les vols à destination ou au départ des États-Unis, de transmettre aux services des douanes et de l'immigration des données relatives aux passagers et aux membres d'équipage. On appelle ce mécanisme « PNR » (*passenger name record*).

Je ne m'attarderai pas sur le détail des « négociations », dans lesquelles les autorités américaines se sont pleinement investies et qui ont abouti à la mise en œuvre effective de cette réglementation en Europe. Rappelons simplement que, en toile de fond, pointait la menace de sanctions financières pour les compagnies européennes qui ne transmettaient pas aussitôt les données de leur passage. Le constat aujourd'hui est le suivant : un PNR peut compter jusqu'à soixante types de données, sous forme de rubriques codifiées, ainsi que des informations non codifiées, de type « bloc-notes », qui peuvent comporter des mentions telles que « passager se rendant au congrès de tel parti politique ». Dans la rubrique « remarques générales » peuvent être portées des informations relatives aux demandes spécifiques des passagers, telles que les préférences alimentaires. Il s'agit d'informations touchant, les unes aux options politiques, les autres aux options religieuses, classées comme sensibles en Europe. Toutefois, les autorités américaines sont censées éliminer ces données sauf dans les « cas exceptionnels où des vies sont en jeu ».

Les données PNR des citoyens européens sont conservées dans une base active pendant sept ans et, lorsqu'elles sont devenues « inactives », pendant huit ans. Dans ce second cas, elles ne sont accessibles qu'avec l'accord d'un haut fonctionnaire désigné par l'autorité américaine compétente. Celle-ci peut les communiquer aux autres autorités chargées du maintien de l'ordre, de la sécurité publique et de la lutte contre le terrorisme. Or, compte tenu des la structure fédérale des États-Unis, ces organismes sont en nombre très important. Le dernier état des accords USA/UE, de juillet 2007, suscite toujours une grande réserve des autorités de contrôle européennes dans la mesure où il comporte beaucoup de dérogations et pêche en matière de processus de règlement des litiges.

Une seconde phase est désormais ouverte : celle de la généralisation du système PNR au monde entier et notamment de sa mise en œuvre à l'initiative des Européens. La question sera de savoir si le G29 sera capable de peser sur les négociations entre ceux-ci et les États tiers. L'objectif est de prendre en compte les exigences européennes liées à la protection des données PNR des passagers, notamment en ce qui concerne la durée de leur conservation, leur nature et le respect des procédures régissant leur transfert. C'est ainsi qu'en novembre 2010 le G29 a fait savoir qu'il s'interrogeait sur la nécessité, à des fins répressives, du profilage à grande échelle de la base des données des passagers. Il rappelle, à cette occasion, que la Commission européenne n'a toujours pas présenté de preuve objective quant à la valeur ajoutée des données PNR dans la lutte contre le terrorisme ou la criminalité transnationale.

LES PROCÉDURES DE *DISCOVERY*

Depuis quelques années, les entreprises françaises et européennes sont confrontées à des demandes de plus en plus nombreuses, d'informations détenues par elles, dans le cadre de procédures judiciaires américaines. Bien souvent, il s'agit de requêtes pour obtenir copie des disques durs ou des messageries électroniques de certains salariés, parfois de l'ensemble du personnel. Ces demandes sont, en général, formulées dans le cadre de litiges commerciaux, notamment en matière de propriété intellectuelle. On sait en effet qu'aux États-Unis, dans la phase d'investigation d'instruction préalable au procès (procédure de « *discovery* »), chaque partie a l'obligation de divulguer à l'autre tous les éléments de preuve pertinents à l'égard du litige dont elle dispose, y compris ceux qui lui sont défavorables. Le refus ou l'impossibilité de communiquer ces éléments expose l'entreprise à d'éventuelles poursuites pénales ainsi qu'à des amendes. Bien entendu, le développement de ces procédures de *discovery* a généré un marché de prestataires spécialisés qui procèdent à la numérisation des documents requis, à la copie des disques durs et à la recherche de toutes les informations demandées.

Dans ce contexte, et face à la demande croissante de conseils émanant des entreprises et de leurs avocats engagés dans des procès aux États-Unis, la CNIL a publié une recommandation, en juillet 2009, (le G29 a, lui, adopté un document de travail en février 2009). Celle-ci rappelle le contexte juridique lié à la convention de La Haye et s'attache à définir les principes, qui doivent être respectés, dès lors que les procédures *discovery* impliquent des transferts de données personnelles. Ce n'est pas, ici, l'objet d'aller plus loin dans l'examen de la problématique juridique soulevée par ce mécanisme *discovery*. Le cadre défini dans cette recommandation est évidemment inspiré par les principes qui sous-tendent la directive européenne de 1995 et la loi de 2004.

En revanche un éclairage sur la jurisprudence américaine en la matière se révèle particulièrement instructif. Ainsi, un litige oppose une société américaine et une société allemande au sujet du non-paiement de factures par cette dernière. Cette société refuse de fournir les pièces au motif que la loi allemande en matière de protection des données personnelles le lui interdit. Le juge américain considère, en l'espèce, que cette société ne démontre pas en quoi une telle communication constituerait une violation de la loi allemande mais, surtout, il affirme que « quand bien même la loi allemande de protection des données empêcherait une telle communication, la juridiction américaine ne saurait être privée du pouvoir d'exiger qu'une partie communique des preuves »…

Ce refus du juge américain de prendre en considération les dispositions de la directive européenne de 1995 place évidemment les entreprises européennes dans une position très délicate. Une réflexion commune entre les autorités américaines et le G29 est en cours sur ce point. Espérons qu'elle aboutira à faire changer les choses…

COUP DE SIFFLET

Suite au scandale financier provoqué par la chute des sociétés Enron et World.Com, le Congrès des États-Unis a adopté, en 2002, la loi « Sarbannes/Oxley » qui vise à améliorer la sécurité des marchés financiers et à retrouver la confiance des investisseurs. Cette législation produit des effets à l'égard de certaines sociétés françaises : ainsi les commissaires aux comptes étrangers – et donc français – doivent s'enregistrer auprès de l'organisme public chargé du contrôle dans la mesure où ils émettent des rapports d'audit sur les sociétés cotées aux États-Unis. Chaque cabinet français concerné doit s'enregistrer et transmettre les données personnelles relatives aux associés et dirigeants. Cette loi impose également à ces sociétés cotées en Bourse et à leurs filiales étrangères, sous peine de se voir infliger de lourdes sanctions, de mettre en place des « dispositifs d'alerte professionnelle » (*whistleblowing*). L'objectif déclaré est, là encore, d'assurer, au sein de l'entreprise, la transparence en matière de comptabilité et d'audit de comptes.

En pratique, il s'agit d'un mécanisme mis à la disposition des salariés par différents moyens tels qu'une hot-line téléphonique, une adresse e-mail dédiée ou encore un site Internet afin de leur permettre de signaler des fuites susceptibles d'affecter sérieusement l'activité de leur entreprise sans passer par les voies classiques.

Sous la pression de cette législation, la commission s'est trouvée, une nouvelle fois, confrontée à un dilemme. En effet, elle ne pouvait que se montrer réservée face aux risques de dérive qu'induit la mise en œuvre de ce dispositif encadrant les dénonciations par les salariés d'autres salariés. En même temps, elle était parfaitement consciente de l'insécurité juridique dans laquelle se voyaient placées les entreprises françaises. Outre le travail d'analyse juridique, nous avons procédé à des consultations avec nos partenaires de l'Union européenne et à des auditions, notamment de la Securities and Exchange Commission (SEC), des syndicats, des représentants des entreprises et de la Direction générale du travail. À l'issue de ces travaux, nous avons publié une « Autorisation unique » qui a répondu aux attentes des entreprises et aux exigences de la protection des données. Plus de 1 600 d'entre elles ont ainsi fait une déclaration de conformité à celle-ci, montrant ainsi leur volonté de respecter les limites que nous avons fixées.

Les constats dressés, lors de nos contrôles, ainsi que l'actualité jurisprudentielle nous ont amenés à procéder à de nouvelles auditions et à une clarification visant à confirmer que, contrairement à ce qui se passe aux États-Unis, le cadre du *whistleblowing* à la française se limite aux domaines comptable, financier, bancaire, de lutte contre la corruption, et au domaine de la concurrence. Aux États-Unis, le mécanisme s'étend à tous types de manquement : harcèlement, discrimination, atteinte aux droits de propriété intellectuelle, non-respect des valeurs définies par la charte de l'entreprise (d'où la dénonciation, sur ce fondement, de comportements de collègues...). Si des entreprises, en France, souhaitent étendre leur dispositif à ce domaine de l'alerte éthique, elles doivent alors déposer, auprès de la commission, une demande d'autorisation spécifique.

SWIFT

Créée, en 1973, la société coopérative de droit belge SWIFT (Society for Worldwide Interbank Financial Telecommunication) est chargée d'assurer au secteur de la finance la réalisation rapide de ses transactions en mettant à sa disposition une plate-forme permettant d'échanger des informations financières. De cette façon, ces transactions sont standardisées et automatisées, ce qui entraîne une réduction des coûts et une minimisation des risques en matière de sécurité.

9 000 organismes bancaires et financiers, dans 209 pays, sont concernés, pour un volume annuel d'environ 25 milliards de messages.

En juin 2006, la presse américaine révèle que, dans le cadre de leur lutte contre le terrorisme, les autorités américaines ont mis en place un système de surveillance des transferts bancaires internationaux transitant par SWIFT. En effet, l'un des deux serveurs « miroirs » est installé sur leur territoire, l'autre sur le territoire européen.

Le G29 se saisit aussitôt de cette question et, en novembre, rend un avis très critique, notamment vis-à-vis de conditions dans lesquelles les données européennes, stockées aux États-Unis dans la base SWIFT, sont mises à la disposition de ces autorités, qu'il juge contraires aux principes européens de protection des données. Précisons que lors de nos investigations, tant au titre de la CNIL que du G29, nous entendons à plusieurs reprises, des représentants de grandes sociétés, évoquer, avec insistance, leur crainte en matière d'espionnage industriel.

En réponse à cette alerte, la Commission et le Conseil européens négocient avec l'exécutif américain et, au printemps 2007, de nouvelles garanties semblent acquises. Ainsi, d'une part, est décidée la création d'un serveur, sur le territoire européen (en Suisse), ce qui devrait éviter désormais l'accès direct des autorités américaines aux données bancaires intra-européennes collectées par la société SWIFT. D'autre part, une personnalité européenne, « reconnue pour ses compétences en matière de protection des données », doit être désignée afin d'examiner les conditions dans lesquelles le département du Trésor américain utilise, dans le cadre de son programme de traque du financement du terrorisme, les traitements de données financières personnelles en provenance de l'Union européenne, transmises par le réseau SWIFT.

Le G29 prend acte de ces mesures et marque sa satisfaction. Peu de temps après le juge Bruguière est désigné comme « éminente personnalité européenne compétente en matière de protection des données » avec, semble-t-il, l'aval des autorités américaines. Et même, si l'on en croit les informations « recueillies » par Wikileaks, et rapportées par la presse, les autorités américaines souhaitaient ainsi lui exprimer leur « reconnaissance » pour sa collaboration en matière de lutte contre le terrorisme…

Quelques mois plus tard, on apprend tout d'abord que de nouvelles négociations ont été ouvertes entre la Commission européenne et celles-ci en vue d'adopter un accord aux termes duquel elles auraient finalement accès aux données stockées par SWIFT sur le serveur central installé en Suisse ! Ce qui, évidemment, ruinait toute perspective de dissocier nettement l'accès aux données bancaires intra-européennes des autres données et donc remettait en cause la première mesure envisagée. De surcroît, lors de ses auditions devant le G29 à Bruxelles, et la CNIL à Paris, en avril 2009, le juge Bruguière livre, dans les conclusions de son enquête, les trois éléments d'information suivants :

- le programme de traque du financement du terrorisme n'a été utilisé que dans le cadre de la lutte contre le terrorisme, les engagements du Trésor américain de confidentialité ayant été totalement respectés ;
- il s'agit d'un système de lutte efficace contre le terrorisme et en matière de prévention des risques et de résolution des affaires en cours, notamment en Europe ;
- le juge Bruguière précise que l'installation d'un centre de stockage, en Suisse, risquerait de « compromettre sérieusement l'efficacité du système et, par voie de conséquence, la lutte contre le terrorisme ».

Notre intention n'est pas, ici, de remettre en question l'objectivité ni les compétences du juge Bruguière mais chacun sait que si cette personnalité est internationalement respectée pour sa connaissance des questions liées à la lutte contre le terrorisme, elle ne dispose, en revanche, que d'une expérience très limitée en matière de protection des données personnelles. Dès lors, les arguments fondant conclusions nécessitaient d'être analysées de façon approfondie.

Or voici que le juge Bruguière nous annonce, hélas, que son rapport ayant été classifié par les autorités américaines, il sera impossible, pour le G29 (comme pour la CNIL) d'accéder aux informations qu'il contient ! Simplement pourrons-nous accéder au « rapport synthétique » de trois pages qui se contente de proposer une présentation pour le moins superficielle de ces arguments. Bien plus tard, lorsque les négociations ultérieures auront été achevées, et donc lorsqu'il n'aura plus qu'un intérêt purement « historique », le rapport deviendra accessible…

Conclusion : le contrôlé décide du statut du rapport du contrôleur… privant ainsi le groupe des 27 autorités de contrôle européennes des éléments indispensables à l'accomplissement de sa mission. Quant aux négociations ouvertes pour l'établissement d'un accord entre les instances européennes et américaines, elles s'engagent en juillet 2009 à la suite d'une initiative des ministres des Affaires étrangères des « 27 » qui donne mandat à la Commission européenne pour y procéder, sur la base du transfert et du traitement de données bancaires afin de lutter contre le terrorisme.

Mais, classés « UE restreints », les termes de ces négociations ne sont communiqués ni au G29 ni à la CNIL. Tout au plus apprend-on, par la presse, que cet accord international serait conclu pour une durée d'un an.

MISE À L'ÉCART DU G29

À partir de juillet 2009, on peut considérer que le G29 a été écarté du dossier. Heureusement le Parlement européen, soucieux de la préservation du niveau de protection des données adéquat, s'en est saisi et, dans une résolution de septembre 2009, a émis plusieurs recommandations. Il a demandé notamment que les données transmises ne le soient qu'aux fins de lutte contre le terrorisme, que les demandes de transmission soient soumises à l'autorité judiciaire et que les citoyens et entreprises de l'Union européenne jouissent des droits de la défense et des garanties procédurales.

L'accord provisoire entre autorités américaines et européennes est adopté, fin novembre 2009, par le Conseil européen. Conformément au traité de Lisbonne le Parlement européen en est saisi. Il le rejette en février 2010. La Commission adopte alors un nouveau projet de mandat, en mars, d'« accès restreint ». Soumis au Conseil en mai, il est adopté.

Durant cette période, les représentants des autorités américaines, en Europe, déploient une intense activité de lobbying, à Bruxelles, visant à rassurer les esprits… Finalement, le Parlement européen l'adopte également, en juillet 2010. Et, en août, l'accord entre en vigueur.

Mais les autorités de protection européennes et le G29, mis de côté en fin de parcours, restent toujours réservés. Certes, comme l'ont d'ailleurs considéré les parlementaires européens, cet accord apporte des garanties supplémentaires en prévoyant, par exemple, un droit de recours aux États-Unis, au profit des personnes dont les données sont transférées, indépendamment de leur nationalité ou de leur lieu de résidence. Mais le manque de clarté sur des sujets importants est préoccupant :

- les transferts massifs de données seront toujours possibles dès lors que SWIFT ne sera pas techniquement en mesure d'identifier et de produire des données spécifiques aux requêtes américaines ;
- le choix d'Europol, comme autorité de filtrage, est surprenant car cet organisme, parfaitement compétent dans son champ d'action, ne dispose d'aucune expertise en matière de communication de données à des pays tiers ;
- les modalités de la revue conjointe de cet accord, qui devrait avoir lieu en février 2011, à Washington, manquent de précision, notamment quant au rôle que pourront y jouer les « CNIL européennes ».

LES AUTORITÉS DE PROTECTION DES DONNÉES EUROPÉENNES MISES HORS JEU

Il semble que les instances européennes soient parvenues à montrer à leurs partenaires américains que la multiplication de leurs échanges de données ne présentait pas, la plupart du temps, de garanties suffisantes en matière de protection des données. C'est ainsi qu'a été décidée la création, en novembre 2006, d'un « High Level Contact Group » dont la mission serait de dépasser les divergences de conception existant entre eux en la matière. À l'issue d'une première phase de travaux, ce groupe propose, en novembre 2009, l'élaboration d'un accord international contraignant l'Union européenne et les États-Unis à appliquer des principes communs de protection. Le G29 et le Groupe Police-Justice, composés des représentants des autorités de protection, ont, en mars 2010, critiqué le manque de transparence des travaux de ce groupe et le fait qu'ils n'y avaient pas été associés. Ils ont alors participé à une consultation organisée, sur ce sujet, par la Commission européenne, en déposant une contribution commune selon laquelle l'objectif de cet accord devait être de définir des règles contraignantes garantissant un niveau élevé de protection des données dans le cadre de la coopération transatlantique en matière de sécurité. La Commission a ensuite présenté, en mai 2010, un projet de mandat de négociation de l'accord USA-UE portant sur la protection des données personnelles échangées à des fins répressives.

Le G29, en novembre 2010, a adressé un avis aux autorités européennes exposant des recommandations sur ce que devrait être cet accord quant au périmètre exact de son champ d'application ainsi qu'au respect nécessaire des principes de protection des données relatifs aux droits des personnes, droits de recours, à la durée de conservation, aux transferts ultérieurs de données, etc.

En décembre 2010, le conseil Justice et Affaires intérieures a adopté le mandat de négociations qui répond partiellement aux demandes du G29. Mais, d'une part, l'applicabilité de cet accord-cadre aux accords spécifiques existants (comme SWIFT) expressément demandée par les autorités de protection des données des États membres n'a pas été intégrée à ce mandat et l'on doit craindre, d'autre part, que l'élaboration de cet accord ne se déroule, dans les mois à venir, sans qu'elles y soient associées.

LES AMÉRICAINS N'EN DEMANDAIENT PAS TANT !

Enfin, reconnaissons, sur ce chapitre, que, dans bien des cas, le déséquilibre de la relation Europe/États-Unis, doit plus à la faiblesse des positions européennes qu'à la volonté hégémonique des Américains. On a parfois, en effet, le sentiment que Bruxelles va au-devant des désirs des autorités américaines ! Un exemple de ce type de comportement est particulièrement instructif.

Au début de l'été 2008, la Commission européenne décide d'engager une réflexion sur le contenu et les modalités de révision de la directive de 1995 relative à la protection des données personnelles. Rappelons que ce texte constitue la base juridique sur laquelle s'appuient les législations des 27 États membres et notamment notre loi de 2004 modifiant la loi de 1978. Pour ce faire, elle installe un groupe de travail, composé de cinq membres, chargé de formuler des propositions. Les services de la Commission européenne me demandent de proposer l'un de ces cinq membres et je suggère aussitôt le nom du vice-président du G29, président de l'autorité néerlandaise. Puis nous n'entendons plus parler de cette initiative durant quelques semaines, jusqu'au jour où nous apprenons que les quatre autres membres sont : Peter Fleischer, représentant la société Google ; David Hoffman, représentant Intel ; M. Tielemans, représentant le cabinet d'avocats Covington et Burling ; Christopher Kuner, représentant le cabinet d'avocats Hunton et Williams !

Je reconnais avoir flotté quelques minutes, abasourdi, et cherché à vérifier la réalité de cette annonce auprès de différentes sources, tant cela me paraissait inconcevable. Puis à l'incrédulité a succédé l'indignation ! J'ai résumé la question devant la presse en disant ceci : « Si, demain, le président Obama décide de confier la réflexion sur l'élaboration d'une loi générale de protection des données personnelles aux États-Unis à un groupe de travail composé de quatre Européens et un Américain, alors, non seulement je reconsidérerai mon point de vue, mais je mangerai mon chapeau ! » D'ailleurs, en octobre 2010, la Maison Blanche a mis sur pied un groupe de travail chargé de réfléchir à la mise en œuvre de nouvelles lois en faveur de la protection des données personnelles et à la création d'un organisme de surveillance dédié. Et aucun Européen n'y participe…

Rappelons tout de même que les questions de souveraineté, dites du « Troisième Pilier », n'étaient pas exclues du champ d'attribution de ce groupe de travail mis en place par la Commission européenne.

Le fonctionnaire européen – de nationalité française… – à l'origine de cette brillante idée soumise au cabinet du vice-président de la Commission européenne à qui je demandais quelques explications eut le front de me rétorquer que ce qui importait ce n'était pas la nationalité mais la compétence des membres du groupe de travail. Ce qui, je suppose, signifiait, dans son esprit, qu'il était impossible de trouver, sur le territoire européen, quatre experts capables de réfléchir à ces questions… Finalement, après de nombreuses et pressantes démarches, j'ai obtenu que le groupe soit dissous. Dès qu'il eût mesuré l'inanité de cette opération, le vice-président Barrot prit la décision qui s'imposait, en effet, et lança une vaste consultation publique sur le sujet.

Que l'on se comprenne bien : la présence d'un expert de nationalité américaine ou représentant des intérêts américains, au sein de ce groupe de travail, ne posait évidemment aucun problème de principe et pouvait même être recommandée. Mais la présence d'un seul Européen était inacceptable.

Hélas nous allons maintenant constater que lorsque la pression d'un système à l'égard de l'autre ne s'exerce pas, c'est l'incompréhension qui s'installe entre eux.

Le hiatus juridique

Aux États-Unis la gestion de la protection des données personnelles est très largement laissée au marché et repose davantage sur un calcul économique que sur un fondement philosophico-juridique. On retrouve, bien entendu, une fois encore, à l'origine de cette option, la méfiance originelle du citoyen à l'égard de l'État, élément fondamental de l'architecture constitutionnelle américaine. C'est donc une logique d'autorégulation, faisant appel à des codes de bonne conduite, à des protocoles, à des dispositifs d'autodéclaration qui s'installe. La loi peut intervenir, mais de façon spécifique et sectorielle, lorsque le marché n'est pas parvenu à faire émerger une solution. Dès lors, les principes sous-tendant les différents textes peuvent varier et la continuité et la cohérence entre ceux-ci s'en trouvent altérées. On comprend que cette approche de la protection des données personnelles, conçue comme une contrepartie de la libre circulation des individus, ne postule pas la mise en place d'un mécanisme de contrôle indépendant.

En revanche, en Europe, la protection des données est conçue comme un droit fondamentalement politique et s'appuie nécessairement sur des mécanismes de législation et de réglementation visant à garantir le respect du droit de tout individu à la protection de sa vie privée. Cela implique la reconnaissance, au profit du citoyen, d'un droit à contrôler la collecte et l'usage de ses informations personnelles. Dès lors, dans cette option qui reconnaît l'existence d'un droit fondamental, attribut des droits de la personnalité, il est logique que soit mise en œuvre une législation générale de la protection des données et créé un organe de contrôle indépendant.

COMMENT PASSER À UN MODÈLE BEAUCOUP PLUS CONTRAIGNANT ?

Paradoxe : au début des années 1970, les États-Unis, en avance sur l'Europe, ont défini des principes de protection des données personnelles destinés à encadrer le développement informatique (Privacy Act de 1974). Logiquement, cette initiative devait déboucher sur la création d'une autorité indépendante de contrôle et l'élaboration d'une loi générale en la matière. Curieusement, cet élan a été interrompu et l'administration américaine s'est contentée de produire quelques textes sectoriels, à objectifs limités. Cela signifie, par exemple, que si la Federal Trade Commission (FTC) joue un rôle en la matière dans certains secteurs d'activité, en revanche aucune autorité spécifique n'est en charge du contrôle des traitements de données mis en œuvre par l'administration en matière de police.

Une anecdote est assez éclairante sur ce point. En octobre 2009, nous avons auditionné, à la CNIL, Jon Leibowitz, président de la FTC. À la fin de son intervention, je lui ai demandé s'il pouvait nous indiquer quelle était, au sein de l'administration américaine, l'instance en charge du contrôle des traitements de données mis en œuvre par les autorités de police. Il s'est ensuivi un long moment de silence, presque de gêne, à l'issue duquel il s'est tourné vers ses collaborateurs pour recueillir leur avis. Après un petit conciliabule, il nous a aimablement fait savoir qu'il nous ferait parvenir une note sur ce point dès son retour aux États-Unis. Nous devrions la recevoir bientôt, je suppose.

Ce hiatus séparant les conceptions américaine et européenne ouvre une problématique extrêmement complexe et dommageable en matière de flux transfrontaliers de données, sous l'angle de la protection des données personnelles et donc de la vie privée, bien entendu, mais aussi en ce qui concerne la régulation du commerce international car la quasi-totalité de celui-ci recourt, aujourd'hui, à ces transferts.

Chacun, sur les deux rives de l'Atlantique, a été prié de faire preuve de créativité juridique afin de proposer des dispositifs permettant de transformer le « 110 volts américain », en matière de protection des données, en « 220 volts européen ». Ce n'est pas manquer d'humilité que d'affirmer que l'Europe a contribué à cette quête de manière plus significative. Il est vrai que, d'une certaine manière, elle avait davantage à y perdre dans la mesure où le niveau de protection des données personnelles, exigé sur le territoire de l'Union européenne, est plus élevé.

Sur le plan juridique cela se traduit ainsi : la directive européenne du 24 octobre 1995, relative à la protection des personnes physiques à l'égard du traitement des données à caractère personnel et à la libre circulation de ces données a fixé le principe cardinal selon lequel le transfert de données personnelles vers un pays tiers à l'Union européenne ne peut être opéré que si celui-ci assure un niveau de protection adéquat. Ce niveau de protection s'apprécie en fonction de la nature des données, la finalité et la durée du traitement envisagé, les pays d'origine et de destination finale, les règles de droit, générales ou sectorielles en vigueur dans le pays tiers, et les mesures de sécurité qui y sont respectées. En pratique, on considère que les deux éléments essentiels sont l'existence d'une autorité de contrôle indépendante en charge de la protection des données et d'une législation protectrice des droits des citoyens en la matière.

Il faut avoir conscience que des pays tels que les États-Unis, la Chine, le Japon, l'Inde, la Russie, et la majeure partie des continents asiatique et africain ne remplissent pas ces conditions. Et l'on sait que la quasi-totalité du commerce international repose sur le transfert de données. On mesure alors à quel point il est urgent et essentiel, dans l'attente d'une solution globale (on reviendra sur ce point déterminant), de forger des instruments juridiques de substitution.

Des avancées en la matière se sont produites dans trois directions.

LE SAFE HARBOR

Ce mécanisme a été mis en place, en 2001, à l'issue de négociations entre la Commission européenne et le département du Commerce américain. Il repose sur un corpus de principes, proches de ceux qui sous-tendent la directive européenne de 1995 : information des personnes ; possibilité accordée à la personne concernée de s'opposer à un transfert à des tiers ou à une utilisation des données pour des finalités différentes ; consentement explicite pour les transferts de données sensibles ; droits d'accès et de rectification ; sécurité des données. Les entreprises doivent adhérer à ces principes auprès de la FTC. Si tel est le cas la Commission européenne considère alors que leur respect permet d'assurer un niveau de protection adéquat.

En 2008, nous avons fait le point. Le moins que l'on puisse dire est que le bilan des six premières années d'exercice était plutôt timide. Nous avons, tout d'abord, constaté qu'aucun contrôle n'était possible de la part de la Commission européenne ni du G29. De même, aucune information sur les prérequis pour l'adhésion au Safe Harbor ni sur la procédure d'instruction des demandes de certification auprès de celui-ci n'était disponible. Ensuite, nous avons pu vérifier qu'aucun contrôle *a posteriori* n'était effectué par la FTC. Enfin nous ne disposions d'aucune information sur les mécanismes de plaintes en cas de violation des principes du Safe Harbor.

Cela faisait beaucoup !

Présidant alors le G29, j'ai proposé que soit installé un « groupe de contact » entre les autorités américaines et le

G29 pour dissiper les ambiguïtés et les malentendus. Quelques progrès ont été accomplis. Ainsi des informations ont pu nous être fournies quant aux plaintes reçues (4 000 en 2009), toutes ayant été résolues de manière tout à fait satisfaisante selon nos interlocuteurs… De même, il nous a été indiqué que, pour la première fois, des poursuites avaient été engagées contre des sociétés qui prétendaient, à tort, être adhérentes au Safe Harbor.

Lors d'une conférence internationale, à Cambridge, en juillet 2010, un chercheur australien, Chris Connolly, a présenté une étude selon laquelle 2 170 sociétés américaines se prévalent du certificat Safe Harbor bien que 331 d'entre elles n'aient jamais été reconnues comme respectant les principes fixés par celui-ci, et 181 continuent à s'en prévaloir alors que le certificat qui leur a été délivré par le département du Commerce américain est expiré. De plus, nombre d'entre elles, dotées du certificat, ne respectent pas une partie des engagements pris. À vrai dire, nous n'avons guère été surpris mais il était bon que cela soit dit par un chercheur australien…

Nos amis allemands ont réagi aussitôt. C'est ainsi que l'autorité de protection a pris une résolution, portant sur l'exportation de données par des entités allemandes vers des entités américaines certifiées Safe Harbor, en vertu de laquelle ces exportateurs devront procéder aux vérifications nécessaires et lui en rendre compte.

Cette initiative apparaît comme iconoclaste dans les cénacles européens dans la mesure où elle remet en question la décision de la Commission européenne de considérer que le Safe Harbor apporte un niveau de protection adéquat aux données transférées. C'est bien possible mais elle me paraît surtout lucide et courageuse et nous interroge. C'est pourquoi la CNIL devra prendre des initiatives sur ce point dans un avenir proche.

SOLUTION CONTRACTUELLE

Une autre solution consiste, selon la directive de 1995, à ce que la Commission décide que certaines clauses contractuelles assurent un niveau de protection adéquat pour encadrer les transferts de données vers un pays tiers à l'Union. Ainsi, ces clauses seront signées entre un exportateur de données et un importateur situé dans un pays qui ne leur assure pas un niveau de protection adéquat. En France, cela nécessite une autorisation préalable de la CNIL. L'entreprise doit normalement signer des clauses contractuelles pour chacun des transferts qu'elle effectue. Lorsqu'il s'agit d'un groupe de taille internationale, les clauses peuvent devenir très nombreuses. Celui-ci peut alors juger opportun de recourir au dispositif appelé BCR (voir ci-dessous) qui permet d'encadrer juridiquement l'ensemble de ses transferts au sein de la structure, étant entendu que ceux-ci ne peuvent être mis en œuvre qu'au sein du groupe.

Une fois encore se pose le problème du respect par les entreprises concernées des exigences liées au respect effectif de ces clauses contractuelles. C'est pourquoi il nous faut envisager désormais de déclencher des contrôles spécifiques auprès de ces entreprises. Cela s'inscrit d'ailleurs dans la logique de la directive et de la loi française de 2004 tendant à substituer le concept de contrôle *a posteriori* à l'accomplissement de formalités *a priori* (ce qui, en l'occurrence, constituerait une procédure absolument inapplicable, en pratique, compte tenu de sa lourdeur). Ce faisant, il nous faudra faire œuvre de pédagogie car ces contrôles n'auront évidemment pas pour objectif de compliquer la tâche des entreprises confrontées à une concurrence internationale de plus en plus rude mais bien de faire en sorte que les mêmes règles de protection des données fixées par les instances européennes soient respectées par tous les acteurs. Probablement des initiatives devront-elles être prises dans le cadre d'une coopération, au sein d'un réseau mondial des autorités de contrôle (qui devrait se mettre en œuvre sous le nom de GPEN-Global Privacy Enforcement Network), permettant à celles-ci de s'apporter un soutien mutuel et de partager les informations.

RETOUR DU VIEUX CLIVAGE

Conçues comme une alternative aux clauses contractuelles types ainsi qu'au mécanisme du Safe Harbor (en ce qui concerne les États-Unis), dans la mesure où elles permettent d'assurer un niveau de protection suffisant aux données transférées hors de l'Union européenne, les « règles internes d'entreprises », appelées couramment BCR (pour *binding corporate rules*), désignent un code de conduite fixant des règles contraignantes, qui doivent donc être respectées par toutes les entités et les salariés de groupes internationaux. Il s'agira de multinationales qui exportent des données depuis leurs filiales, situées sur le territoire de l'Union européenne, vers des pays tiers qui ne sont pas en mesure d'assurer un niveau de protection équivalant à celui retenu par celle-ci.

Dans un environnement juridique international de la protection des données encore primaire, cette approche souple et pragmatique est intéressante car elle tend vers une mise en conformité avec les principes de la directive de 1995 et une uniformisation des bonnes pratiques en la matière. Elle évite la lourdeur que représente la conclusion de multiples contrats liés aux transferts à réaliser et elle insère la protection des données parmi les préoccupations éthiques des multinationales adhérentes.

C'est pourquoi nous avons jugé qu'il fallait tenter cette expérience plutôt que d'en rester à une situation incertaine et aléatoire, et bien souvent bloquée. Mais il ne faut guère, là encore, se bercer d'illusions car le mécanisme repose principalement sur une coopération entre les autorités de contrôle européennes, sous l'égide de l'une d'entre elles, désignée par la société candidate comme chef de file. Celle-ci s'assure que les BCR garantissent un niveau de protection adéquat en référence à une grille établie par le G29, puis les transmet, pour confirmation, aux autres autorités de contrôle.

Dans le cadre d'un processus, dit de « reconnaissance mutuelle », 19 autorités de contrôle, dont la CNIL et celles des plus grands pays de l'UE, acceptent que la revue effectuée par le chef de file vaille pour leur propre revue.

C'est là que, bien entendu, réapparaît le clivage entre les conceptions anglo-saxonne et française. Celle-ci considère le caractère contraignant comme une réelle garantie tandis que nos amis anglo-saxons lui accordent beaucoup moins d'importance et considèrent les BCR comme des engagements de conformité au sens classique. Cette différence d'approche risque de compromettre les chances de réussite du système des BCR. Ce serait d'autant plus regrettable que celui-ci serait potentiellement en mesure de garantir un niveau de protection supérieur à celui atteint par le Safe Harbor ou le mécanisme des clauses contractuelles. Fin 2010, près de 70 très grandes entreprises ont achevé ou sont en cours de procédure et la durée de celle-ci est passée de dix-huit à cinq mois.

Tout cela est extrêmement préoccupant car il faut rappeler que tant que les autorités publiques compétentes des pays concernés ne seront pas déterminées à élaborer et imposer une solution globale permettant de dissoudre le hiatus existant entre les droits européen et américain, ces trois outils sont seuls en mesure d'éviter le blocage généralisé (cette observation concerne, en réalité, l'ensemble des États et pas seulement l'Europe et l'Amérique du Nord).

WE HAVE A DREAM : APPLIQUER LE DROIT EUROPÉEN EN EUROPE !

Il va de soi que si les droits européen et américain étaient fondés sur des principes protecteurs communs, les choses seraient infiniment plus simples. On sait par ailleurs que, chaque jour, ce sont des volumes gigantesques de données personnelles qui sont transférés dans le monde et que la place occupée par les grands opérateurs américains sur le sol européen s'accroît de manière considérable. Enfin, on devine combien il sera difficile de concilier l'impératif de sauvegarde de la protection des droits des citoyens et la nécessité d'éviter l'application excessive d'une multitude de lois nationales à une même situation.

Les dernières informations dont on dispose permettent-elles d'entrevoir une évolution favorable, à court terme, des rapports États-Unis/Europe en matière de protection des données ? La question est d'autant plus préoccupante qu'il existe un risque sérieux de voir la position des acteurs concernés s'établir sur le fondement des enjeux relatifs à la sécurité et à la lutte contre le terrorisme et venir contaminer la problématique relative au statut juridique des moteurs de recherche et des réseaux sociaux. Or deux événements survenus en décembre 2010 créent une donne franchement contradictoire.

Ainsi, d'une part le département du Commerce américain a publié un rapport formulant une série de recommandations visant notamment à créer un bureau en son sein qui aurait pour tâche de définir une orientation en matière de vie privée et à rédiger une « déclaration de droits » censée conduire à la mise en place d'un code de bonne conduite avec les différentes parties prenantes, afin de mieux préserver les données personnelles des internautes en ligne. Il y aurait là comme un frémissement mais on doit noter le caractère limité d'une telle approche qui reste sectorielle et ne vise pas à mettre en place une autorité de contrôle indépendante. D'autre part, on apprend que Viviane Reding, commissaire européenne chargée de la justice, dénonce le « manque d'intérêt » manifesté par les autorités américaines pour « discuter sérieusement » de la protection des données européennes, lors des discussions tenues à Washington relatives au renouvellement de l'accord sur le transfert des données de passagers (PNR) ainsi que l'utilisation des données bancaires des citoyens européens (SWIFT)...

VIII

L'action de la CNIL

Face à la marée numérique

La question posée dans ce chapitre est simple : la CNIL est-elle en mesure de jouer son rôle en matière de protection des données face au déferlement des applications technologiques nouvelles qui transforment profondément notre mode de vie ? Sa capacité à relever ce défi dépend de trois facteurs : dispose-t-elle de l'indépendance nécessaire vis-à-vis des pouvoirs publics ainsi que des acteurs du monde informatique ? Est-elle dotée des moyens et des pouvoirs nécessaires à l'accomplissement de sa tâche ? Peut-elle exercer une influence à l'égard des pouvoirs publics, en France, et au sein des institutions européennes ?

Parmi les pionniers

Avec l'Allemagne et la Suède, la France fait partie des tout premiers pays à s'être dotés d'un organe de contrôle en matière de protection des données personnelles. Durant les premières années, à partir de 1978, la CNIL a bénéficié de moyens lui permettant de se développer et devint une référence en Europe. Puis, comme il arrive très, et trop souvent, dans notre pays, et dans de multiples domaines, l'effort n'a pas succédé à l'élan, et la CNIL a disparu du champ visible des priorités. Au point qu'en 2004, alors que la toute nouvelle loi la dotait de pouvoirs supplémentaires, exigeant, à l'évidence, des moyens accrus, elle présentait des faiblesses extrêmement préoccupantes. Ainsi, à cette date, elle comptait environ 75 agents tandis que son équivalent allemand en comptait 400 (dans un État fédéral, il est vrai), le britannique 200... Quant aux autres autorités de contrôle des nouveaux États membres de l'Union européenne, qui avaient été créées entre-temps, elles disposaient, dès leur installation, d'effectifs et de moyens budgétaires équivalents ou supérieurs à ceux de la CNIL. Ainsi, en 2004, l'autorité tchèque comptait environ 90 agents, pour une population six fois inférieure à la nôtre !

S'agissant du ratio activité/budget, les chiffres éclairent mieux encore la gravité de la situation : ainsi, le nombre de délibérations de la séance plénière de la commission – qui est, évidemment, un indice particulièrement significatif – a été multiplié par dix entre 2004 et 2009. Celui des contrôles réalisés sur le territoire national par quinze ! Quant aux correspondants Informatique et Libertés qui n'existaient pas en 2004 et dont nous reparlerons amplement, ils étaient plus de 7 000, fin 2010 !

Il fallait donc réagir au plus vite, et de manière massive. C'est ainsi que, dès octobre 2004, lors de la présentation du rapport annuel, le Premier ministre, Jean-Pierre Raffarin, m'a donné un accord de principe pour mettre en place un « plan de rattrapage » qui se traduisit, dès la loi de finances 2006. En quatre ans, notre budget s'est ainsi accru de plus de 60 %, ce qui, par les temps qui courent, représente un effort exceptionnel. Cet engagement a été honoré par le successeur de Jean-Pierre Raffarin et amplifié par l'actuel Premier ministre, François Fillon.

En 2011, la CNIL devrait disposer d'un budget d'environ 16 millions d'euros, pour un effectif d'un peu plus de 160 agents. Nous aurons ainsi repris notre place au sein du peloton européen. Cet effort de l'État s'est, bien entendu, accompagné de vigoureuses mesures de rationalisation de nos dépenses et de professionnalisation de nos méthodes de gestion. Il me paraissait, en effet, naturel que le fait de disposer d'un statut spécifique, en tant qu'autorité indépendante chargée de la protection de la vie privée, ne devait pas nous dispenser de veiller à ce que le budget qui nous était ainsi alloué fût géré avec la plus grande rigueur. Et j'ose croire que si les gouvernements successifs nous ont toujours soutenus, en ce domaine, c'est notamment parce que cette résolution ne leur avait pas échappé. Il était d'autant plus important d'apporter cette précision que le rapport contrôleur/contrôlé est, par essence, toujours délicat, et tout spécialement lorsque le second finance le premier ! Il m'est arrivé, bien souvent, d'enchaîner une réunion budgétaire avec des représentants du gouvernement et une autre au cours de laquelle je leur adressais des reproches quant à la gestion de certains des fichiers placés sous leur responsabilité. Pas une seule fois je ne les ai entendus faire le lien. Peut-être l'ont-ils pensé mais ils n'ont rien dit...

MÉLODRAME BUDGÉTAIRE

En 2004, notre préoccupation ne naissait pas seulement de la faiblesse, en volume, du budget alloué à la Commission. Un autre problème se posait, lié à son positionnement qui ne lui permettait pas, en effet, d'échapper aux convoitises tant de l'exécutif que du législatif.

À l'égard de l'exécutif les choses se passaient ainsi. Après diverses réunions à Bercy, courant mai, j'étais amené à « boucler » la négociation, courant juin, avec les services du Premier ministre. Rien que de très classique sauf que la CNIL n'est pas un service de l'État au sens propre et habituel du terme puisqu'il s'agit d'une autorité administrative indépendante. Je suis, bien entendu, conscient du caractère insolite de cette dénomination dans la mesure où elle fleure l'oxymoron juridique mais cela me paraît signifier, au minimum, qu'une telle autorité doit disposer d'une certaine autonomie à l'égard de son éventuel ministère de rattachement. Je souligne d'ailleurs, au passage, que cette discussion autour du statut de la commission a plus qu'un intérêt juridique car, au titre des règles de l'Union européenne, l'existence d'une autorité indépendante, compétente en matière de protection des données personnelles et de la vie privée, constitue l'un des critères permettant à un État de rejoindre celle-ci.

Or, précisément, jusque fin 2008, la commission était rattachée, sur le plan budgétaire (et uniquement sur le plan de la technique budgétaire), au ministère de la Justice. Et il est arrivé que tel membre haut placé du cabinet du garde des Sceaux succombe à la tentation de poser sa patte, avec gourmandise, sur les postes qui nous étaient attribués par Matignon. Devant mon indignation – et mes cris d'orfraie, il faut bien le dire –, il prenait un air patelin pour m'expliquer qu'après tout, il ne s'agissait que de quelques postes qui transitaient sous ses yeux, dans le flot des postes attribués à « ses » services. Ce serait, bien sûr, sous-estimer son intelligence que de penser qu'il pouvait s'agir de naïveté. Seule l'intervention, ferme, du représentant du Premier ministre a permis de rétablir les choses.

C'est à la suite de ce petit mélodrame budgétaire que j'ai décidé d'engager une action auprès du Premier ministre de façon à « loger » désormais notre commission auprès de lui. D'autres initiatives, probablement de mes homologues, présidents d'autres autorités administratives indépendantes, allèrent dans le même sens et, quelques mois plus tard, la question de principe était réglée. C'est ainsi que les autorités compétentes en matière de libertés publiques sont, depuis janvier 2009, regroupées sous l'égide, en matière budgétaire, du Premier ministre, c'est-à-dire, en langage « lolfien », au sein du programme 308, « Protection des droits et libertés ». Ce qui constitue un progrès très significatif.

AMENDEMENTS BUDGÉTAIRES

Mais j'ai très rapidement découvert qu'il nous fallait prendre garde également aux initiatives parlementaires qui peuvent se révéler, en la matière, tout aussi dangereuses. Ainsi, à plusieurs reprises, des amendements déposés par des parlementaires ont eu pour objet de remettre en question le montant du budget fixé lors des réunions budgétaires avec l'exécutif. Et ce dans des proportions parfois telles que la structure même était menacée. Ainsi, en novembre 2006, à l'Assemble nationale, un amendement prévoyait une réduction du budget de la Commission de plus de deux millions d'euros. En novembre 2009, un autre avait pour objet d'en retrancher plus de 300 000. Cet amendement avait d'ailleurs été repris, tel quel, par un sénateur.

Chaque fois, nous sommes parvenus à faire entendre notre voix de sorte que la structure même de notre budget ne soit pas affectée. Mais cela laisse des traces, non seulement parce que toute notre énergie se concentre alors sur ce sujet mais aussi parce que cela porte atteinte, d'une certaine manière, à la crédibilité de la commission. Dans les semaines qui ont suivi chacun de ces épisodes, il nous a fallu nous consacrer à de laborieuses explications, notamment à l'intention de la presse, pour faire comprendre que l'orage s'était éloigné et que nous restions parfaitement opérationnels. Et, bien évidemment, le dépôt de ces amendements troublait d'autant plus les esprits qu'il survenait dans une période dite de « rattrapage budgétaire » pour notre commission.

Entendons-nous bien. Il ne s'agit pas ici de remettre en question le droit d'amendement des parlementaires, droit « sacré », garanti par la Constitution et les règlements des assemblées. Le Parlement peut décider demain de supprimer la CNIL – quelles que pourraient être les conséquences d'une telle initiative, notamment la poursuite de la France par l'Union européenne pour manquement à ses obligations (je ne nourris aucune crainte à ce sujet). Dès lors, *a fortiori*, rien ne lui interdit de remettre en cause ou de réduire le budget de la commission. Mais on devine à quel point ces épisodes peuvent déstabiliser une telle institution, c'est-à-dire les 17 commissaires, l'ensemble du personnel, et aussi indirectement les milliers de correspondants Informatiques et Libertés au sein de leur structure, tout comme le citoyen qui voit en elle un instrument sur lequel il doit pouvoir compter pour défendre ses libertés individuelles.

Il ne s'agit pas, non plus, de considérer que la CNIL vivrait dans l'éther, détachée de toute contingence, insensible, voire inconsciente des difficultés économiques, et donc budgétaires, auxquelles est confronté le pays. Son action, en la matière, a d'ailleurs été saluée par le rapport du comité d'évaluation des politiques publiques de l'Assemblée nationale relatif aux autorités administratives indépendantes, du 28 octobre 2010. Celui-ci, en effet, la considère comme étant une exception, dans le paysage des autorités administratives indépendantes (AAI), dont la mission justifierait un accroissement des moyens. Ce même rapport souligne qu'elle est l'une des trois AAI respectant le ratio « poste de travail/mètre carré ». Précisons que la CNIL est soumise, comme tous les organismes et institutions dépendant du budget de l'État, à la « réserve de précaution » qui affecte, chaque année, le montant réellement disponible de son budget de fonctionnement. Pour autant, on ne doit pas négliger le caractère puissamment symbolique que revêt la réduction des moyens des autorités en charge de cette défense des libertés et il faut rappeler que le cumul des budgets de l'ensemble de celles-ci ne représente guère que 0,02 % du budget de l'État.

Sanctuariser le budget de la CNIL

Pour toutes ces raisons je plaide, depuis plusieurs années, en faveur d'une « sanctuarisation » du budget de la commission qui pourrait se traduire, sur le plan technique, par le recours à deux méthodes différentes que l'on pourrait qualifier de « financement à l'espagnole » et de « financement à l'anglaise ».

FINANCEMENT À L'ESPAGNOLE

J'évoquerai rapidement la première formule car elle ne me paraît pas adaptée à notre situation. Le budget de l'autorité de contrôle espagnole est en totalité assuré par les recettes issues des sanctions financières infligées aux contrevenants à la législation de protection des données personnelles. Or l'autorité espagnole a la particularité d'être quasi exclusivement tournée vers le contrôle. Ainsi, le mécanisme des correspondants à la protection des données n'existe pas, l'activité de conseil et d'analyse juridique est résiduelle ainsi que celle d'expertise technologique. En Espagne, des sanctions avoisinant plusieurs centaines de milliers d'euros ne sont pas rares et elles atteignent même parfois le million d'euros. C'est ainsi que cette agence dispose d'un budget largement supérieur à celui de la CNIL (à ce jour, la plus forte sanction financière prononcée par notre commission était d'un montant de 45 000 euros). Pour autant cette solution ne me paraît pas correspondre à l'esprit de notre législation Informatique et Libertés qui a expressément choisi de confier à la commission un ensemble de pouvoirs et de missions permettant de faire face à des situations très diverses et non pas de concentrer son action uniquement sur le contrôle et la sanction. Et, bien évidemment, si nous avons effectivement, de manière considérable, développé notre activité de contrôle, le montant global des sanctions prononcées en un an ne pourrait assurer le fonctionnement de la commission que pendant une à deux semaines... De plus on conçoit volontiers que ce mode de financement crée un état d'esprit particulier puisque le développement de l'institution dépend des sanctions qu'elle inflige...

FINANCEMENT À L'ANGLAISE

Confrontés à une situation analogue à la nôtre, voici quelques années, nos collègues britanniques ont obtenu des pouvoirs publics que soient prises les mesures nécessaires en substituant au financement de l'Information Commissioner's Office (ICO) par l'État, un financement par l'ensemble des acteurs du monde de l'informatique. Il ne leur est pas apparu illogique, en effet, de demander aux entreprises et administrations développant des traitements de données, sont, par nature, susceptibles de mettre en cause les libertés individuelles, de participer au financement de l'organe spécifiquement chargé de leur protection. Au fond, on retrouve ainsi la philosophie qui sous-tend, en matière de protection de l'environnement, le principe « pollueur-payeur ». C'est d'ailleurs, dans une large mesure, l'esprit de notre loi de 2004 qui, dans la ligne de la directive européenne de 1995, attache désormais plus d'importance au risque encouru, en fonction de la nature du traitement mis en œuvre, qu'à la distinction traditionnelle, jusqu'alors opérée, en fonction du statut public ou privé du responsable du traitement.

Nous avons donc élaboré un projet consistant à ce que la majeure partie du budget de la commission (90 % environ) soit couverte par une contribution annuelle des entreprises, des collectivités locales, des administrations et autres organismes disposant de systèmes informatiques. Une réflexion de pur bon sens nous animait : il est préférable de dépendre d'une multitude de petits contributeurs plutôt que d'un seul… gros. Une part du financement devait être néanmoins réservée à l'État car, s'agissant d'une autorité compétente en matière de protection des libertés, celui-ci ne pouvait être désintéressé. Il ne s'agit pas ici de « privatiser » la CNIL, dois-je préciser à l'adresse des esprits parfois légitimement soupçonneux, parfois étroits. Et d'ailleurs nous considérions que ce mécanisme devait s'accompagner d'un resserrement de la relation entre la CNIL et le Parlement, notamment, sous la forme d'une audition annuelle, en séance plénière, de son président. Instruits par l'expérience du Royaume-Uni, nous estimions que 400 000 contributeurs environ seraient concernés, étant entendu que les petites entreprises et les petites collectivités locales seraient exemptées par l'effet de la fixation d'un seuil.

Le montant de la contribution, dans cette configuration, avoisinerait 75 euros, ce qui paraît très raisonnable. Bien entendu la décision de revalorisation de cette contribution appartiendrait à l'État, comme tel est le cas au Royaume-Uni.

J'ai présenté ce projet au Premier ministre, en avril 2008. Il a manifesté son intérêt de principe et décidé de mettre en place un groupe de travail composé de représentants de ses services et de notre commission. En définitive, quelques mois plus tard, il m'a fait savoir qu'« en l'état actuel des choses » il ne lui était pas possible de lui donner son aval. Deux motifs fondaient ce refus. Le premier, d'ordre technique, tenait au fait qu'une telle transformation, sur le plan budgétaire, impliquait, selon ses services, une profonde réforme du statut de la commission, devenant nécessairement personne morale. Cela signifiait *ipso facto* une réorganisation interne importante, notamment quant à la position du président vis-à-vis du collège des commissaires. Le second motif était d'ordre « psychopolitique ». Il craignait, en effet, que ce projet ne rencontrât l'incompréhension de la classe politique et qu'il fût donc mal accueilli, dans la mesure où il pouvait apparaître comme générant un impôt supplémentaire. Or, en réalité, cette formule aurait abouti à un allégement équivalent de la part du budget national attribué à la commission. Je dois dire que la période de tension budgétaire au cours de laquelle a eu lieu ce débat n'était guère favorable à l'aboutissement de notre projet et j'imagine que le Premier ministre ne jugeait guère opportun d'avancer cette pièce sur l'échiquier budgétaire en de telles circonstances. Quant à l'argument juridique relatif concernant l'attribution éventuelle de la personnalité morale à la commission, il est loin d'être sans fondement mais non rédhibitoire puisque d'autres autorités indépendantes, dont certaines depuis leur création, sont dans ce cas. Compte tenu des enjeux, la CNIL était prête à assumer cette évolution avec les avantages, mais aussi les contraintes qui s'y attachent. Il faut, en effet, rappeler, que nous en attendions à la fois une certaine forme de sanctuarisation qui nous aurait permis d'échapper aux incertitudes, pour ne pas dire aux angoisses, qui nous assaillent, depuis trois ans, à chaque période budgétaire, mais aussi un accroissement progressif du montant global du budget alloué à la commission de façon à ce qu'elle soit en mesure de remplir correctement les missions qui lui ont justement été confiées par les pouvoirs publics mais aussi relever les défis majeurs que nous impose le développement des nouvelles technologies du numérique.

Ce projet est donc gelé pour le moment mais je suis persuadé que, tôt ou tard, lorsque les circonstances seront plus favorables, il nous faudra y revenir. Il faut noter d'ailleurs que le rapport du Comité d'évaluation des politiques publiques, cité plus haut, se prononce clairement en faveur de ce mode de financement reposant sur la contribution du secteur régulé, le considérant comme particulièrement adapté à la CNIL. De même le Groupe des 27 autorités européennes de protection des données soutient cette formule de financement auprès de la Commission de Bruxelles, dans la perspective de la révision de la directive de 1995, comme étant la solution pour assurer leur indépendance dans l'avenir.

Indépendance, indépendance chérie

Sur le plan organique, le premier gage de l'indépendance de la commission réside dans sa composition collégiale et le mode de désignation de son président.

LA COLLÉGIALITÉ, GAGE D'INDÉPENDANCE

En effet, la CNIL se compose de 17 membres, dont 6 représentants des hautes juridictions (Conseil d'État, Cour de cassation, Cour des comptes), 6 représentants des assemblées (Assemblée nationale, Sénat, Conseil économique, social et environnemental). S'y adjoignent deux personnalités désignées par le législatif (par les présidents de chambre) et trois par l'exécutif. Se côtoient ainsi actuellement des représentants des milieux juridictionnel, politique, syndical, universitaire, économique. Certes, aucun système n'est parfait et l'on pourrait souhaiter, par exemple, assurer, au sein de la commission, une représentation du milieu associatif. Mais dix-neuf ans de présence en son sein, dont sept en tant que président, m'autorisent à affirmer que cette collégialité, faite de compétences professionnelles reconnues, d'engagements personnels, de convictions diverses et d'une passion commune pour la défense des libertés individuelles, constitue un gage de garantie de son indépendance et de son efficacité.

S'agissant de cette nécessaire indépendance, des règles issues de la loi, des décrets d'application et du règlement intérieur de la commission, précisent, d'une part, que l'on ne peut mettre fin au mandat de ses membres, et prévoient, d'autre part, un mécanisme permettant d'écarter tout risque de confusion d'intérêts.

UN PRÉSIDENT ÉLU

Second gage d'indépendance : le mode de désignation du président. Contrairement à ce que l'on croit bien souvent, cette collégialité ne va pas de soi. Il s'agit même d'une spécificité française, reprise par la législation de quelques États. Ainsi, sur une cinquantaine d'autorités de contrôle, dans le monde, cinq seulement sont collégiales (France, Italie, Mexique, Bénin, Monaco). En Italie et au Mexique les membres sont désignés par l'exécutif et le législatif. Dans les trois autres pays s'y adjoignent des membres désignés par des juridictions et des organismes assurant une représentation socioprofessionnelle. Dès lors, dans la majorité des cas, le président ou le directeur de l'autorité de contrôle est désigné soit, dans des proportions à peu près égales, par le législatif ou par l'exécutif. De surcroît, très souvent il s'agit d'un fonctionnaire qui peut être issu de l'administration du Parlement ou de celle de l'exécutif...

En revanche, qu'il soit parlementaire, magistrat ou « personnalité qualifiée », le président de la CNIL est élu par ses pairs à la majorité de ses membres à bulletin secret. Cela lui donne la force et la légitimité nécessaires pour prendre des positions qui peuvent parfois heurter les orientations définies par les pouvoirs publics. Mais, pour autant, le président élu n'est pas irresponsable puisqu'il ne dispose d'aucun privilège à l'égard de ses collègues lors des délibérations de la commission (à l'exception d'une voix prépondérante en cas de partage des voix, ce qui ne s'est pas produit depuis 2004).

Pour être complet, rappelons que la loi de 2004 prévoit expressément que la commission ne reçoit d'instruction d'aucune autorité et que les ministres, autorités publiques, dirigeants d'entreprises publiques ou privées, ne peuvent s'opposer à son action pour quelque motif que ce soit et doivent prendre toutes mesures utiles afin de faciliter sa tâche.

Enfin, cette singularité du statut du président de la CNIL ne se révèle pas seulement vis-à-vis des présidents des autorités de contrôle étrangères. En effet parmi l'ensemble des AAI françaises (environ une quarantaine) la CNIL est la seule dont le président procède de l'élection par ses pairs et non d'une nomination par l'exécutif, et notamment le président de la République. C'est pourquoi il n'est pas soumis à la nouvelle procédure établie par la révision de juillet 2008 à l'article 13 de la Constitution selon lequel le président de la République ne peut procéder à une nomination lorsque l'addition des votes négatifs dans chaque commission représente au moins trois cinquièmes des suffrages exprimés au sein des deux commissions.

À l'occasion du débat relatif à cette révision, la question du principe même de l'indépendance de la commission a été directement posée, sous une autre forme.

L'AFFAIRE DU « DÉFENSEUR DES DROITS »

À la suite des propositions du comité Balladur, chargé de formuler des propositions sur « la modernisation et le rééquilibrage des institutions de la Ve République » (et notamment la proposition n° 76), un Défenseur des droits a été créé à l'article 71-1 de la Constitution. Était envisagé le regroupement, sous son égide des compétences actuellement attribuées au médiateur de la République, à la Halde, au Défenseur des enfants, au Contrôleur général des lieux privatifs de liberté, et enfin, d'une certaine manière, à la CNIL. J'avais aussitôt adressé au comité, au Premier ministre et aux commissions compétentes du Parlement, une note dans laquelle j'exposais les motifs pour lesquels la commission ne pouvait, en aucune façon, être intégrée dans le futur périmètre de compétences du Défenseur des droits. Nos arguments étaient nombreux et ne manquaient pas de puissance. Tout d'abord, je relevai que ce regroupement supposait nécessairement que chacune des autorités concernées exerçât essentiellement une fonction de médiation. Or tel n'est plus le cas de la CNIL, depuis la loi de 2004 et ses décrets d'application de 2005 et 2007, puisque désormais l'essentiel de son activité est consacré aux contrôles, au conseil aux entreprises, à l'exercice de sa mission « juridictionnelle », à son activité d'expertise technologique au droit d'accès des citoyens aux fichiers de police. Son activité de médiation n'a évidemment pas disparu, mais elle n'occupe plus la même place en proportion.

Venait ensuite un argument déterminant, qui devait d'ailleurs suffire à lui seul : les missions dévolues à la commission par la loi de 2004 l'ont été en application de la directive européenne de 1995 qui fait partie de « l'acquis communautaire ». Ce qui implique que chaque État membre est tenu d'assurer la conformité de sa législation aux dispositions de cette directive, et ce, bien entendu, préalablement à son entrée dans l'Union européenne (article 28 de la directive : « Les autorités de contrôle exercent en toute indépendance les missions dont elles sont investies »).

La convention 108 du Conseil de l'Europe utilise à peu près les mêmes termes, la convention d'application de l'accord de Schengen de juin 1985 ainsi que les décisions du Conseil de 1995 et 2009 portant création de l'Office européen de police Europol également. Ajoutons que la Charte des droits fondamentaux de décembre 2002 précise que le respect des règles relatives à la protection des données à caractère personnel est « soumis au contrôle d'une autorité indépendante » et que le traité instituant la Communauté européenne, tel que modifié par le traité de Lisbonne, pose le principe d'un contrôle par des autorités indépendantes de ces règles.

Enfin, la Cour de justice de l'Union européenne a rendu, en mars 2010, un arrêt relatif à l'indépendance des autorités de protection des données des *Länder* allemands, dans lequel elle confirme qu'au titre de l'article 28 de la directive, les autorités de protection des données doivent pouvoir exercer leurs missions « en toute indépendance ». Elle considère notamment que celle-ci doit exclure non seulement toute influence exercée par les organismes contrôlés mais aussi toute injonction et toute autre influence extérieure, que cette dernière soit directe ou indirecte.

J'insistais d'autant plus sur cet élément que j'avais été, voici quelques années, désigné comme expert par la Commission européenne, précisément pour mener des missions de préparation au profit de la Slovaquie, et plus récemment de la Croatie. Sur le fond, la directive prévoit que chaque État membre doit créer une « autorité publique indépendante » chargée spécifiquement de « surveiller l'application sur son territoire des dispositions de la directive ».

Effectivement, chacun des 27 États membres a mis en place l'autorité de contrôle indépendante requise. Dès lors, placer la commission sous la responsabilité d'un autre organisme, tel que le Défenseur, posait aussitôt un grave problème vis-à-vis de l'Union européenne. D'ailleurs les Espagnols, qui ont également créé un tel Défenseur, se sont bien gardés d'intégrer les compétences de leur agence de contrôle au périmètre de celui-ci. Au surplus, une telle perspective d'évolution apparaissait d'autant plus saugrenue que c'est précisément le modèle de la CNIL qui a fortement inspiré le contenu des dispositions de la directive de 1995 à ce sujet !

Un autre argument était fondé sur la nature du pouvoir de sanction confié par le législateur, en 2004, à la « formation restreinte » de la commission (c'est-à-dire la formation contentieuse), soumis, cela va de soi, à un éventuel contrôle du Conseil d'État, dans le cadre d'un recours de plein contentieux. Or la commission est la seule autorité, parmi celles qui étaient concernées par le projet de création du Défenseur, à être dotée d'un tel pouvoir de sanction, exercé collégialement, obéissant à une procédure contradictoire. Et d'ailleurs le Conseil d'État, dans une ordonnance en référé du 19 février 2008, a considéré que la commission, compte tenu « de sa nature, de sa composition et de ses attributions » pouvait être qualifiée de « tribunal » au sens de l'article 6-1 de la Convention européenne de sauvegarde des droits de l'homme et des libertés fondamentales.

J'avais également avancé l'argument selon lequel la commission remplissait aujourd'hui une mission de conseil à l'égard des entreprises avant la mise en œuvre par celles-ci de nouveaux services ayant recours aux technologies telles que la biométrie, la géolocalisation, etc., de façon à les aider à intégrer dans leur processus de développement, l'impératif de la protection des données personnelles. Cette mission ne ferait d'ailleurs que s'accentuer, dans les années à venir, puisque la commission aurait à mettre en œuvre une politique de labellisation expressément prévue par la loi de 2004. Et l'on voit mal, en effet, comment insérer dans le dispositif du Défenseur des droits une autorité investie de cette mission de régulation économique.

Enfin, j'avais insisté, dans les termes utilisés plus haut, sur la nécessité absolue de préserver l'originalité de la commission qui tenait beaucoup à son fonctionnement collégial ainsi qu'au mode de désignation de son président. Comment garantir ces éléments d'indépendance si celle-ci se voyait placée sous la responsabilité d'un Défenseur des droits désigné par le président de la République ?

On le voit, les arguments ne manquaient pas mais, pour faire bonne mesure, j'avais avancé un dernier motif, certes de nature conjoncturelle et politique mais qui avait néanmoins du sens. On pouvait, en effet, se demander s'il était opportun de remettre ainsi en question la place de la CNIL dans l'ensemble de notre dispositif de protection des libertés individuelles alors même que nous étions en charge de l'organisation de la 30e conférence mondiale Informatique et Libertés, à Strasbourg et que je présidais le groupe des CNIL européennes, à Bruxelles (G29)...

UNE AFFAIRE RÉGLÉE

Très rapidement, en réponse à nos préoccupations, nous avons reçu les assurances souhaitées. Non pas d'ailleurs de la part de M. Balladur qui, curieusement, à la fois saluait la pertinence de nos arguments et néanmoins maintenait son point de vue… En revanche, dans le projet de loi organique déposé par le garde des Sceaux sur le bureau du Sénat, en septembre 2009, qui a pour objet de préciser le statut et les pouvoirs du Défenseur des droits, ainsi que dans le projet de loi ordinaire qui l'accompagne, la question de l'intégration de la commission dans son périmètre ne se posait plus. Le rapport du doyen Gélard, au nom de la commission des lois du Sénat, allait dans le même sens et il a été suivi lors de l'adoption, en première lecture, par celui-ci, en juin 2010. Une disposition de ce texte prévoit qu'un représentant du Défenseur des droits assiste aux délibérations de la séance plénière de la commission, sans voix délibérative, ce qui ne pose aucun problème, bien au contraire. Sauf improbable retournement de situation lors du vote à l'Assemblée nationale, la question semble réglée.

LA CNIL FACE À LA SOCIÉTÉ

Parfois, on objecte que la CNIL exprimant – compte tenu de sa composition – les « valeurs de la société » (ce qui amène paradoxalement, à se dire à la fois : « Comment pourrait-il en être autrement ? » et « Cela mériterait d'être vérifié… »), elle serait nécessairement conduite, au fur et à mesure du renouvellement de ses membres, à en suivre les évolutions. Or si la société se voit comme une « société de surveillance », comment la commission pourra-t-elle échapper au dilemme : refléter les aspirations de cette société de surveillance ou se déconnecter des réalités sociales ?

Oui, la commission déploie son action dans la société et, pas plus que les organes de représentation du souverain ou des corps intermédiaires, elle n'échappe aux influences. Mais, d'une part, son mode de désignation, et donc sa composition, ainsi que son statut, s'ils ne la protègent pas totalement des influences, du moins la rendent-ils insensible aux pressions. Ce qui, on en conviendra, est bien différent. D'autre part, elle n'exerce pas sa mission en fonction de motifs d'opportunité car elle agit et s'exprime sur le fondement de la loi et des règlements applicables.

C'est sans doute pour ces deux raisons que la plupart des délibérations de la commission emportent le consensus et que, jamais, les positions affirmées par celle-ci ne traduisent un quelconque clivage politique qui, après tout, pourrait apparaître puisque, bien entendu, – et c'est très bien ainsi – diverses sensibilités politiques s'y côtoient. Je garde même le souvenir de certaines délibérations au cours desquelles tout se déroulait à jeu renversé : certains commissaires de sensibilité de gauche et d'autres de droite exprimaient alors des points de vue aux antipodes de ce qui pouvait être attendu. Et ce, à la grande surprise des cadres de la commission présents en séance.

Plus encore, la CNIL, jouant des coudes entre Prométhée et Sisyphe, ne désespère pas de changer l'état d'esprit du milieu dans lequel elle baigne. Car ne faillirait-elle pas à sa mission si, consciente des défis vertigineux auxquels notre société devra répondre en matière de protection de la vie privée, face aux problématiques du traçage des personnes, elle ne cherchait pas à argumenter, à démontrer, à convaincre ? De ce point de vue on mesure combien la position de son président serait inconfortable, et donc faible, s'il dépendait de l'exécutif pour sa nomination ou s'il n'était pas légitimé par une collégialité.

FROTTEMENTS ET FRICTIONS

Enfin reconnaissons que l'indépendance ne signifie pas nécessairement la sérénité… Nous avons vu ce qu'il en était sur le plan budgétaire. Mais dans la vie quotidienne, également, les choses ne sont pas toujours simples. Nous ne subissons pas de pression mais cela n'empêche pas les frictions et même parfois les oppositions frontales, notamment avec les ministères régaliens. Si l'on prend l'exemple du renforcement, depuis septembre 2001, du dispositif de sécurité collective en réaction au développement du terrorisme, comment imaginer que le ministre de l'Intérieur et le président de la commission puissent prendre le thé ensemble, chaque jour, en fin d'après-midi ? Les contacts entre les services du ministère et ceux de la commission existent, ils sont réguliers, tantôt rugueux, tantôt coopératifs mais toujours professionnels et inspirés par le souci de l'intérêt général. C'est dans l'ordre des choses et, probablement, chacun manquerait-il à sa mission s'il en allait autrement. Étant entendu que le ministère n'est pas indifférent à la question de la protection des données personnelles et de la vie privée et que, de son côté, la commission n'a jamais souhaité que l'on baisse délibérément la garde face aux menaces qui pèsent sur la sécurité collective.

La CNIL issue de la loi de 2004 est une CNIL de combat, de dialectique. L'heure n'est plus, pour elle, à exprimer des convictions fortes puis à se draper dans sa dignité outragée, au risque d'être contournée courtoisement. La commission d'aujourd'hui ne pratique pas le « tout ou rien », elle mène des batailles, elle en gagne, elle en perd, elle négocie parfois pied à pied, et elle agit constamment sous le regard des médias et donc de l'opinion publique.

Une nouvelle stratégie

S'agissant des pouvoirs et moyens de la commission, le législateur l'a dotée, dans le cadre de l'application en droit interne de la directive européenne de 1995, en 2004, de nouveaux instruments d'action afin qu'elle soit en mesure de faire face au défi de l'explosion des nouvelles technologies du numérique. Pour atteindre cet objectif il était nécessaire de réformer, de manière très profonde, le régime juridique de la grande loi de 1978, devenu largement obsolète parce qu'elle avait été conçue et votée à une époque où l'on ne connaissait pas l'ordinateur portable – et que l'on ne supposait même pas qu'il pût, un jour, exister. À la *summa divisio* reposant sur la distinction entre les traitements de données personnelles mis en œuvre par le secteur public et ceux mis en œuvre par le secteur privé, le législateur substitue une distinction fondée sur le risque encouru par la société et les citoyens. La conséquence, prévisible, de ce changement d'optique sera, sur le plan juridique, de substituer un régime *a posteriori* au régime *a priori*. Autrement dit : on allège les formalités préalables, on libère les énergies, mais on accroît fortement les capacités de contrôle des traitements mis en œuvre.

Nous avons mis à profit la période qui s'est écoulée entre la promulgation de la loi de 2004 et la publication des décrets d'application, en 2005 et 2007, pour élaborer une nouvelle ligne stratégique répondant aux exigences nouvelles du législateur et, réorganiser l'institution elle-même. C'est ainsi qu'ont été créés une nouvelle direction (entièrement tournée vers l'usager) et de nouveaux services (accueil et orientation du public ; correspondants Informatique et Libertés – CIL ; communication ; expertise technologique) et d'autres renforcés (direction juridique ; direction Personnel et Budget ; services des contrôles, du droit d'accès, des plaintes, etc.).

Nous nous sommes attachés à traiter quatre questions de manière prioritaire car elles conditionnaient la mise en œuvre effective du nouveau dispositif créé par le législateur : les contrôles (et les sanctions) ; les correspondants Informatique et Libertés ; l'expertise technologique ; la labellisation.

PLUS DE CONTRÔLES, PLUS DE PROFESSIONNALISME

Le pouvoir de contrôle existait déjà, sous l'empire de la loi de 1978, mais il était considéré comme une activité quasi symbolique. Il est, en revanche, au cœur de la réforme opérée en 2004 puisque, comme on l'a vu précédemment, il constitue la réponse *a posteriori* à l'allégement des formalités *a priori*. Deux chiffres suffisent à mesurer l'évolution survenue en la matière : 2003 : 30 contrôles ; 2009 : 300. Et la tendance ne fera que s'accentuer.

Ce développement nécessaire du contrôle a impliqué un accroissement des moyens qui s'est traduit à la fois par une augmentation des effectifs consacrés à cette tâche et une professionnalisation accrue des personnels concernés. Désormais, la commission dispose d'un corps de contrôleurs de haut niveau, spécialement recrutés et formés à cet effet. Et chacun d'entre eux fait l'objet d'une habilitation spéciale du Premier ministre. Ils peuvent intervenir dans tout local aux horaires de perquisition judiciaire et le fait de s'y opposer constitue un délit d'entrave puni d'une peine d'un an d'emprisonnement et de 15 000 euros d'amende.

Il m'arrive de lire, çà et là, des critiques à l'égard de la politique de contrôle menée par notre commission, consistant principalement à déplorer son incapacité à exercer celui-ci à l'égard de l'ensemble des dispositifs informatiques installés sur le territoire national. Parfois teintées de mauvaise foi, ces critiques sont en tout cas dénuées de fondement objectif. En effet, d'une part, ceux qui les émettent se gardaient bien de le faire, curieusement, lorsque les contrôles étaient extrêmement rares ! D'autre part, comment ne pas comprendre qu'il n'a jamais été envisagé de contrôler la totalité de ces dispositifs ? Il faut rappeler ici que le nombre de déclarations auprès de nos services est, bon an mal an, de 70 000. De plus, à moins d'être singulièrement naïf, on ne peut douter qu'il en existe un nombre probablement équivalent n'ayant fait l'objet d'aucune procédure de déclaration ! Cela ne signifie pas, bien entendu, qu'ils sont clandestins mais seulement qu'ils sont irréguliers...

En tout état de cause, il y a peu de chance pour qu'un dispositif, clandestin et particulièrement menaçant pour les libertés individuelles, ait échappé à nos investigations : si cela avait été le cas, on peut supposer qu'il aurait fait l'objet de plaintes auprès de nos services. Dans ces conditions je vois mal, à moins de recruter quelques milliers de contrôleurs dans l'année à venir, comment satisfaire les esprits critiques. La situation n'est, à l'évidence, pas différente de celle des autres domaines de l'action publique dans lesquels se déploient des mécanismes de contrôle sur pièce et sur place. Croit-on que malgré tous leurs efforts, les inspecteurs de la concurrence, de la consommation et de la répression des fraudes se rendent dans l'ensemble des commerces existant en France, chaque année, et les inspecteurs du travail, dans toutes les entreprises ? J'ajoute que, dans les autres États de l'Union européenne, ou même dans le monde, aucune autorité n'est en mesure de le faire. Dans la plupart des cas, le volume des contrôles est assez proche de celui existant en France avant 2004, à l'exception de l'Espagne où l'agence en charge de la protection des données réalise deux fois plus de contrôles que la CNIL mais il faut rappeler qu'elle se consacre quasi exclusivement à cette mission. Sans compter que la grande majorité des autorités de contrôle ne disposent d'aucun pouvoir de contrôle.

Enfin, nous attendons beaucoup d'une coopération qui s'engagera courant 2011, dans le cadre d'un protocole d'accord signé avec la DGCCRF (Direction générale de la concurrence, de la consommation et de la répression des fraudes), afin de mener des actions communes en matière de contrôle avec le service national des enquêtes dépendant de celle-ci et comprenant 70 agents spécialisés en matière de commerce électronique.

STRATÉGIES DE CONTRÔLE

Mais ce qui importe véritablement, ce n'est pas tant le nombre des contrôles que la qualité de la stratégie mise en œuvre en la matière.

Chaque année la commission adopte un programme de contrôles, élaboré par la direction compétente. Révisé, si nécessaire, à mi-parcours, celui-ci est établi grâce aux « sonars » dont nous disposons.

Le service des plaintes est évidemment le premier prescripteur puisqu'il en reçoit plusieurs milliers par an, émanant du personnel des entreprises, des collectivités locales et des administrations territoriales et centrales, mais aussi des usagers et de leurs clients. Le critère résidera tantôt dans le caractère symptomatique d'une plainte semblant soulever une problématique nouvelle, tantôt dans le volume des plaintes issues d'un même secteur d'activité, tantôt encore dans le caractère particulièrement grave des éléments portés à la connaissance du service, à l'égard des droits et libertés des personnes concernées.

Environ 25 % des contrôles sont effectués dans le cadre de l'instruction des plaintes. 10 % sont diligentés à la suite d'initiatives prises en réaction à un événement survenu dans l'actualité. Cette capacité à déclencher un contrôle quasiment dans l'heure est évidemment essentielle à la crédibilité de l262a commission. Tel fut le cas, en octobre 2010, le lendemain matin de la parution dans le journal *Le Monde* d'informations relatives à la supposée existence d'un fichier « Mens », traitant de données concernant les Roms au sein de la gendarmerie. On comprend qu'il peut être déterminant d'intervenir très vite de façon à éviter la disparition d'éléments susceptibles de démontrer le non-respect des règles en vigueur ou lorsqu'une situation présente un caractère d'urgence vis-à-vis des droits des personnes.

15 % de ces contrôles font suite à des décisions de la formation contentieuse de la commission. En effet, il y a là comme une logique de suivi. Il s'agit de vérifier sur place si, par exemple, les exigences formulées par la formation contentieuse dans le cadre d'une mise en demeure sont effectivement satisfaites. Il peut même s'avérer nécessaire d'effectuer un contrôle, quelque temps après qu'une sanction est tombée, parce que nos services de contrôle ou de gestion des sanctions « reniflent » quelque chose.

50 % des contrôles restants sont consacrés à la réalisation du programme annuel élaboré par la direction compétente et soumis, en début d'année, à l'approbation de la commission. Révisé si nécessaire à mi-parcours, il est établi grâce aux « sonars » dont nous disposons. Tout d'abord, grâce aux relations quotidiennes de notre service des correspondants Informatique et Libertés (CIL) avec le réseau implanté sur l'ensemble du territoire, au sein de multiples structures, et avec leur représentation associative, nous suivons l'évolution des différents modes de fonctionnement du monde informatique et sommes ainsi en mesure de déceler des orientations, des tendances, voire des dérives qui se font jour et qui nécessitent qu'on aille y voir de plus près.

De même, notre service d'expertise technologique est aussi en capacité de repérer et d'analyser la mise en œuvre de nouvelles applications technologiques : système Bluetooth dans les couloirs de métro, Smartgrid au domicile des particuliers, géolocalisations diverses et variées, couplages vidéo/biométrie, etc.

Des informations extrêmement précieuses relatives au fonctionnement des fichiers régaliens peuvent aussi nous être rapportées par le service chargé du droit d'accès.

UN RÉEL POUVOIR DE SANCTION

Cependant l'efficacité de nos contrôles ne dépend pas exclusivement de la pertinence des analyses qui amènent à les déclencher ni de la compétence de ceux qui les réalisent sur place. En effet, le contrôle peut entraîner des sanctions contre les responsables de traitement de données qui n'auraient pas respecté les principes fixés par la loi Informatique et Libertés. C'est là l'un des apports essentiels de la loi de 2004 : notre commission est désormais dotée d'un réel pouvoir de sanction sans lequel le pouvoir de contrôle ne serait qu'une gesticulation.

Mise en demeure, avertissement pouvant être rendu public ou non, publié dans la presse selon le cas, verrouillage de données, injonction de cesser le traitement, sanctions pécuniaires pouvant aller jusqu'à 150 000 euros et 300 000 en cas de récidive (dans la limite de 5 % du chiffre d'affaires pour les entreprises), destruction du système informatique selon une procédure évidemment très spéciale puisqu'elle exige l'intervention du Premier ministre, on le voit c'est une panoplie très complète qui est ainsi mise à la disposition de la formation contentieuse de la commission, présidée par le président et composée des deux vice-présidents et de trois autres membres élus par leurs pairs. Le président dispose, en outre, d'un pouvoir spécifique lui permettant, en cas d'atteinte grave et immédiate aux droits de l'homme et à l'identité humaine ainsi qu'aux libertés individuelles et publiques, de demander par la voie du référé, à la juridiction compétente, d'ordonner toute mesure de sécurité nécessaire à leur sauvegarde. Ces sanctions sont, bien sûr, soumises au contrôle du Conseil d'État. De plus, le président de la commission conserve le pouvoir de transmettre tel ou tel dossier au parquet aux fins de poursuite pénale s'il considère que les intérêts en jeu le justifient. Mais on sait que celui-ci n'est pas lié par cette demande…

LE SYMBOLISME DE LA ROBE ET LA PÉDAGOGIE DE LA SANCTION

Il a fallu quelques mois pour maîtriser ce « nouveau métier ». D'autant que le nombre de procédures est passé de 0 à 200 en quatre ans ! C'est ainsi que nous avons été amenés à mettre en place une procédure contradictoire publique dans le cadre de laquelle interviennent bien souvent les avocats. Il s'agit de motiver les décisions comme des jugements, de défendre celles-ci lorsqu'elles font l'objet d'un recours et, bien entendu, de respecter les délais de signification aux parties.

Une évolution symbolique peut servir d'indice de cette professionnalisation, ou plutôt de la « juridictionnalisation » progressive de la commission : dans les premiers temps, les représentants des entreprises ou des collectivités locales concernées ne se rendaient pas à nos convocations puis, quelques mois plus tard, ils prirent conscience de ce qui s'y passait et se résolurent à y assister. Après quelques mois encore, ils se présentèrent accompagnés de leurs avocats qui, enfin, apparurent, revêtus de leur robe !

Inutile de préciser que, durant cette période, nous avons pu vérifier l'« effet pédagogique » produit par les premières décisions contentieuses, et ce, quel que soit le secteur d'activité concerné. De ce point de vue, les organisations professionnelles, les CIL mais aussi, bien sûr, les avocats ont joué un rôle déterminant.

Pour l'avenir, il sera nécessaire, d'une part, de poursuivre l'effort de professionnalisation de la structure contentieuse et, d'autre part, de confirmer et accentuer une orientation nouvelle mise en œuvre depuis deux ans environ : faire en sorte que les contrôles s'étendent réellement à l'intégralité du territoire. Fin 2010 plus aucun département métropolitain ne bénéficie du curieux privilège de n'avoir jamais fait l'objet de contrôle. Il faut intensifier cette action.

S'il fallait définir un objectif chiffré, en la matière, pour la prochaine décennie, il me semble que l'on pourrait se fonder sur une comparaison avec l'exemple espagnol, corrigé en fonction de nos options stratégiques respectives (on sait que, pour notre commission, il s'agit d'un élément essentiel mais non exclusif) et de la prise en considération de nos différences démographiques. Dans ces conditions, on pourrait fixer à environ 800 le nombre des contrôles qui devraient être, à échéance 2017-2018, réalisés chaque année (pour un peu plus de 300, cette année). Cette option paraît raisonnable car l'évolution souhaitée ne peut être que progressive dans la mesure où elle exige, bien sûr, un accroissement sensible de l'effectif du service des contrôles mais aussi, en corollaire, des services de gestion du contentieux, d'analyse juridique et d'expertise technologique.

Un nouvel atout : le correspondant Informatique et Libertés (CIL)

Si elle existe depuis trente-neuf ans en Allemagne, l'institution du correspondant Informatique et Libertés (CIL) est une véritable nouveauté dans l'ordonnancement juridique français. Rapporteur de la commission des lois du Sénat sur le projet de loi de réforme, en 2004, j'ai souhaité introduire cette innovation dans notre système de protection des données parce que, notamment, les expériences allemande, néerlandaise et suédoise montraient qu'il s'agissait d'un dispositif souple, léger et efficace. Lorsque j'ai proposé cette formule au garde des Sceaux chargé de défendre le texte, Dominique Perben, alors que la question n'avait fait l'objet d'aucune analyse, en première lecture, à l'Assemblée nationale, sa réaction a été mesurée : il ne s'y est pas opposé car il jugeait l'expérience intéressante mais il y a fixé une limite, en proposant que cela soit une faculté et non une obligation. Pour ma part, ayant examiné en détail le mécanisme allemand qui, lui, est obligatoire (avec toutefois un seuil minimal), je pensais que l'on devait aller plus loin. Mais, constatant qu'un certain nombre de parlementaires se montraient réservés, j'ai alors considéré qu'il pouvait s'agir d'un compromis acceptable pour les quelques années à venir.

Ainsi, tout responsable d'organisme, quelles que soient sa vocation et sa structure juridique (entreprise, administration, association, etc.), peut désigner un CIL parmi les membres du personnel. Toutefois, de façon à prendre en compte la disparité de moyens entre ces organismes, le décret d'application de 2005 fixe un seuil de 50 salariés ayant accès au système informatique en deçà duquel il est possible d'externaliser ou de mutualiser cette désignation. En pratique, cela signifie qu'une commune peut se regrouper avec d'autres dans le cadre d'une communauté ou d'un syndicat ou d'une association de maires pour la prise en charge du CIL. Il en est de même, bien sûr, pour des entreprises qui peuvent se regrouper, par exemple, dans le cadre d'un syndicat professionnel. Le point assez sensible, aux yeux de la profession, de savoir s'il était possible qu'un avocat exerce cette mission a été réglé de façon positive, à l'instar de ce qui se passe en Allemagne. À ce jour plus de 7 000 organismes se sont dotés d'un CIL. Et chacun est en train de prendre conscience qu'il s'agit là, en réalité, d'un nouveau métier. D'ailleurs, au sein de diverses universités et écoles se développent des formations spécialisées multidisciplinaires adaptées aux besoins de ces organismes. De plus, la CNIL dispense des formations deux fois par mois aux CIL.

L'ÉTAT RÉCALCITRANT

Fait surprenant, la très grande majorité des désignations concerne les entreprises et ce n'est que très récemment qu'un mouvement favorable en la matière s'est dessiné au sein des collectivités locales. Plus surprenant encore, on note une très forte réticence de la part des administrations centrales, et même, dans certains cas, une hostilité manifeste, difficile à comprendre quand on mesure les progrès accomplis dans la prise en considération de l'impératif de la protection des données dans les processus de décision au sein des entreprises dotées d'un CIL. Nous avons même entendu, lors du débat, au Sénat, relatif à la proposition de loi Detraigne-Escoffier, le 23 mars 2010, le secrétaire d'État à la Justice déclarer expressément que « le gouvernement n'entendait pas désigner de correspondant dans les services déconcentrés de l'État » ! Et à une question parlementaire écrite que je lui posai à ce sujet, le garde des Sceaux répondait, en janvier 2011, en justifiant ce refus par le fait que « le CIL doive assurer d'une manière indépendante le respect des obligations prévues par la loi Informatique et Libertés remet en cause l'exercice du contrôle par son supérieur hiérarchique ». Comme si le pouvoir hiérarchique n'existait pas dans les sociétés...

LA CRÉDIBILITÉ DU CIL

Lors de la publication du décret d'application, la commission a pris, et tenu, deux engagements à l'égard des organismes souhaitant désigner un CIL : garantir un traitement prioritaire et rapide de leurs demandes de façon à assurer leur crédibilité au sein de leur structure, ce qui a été réalisé par la création d'un service exclusivement consacré à la gestion de nos relations avec les CIL ; proposer une formation aux CIL nouvellement désignés, soit une trentaine de journées chaque année, généraliste ou spécialisée selon les cas. Cette action était indispensable si nous voulions que les CIL soient en mesure d'accomplir la première tâche qui leur incombe dès leur désignation – dresser l'inventaire des traitements existant au sein de la structure, proposer des solutions aux problèmes découverts à cette occasion et gérer la mise en œuvre de nouveaux traitements. Cette dernière mission sera d'ailleurs grandement facilitée puisque, sous réserve de certaines exceptions (par exemple, les traitements, tels qu'un dispositif biométrique, nécessitant une autorisation), la structure dotée d'un CIL sera dispensée de la procédure de déclaration. Cet avantage en termes de souplesse, de simplicité et d'économie de moyens n'empêche pas notre commission de conserver, bien entendu, son pouvoir de contrôle. Enfin, dans bien des cas on observe que le CIL joue également un rôle de référent et de formateur.

Dans l'année qui suivit la publication du décret un débat récurrent vint troubler quelque peu les esprits, à propos de la responsabilité du CIL. Sur le plan doctrinal, la question est peut-être intéressante. Les textes prévoient un mécanisme qui peut être actionné lorsque se pose un problème quant aux conditions dans lesquelles un CIL est amené à accomplir ses missions. Mais il faut se garder de verser dans le byzantinisme juridique et admettre qu'un équilibre doit nécessairement être trouvé entre les exigences de la loi de 2004 et celles de la législation du travail car il faut tout de même rappeler que le CIL est soumis à une hiérarchie au sein de l'organisme considéré. Je précise d'ailleurs qu'en pratique, sur les quelque 7 000 organismes dotés d'un CIL, nous n'avons relevé, en quatre ans, qu'un seul problème de cet ordre.

Pour résumer, le sens profond de l'institution du CIL est le suivant : elle permet, aujourd'hui, de diffuser quotidiennement, au sein de plusieurs milliers d'entreprises et de collectivités, ce que nous appelons la « culture de la protection des données personnelles », dans un monde soumis à la pression des technologies du numérique. Et tout cela a été mis en place en l'espace de quatre ans. Cette remarque à l'intention des esprits grincheux qui, à peine avais-je déposé mon amendement tendant à créer le dispositif, m'accusaient de brader ainsi les principes de la protection des données ! Probablement eût-il été préférable à leurs yeux que l'on en restât exclusivement soit au seul rôle de conseil, soit au rapport contrôleur/contrôlé…

CONFORTER LES CIL

Pour l'avenir, trois priorités peuvent être dégagées. D'abord, il s'agit de poursuivre nos efforts pour faire en sorte que tous les grands secteurs d'activité insèrent ce mécanisme dans leur stratégie de développement. Cela est tout particulièrement vrai pour le secteur bancaire qui, curieusement, est à la pointe de l'action en matière de contrôle de conformité mais se montre frileux vis-à-vis de ce dispositif. Il sera nécessaire également d'entamer un dialogue avec l'exécutif pour essayer de comprendre les raisons qui justifient son refus d'en doter les administrations de son ressort.

Deuxième priorité : accentuer nos efforts de sensibilisation des CIL à la problématique des technologies numériques et donc aux questions posées par toutes les formes de traçage des personnes en milieu professionnel.

Enfin devra être tranchée la question du caractère facultatif des CIL. La proposition de loi Detraigne-Escoffier, déposée sur le bureau du Sénat, fin 2009, prévoyait cette obligation pour les organismes dont plus de 50 salariés ont accès aux traitements informatiques. En commission des lois, un amendement a été adopté afin d'étendre cette obligation à tout organisme mettant en œuvre un traitement soumis à autorisation. On ajoutait ainsi un critère fondé sur la sensibilité du traitement à celui relatif à la taille de l'organisme concerné. Lors de l'examen en séance, en février 2010, les deux critères alternatifs ont été retenus, mais le seuil a été porté à 100 salariés. C'est une solution de compromis qui mérite d'être approfondie pour le cas où cette proposition de loi serait inscrite à l'ordre du jour de l'Assemblée nationale… Quoi qu'il en soit la question devra être réexaminée puisque dans le cadre des travaux préparatoires à la révision de la directive européenne de 1995, il est envisagé de rendre obligatoire ce mécanisme, sur le modèle allemand.

Évaluation, veille et expertise

Troisième engagement fort dans la ligne de la réforme de 2004 : la constitution d'un service capable de permettre à la commission d'assurer son rôle de veille et de prospective technologique mais aussi de tenir son rang dans le dialogue permanent avec les grandes institutions et sociétés en charge du développement numérique. Et ce, alors que l'intervalle de temps séparant l'apparition d'une nouvelle application et son exploitation industrielle et commerciale se réduit sans cesse.

UN SERVICE D'EXPERTISE TECHNOLOGIQUE

Dans un premier temps, cela a consisté à créer un service d'expertise technologique (quasiment le seul, en Europe, à ce jour). Composé de 9 ingénieurs experts de haut niveau, il a pour première mission d'analyser les dossiers de formalités préalables et les demandes de conseils relatifs aux NTIC, notamment sous l'angle des mesures de sécurité. Il doit également, par le recours à des démonstrations, des rapports, des présentations, donner aux commissaires, en séance, les éléments indispensables, sur le plan technique, à l'analyse des questions de finalité et de proportionnalité. Il assure aussi la « visibilité technique » de la commission en développant des relations avec les industriels, les prestataires techniques et les opérateurs, en participant à des projets de recherche et de standardisation. Cela implique, on s'en doute, une forte implication sur le plan international.

Et ce service d'expertise technologique est, bien entendu, en première ligne dans la mise en œuvre d'une politique de labellisation, dernier axe de mise en œuvre de la nouvelle donne issue de la loi de 2004.

UNE POLITIQUE DE LABELLISATION

La possibilité, pour la commission, de délivrer des labels, à la demande d'organisations professionnelles ou d'institutions regroupant principalement des responsables de traitement de données a été ouverte par la loi de 2004. Cinq ans plus tard, le décret d'application permettant de mettre en œuvre ce nouveau pouvoir n'était pas encore publié... En mai 2009, le législateur a introduit une souplesse supplémentaire dans les dispositions de la loi de 2004 en précisant que le président de la commission pouvait, lorsque la complexité du produit ou de la procédure susceptible d'être labellisé le justifiait, « recourir à toute personne indépendante qualifiée pour procéder à leur évaluation ». Pourvu de ce mécanisme, il devenait possible, pour la commission, d'engager cette nouvelle politique, même en l'absence de décret, dès lors que notre règlement intérieur fixerait le périmètre et les modalités pratiques du processus de labellisation.

Le champ d'application possible de celui-ci est extrêmement large. Après un travail en interne et en liaison avec divers organismes tels que l'Agence nationale de la sécurité des systèmes d'information (ANSSI), le Comité français d'accréditation (COFRAC) et, bien sûr, le ministère des Finances, notre commission a considéré, en mai 2010, qu'il pouvait recouvrir cinq secteurs :

- Des produits. Le label pourrait identifier et valoriser des logiciels, applications ou systèmes. Pourrait être concerné, par exemple, un mécanisme permettant de désactiver automatiquement une étiquette RFID dès qu'elle n'est plus utile à son propriétaire.
- Des sites Internet, mettant en œuvre un haut niveau de protection, pourraient être ainsi labellisés.
- L'organisation de l'entreprise. Il s'agirait de procéder à des audits afin de labelliser des procédures internes conformes à la loi, à l'instar de ce qui se fait en matière de certification ISO.

- La validation de méthodologies des audits Informatique et Libertés mis en œuvre par des sociétés de service ou des cabinets d'avocats.
- Des formations, dispensées par des établissements d'enseignement supérieur, en matière de protection des données.

On devine que les enjeux de cette politique de labellisation sont cruciaux, notamment pour le cadrage des applications susceptibles de permettre des mesures de traçage des personnes. Notre démarche doit donc être rigoureuse et progressive car un échec, en la matière, aurait des conséquences désastreuses à la fois sur la protection des données et de la vie privée, et sur le développement concurrentiel des entreprises françaises. Nous avons donc choisi de traiter, dans un premier temps, d'une part, les applications relatives aux audits, dans la mesure où nous disposons déjà d'une expérience en matière de contrôle pour procéder à l'évaluation de ces processus, et, d'autre part, aux formations compte tenu de notre expérience en matière de formation des CIL (ainsi que nos collaborations permanentes avec des établissements de formation).

Objectif : être opérationnel avant la fin de l'année 2011. Entre-temps diverses actions devront avoir été menées à bien : consultation des parties intéressées, élaboration de référentiels, conception des contrôles *a posteriori*, analyse financière, refonte du règlement intérieur de la commission, communication, expérimentation !

JOUER UN RÔLE DE VIGIE

Second temps, fin 2010, nous avons pris la décision de créer, au sein de la commission, une nouvelle « direction des études, de l'innovation et de la prospective », opérationnelle depuis janvier 2011. Nous avions, bien entendu, depuis quatre ou cinq ans, pris la mesure du mouvement d'accélération que suivait l'innovation technologique dans le domaine du traçage des personnes, mais l'année 2010 a été marquée par une véritable explosion des applications mettant en œuvre des processus de géolocalisation des personnes et des biens. Il fallait donc doter la commission d'une structure exclusivement consacrée à la réflexion portant sur les scénarios du futur, et qui doit, pour ce faire, échapper à l'emprise du quotidien (dont il n'est pas question, pour autant de se désintéresser puisqu'il s'agit de la protection de la vie privée de nos concitoyens aujourd'hui). Cette direction s'appuiera, bien sûr, sur le service d'expertise technologique, mais elle disposera de deux atouts qui constituent des innovations sur le plan de l'organisation de la commission.

D'une part, elle disposera d'un budget « autonome », ce qui lui permettra de développer un programme d'analyse prospective, sur la base de contrats d'étude, en faisant appel à des compétences spécifiques et « pointues » dans le domaine technologique, bien entendu, mais aussi en matière de sciences humaines. D'autre part, est créé, au sein de cette nouvelle direction, un laboratoire doté de moyens informatiques dédiés (c'est-à-dire non reliés au système d'information de la commission) : serveur indépendant du réseau CNIL relié à Internet, imprimantes notamment 3D, iPhones et smartphones dernière génération, iPad 3G, bornes Wi-Fi. Bien entendu, ce laboratoire devra disposer, soit par acquisition, soit sous forme de prêt de matériels par les laboratoires de recherche et développement, de produits innovants (lecteurs biométriques, puces RFID dernière génération, etc.) L'objectif est de disposer des nouveaux produits le plus en amont possible de leur commercialisation afin d'en tester les fonctionnalités et ainsi être en mesure d'évaluer leur impact sur la protection de la vie privée. Dans le même temps, cette nouvelle direction sera, grâce à l'installation de ce laboratoire, en capacité de diffuser une culture technologique à l'intention tant des commissaires que de l'ensemble des équipes de la CNIL.

TOUR DE FRANCE

Fin 2008, il est apparu clairement que l'exercice des nouvelles missions imparties à la CNIL, issues de la refonte de la loi de 1978, en 2004, nécessitait une révision de ses méthodes d'action. Nous venions d'achever une première étape qui avait consisté à réorganiser, profondément, les services et le fonctionnement général de la commission et cela se traduisait par une diversification et une plus grande professionnalisation de nos métiers, ainsi qu'une célérité accrue dans la réponse à l'usager. Il était temps de tirer les leçons de l'évolution déterminante de notre commission vers des stratégies de mise en œuvre des contrôles, de création et d'animation du réseau des CIL, de création et de développement du service d'expertise technologique. Parallèlement, notre activité de conseil auprès des administrations, des entreprises, des collectivités locales et des particuliers ne faisait que s'accroître. Dès lors, un second volet devait être engagé consistant à reconsidérer les modalités de nos interventions en les rapprochant géographiquement des lieux mêmes où sont gérés les traitements de données. Puisque les instruments informatiques se sont généralisés et se sont diffusés sur l'ensemble du territoire, notre commission devait s'adapter en se déconcentrant afin d'améliorer la qualité du service rendu et renforcer l'efficacité de son action. Rappelons que si, en 2003, 85 % des décisions portaient sur le secteur public, en 2008, 85 % des délibérations concernaient le secteur privé et ce, non pas par un effet d'inversion et de substitution mais par accumulation. Ce qui signifie donc un accroissement considérable du volume d'activité (68 délibérations en 2003, 1 500 en 2010).

Ma conviction en la matière s'est forgée peu à peu, au fil des étapes de notre « tour de France ». En effet, depuis 2005, environ quatre à cinq fois par an, je me rends, accompagné d'une équipe de la commission, dans une région pour deux ou trois jours. À ce jour, 22 d'entre elles ont été visitées. C'est, pour nous, l'occasion de rencontrer les acteurs du monde informatique : entreprises à la chambre de commerce, enseignants et chefs d'établissements au rectorat, médecins et chercheurs au CHR, administration préfectorale, collectivités locales, associations de maires, barreau, magistrats, etc. Chaque fois nous mesurons à quel point serait justifiée une présence permanente sur place

SE RAPPROCHER DU TERRAIN

Nous avons donc proposé au Premier ministre un plan visant à créer 5 ou 6 délégations interrégionales en dehors de l'Île-de-France en une dizaine d'années. Cela nous aurait d'ailleurs rapprochés de la situation de nos homologues, de taille comparable, telles que les autorités allemande, britannique ou espagnole bénéficiant déjà d'une structure déconcentrée.

Nous attendions de cette réforme une amélioration sensible du service rendu aux usagers dans la plupart de nos domaines d'action, et d'abord la gestion du réseau des 7 000 CIL (entreprises, collectivités locales et, dans une bien moindre mesure, les administrations). On comprend aisément que les contacts avec la commission et les formations organisées par celle-ci à leur intention gagneraient à être « délocalisés ». De même, s'agissant de la mission de conseil et d'expertise auprès des entreprises et des collectivités locales, on entrevoit le progrès que l'on pourrait attendre de cette réforme, et ce d'autant plus que la compétence de la commission en labellisation doit se développer. La même remarque peut être faite à propos des plaintes des citoyens qui pourraient être reçues et traitées sur place. Il en est de même en ce qui concerne l'exercice des missions de notre service des contrôles qui est en permanence « sur le terrain » et qui pourrait ainsi disposer de relais locaux. Dans ces diverses hypothèses, on voit bien que notre action deviendrait à la fois moins coûteuse et plus efficace.

Pourtant, si nous avons rencontré l'intérêt des services du Premier ministre à ce sujet, nous n'avons pas obtenu le soutien recherché. Deux raisons à cela, me semble-t-il. D'abord une conjonction néfaste a joué contre nous dans la mesure où cette proposition était formulée de façon à peu près concomitante avec notre projet de financement « à l'anglaise » qui, lui-même, n'a pas, en définitive, reçu le soutien escompté. Or, dans mon esprit, il s'agissait de deux questions qui devaient être traitées de manière distincte puisqu'il est tout à fait possible d'assurer le financement de ce projet de déconcentration grâce à une augmentation du budget annuel classique. Ensuite, il faut relever que règne, au sein de nos administrations, depuis quelque temps, et à commencer par Bercy, une forte tendance à revenir sur l'évolution de ces trente dernières années en faveur de la décentralisation et de la délocalisation. « Ce n'est pas dans l'air du temps », m'a-t-on répondu à plusieurs reprises. Tout cela est bien dommage car s'il est un domaine dans lequel une telle évolution se justifiait c'était bien le nôtre.

Cependant, d'une part, le Premier ministre, je dois le reconnaître, a décidé de nous « donner un coup de main » supplémentaire significatif, dans le cadre de l'examen du budget 2010, précisément pour faire face aux dépenses liées au développement des contrôles, de l'expertise technologique et du réseau des CIL sans pour autant recourir à la délocalisation. D'autre part, ce projet, tout comme celui du « financement à l'anglaise » n'est que gelé, à nos yeux, car, le temps passant, les réalités nous en confirment chaque jour le bien-fondé. D'ailleurs, à de nombreuses reprises, lors d'auditions devant des commissions ou des missions parlementaires, le sujet a refait surface et, chaque fois, nos interlocuteurs ont clairement manifesté leur intérêt.

Les relations avec le Parlement

La relation existant entre le Parlement et notre commission est d'une nature très différente de celle que nous entretenons avec le gouvernement. Cela se comprend très bien dans la mesure où le contrôle des fichiers gérés sous la responsabilité des ministres est au cœur de sa mission. Ce qui n'est évidemment pas le cas vis-à-vis du Parlement. De plus la question de l'indépendance à leur égard ne se pose pas du tout de la même façon. La Cour de justice de l'Union européenne a d'ailleurs pris position très clairement sur ce point dans son arrêt de mars 2010. Elle a en effet jugé que les autorités de contrôle chargées de la protection des données personnelles des États membres devaient être soustraites à toute influence de l'État, qu'il s'agisse d'influence politique, de contrôle d'opportunité, de contrôle de légalité ou hiérarchique, susceptible d'orienter leurs décisions et d'entraver l'exercice de leurs fonctions. Elle a, en revanche, précisé que cela n'impose pas à ces États membres l'absence de toute influence parlementaire.

UNE EXCROISSANCE ADMINISTRATIVE ?

L'une de mes plus grandes surprises lorsque j'ai été élu président de la commission (et il y en a eu quelques-unes…) fut de constater l'absence quasi totale de rapports entre celle-ci et les assemblées. Ceux-ci se limitaient à peu près à la présentation solennelle à leurs présidents, conformément à la loi, de notre rapport annuel. Et, il faut bien le dire, si ces derniers marquaient leur intérêt à cette occasion, cela n'avait guère de suite. Quant aux parlementaires, dans leur immense majorité, ils voyaient la CNIL comme une mystérieuse excroissance de l'administration dont la vocation principale était d'empêcher les choses de tourner rond et qui méritait d'être fermement remise à sa place. Place que personne ne semblait d'ailleurs être en mesure de définir...

Il y avait donc là un immense travail de redéfinition de notre vocation et d'information à accomplir. Et nous partions de loin.

UNE PRISE DE CONSCIENCE PROGRESSIVE

Une anecdote personnelle permettra de mesurer combien la perception de la commission par les parlementaires a évolué au fil des ans.

Je suis entré à la CNIL par le plus grand des hasards, presque à mon corps défendant, en octobre 1992. Je venais d'être élu au Sénat, quelques jours plus tôt, et je me présentais, avec quelques minutes de retard, à la deuxième séance de la commission des lois lorsque, ayant à peine gagné ma place, je fus saisi par un tonnerre d'applaudissements. Peut-être avais-je jeté un regard derrière moi, cherchant le collègue à qui ils s'adressaient, ou mes yeux s'étaient-ils écarquillés, en tout cas voici que les rires succédaient aux applaudissements... Je demandai au président de la commission ce qui me valait un tel accueil.

« Vous venez, cher collègue, d'être élu à la CNIL ! me lance-t-il, l'air goguenard.

— Mais je n'étais pas candidat !

— Précisément, me rétorque-t-il, c'était là votre première qualité... »

À l'issue de la séance, il m'entraîne vers son bureau et, avec une grande courtoisie, il m'explique que le bureau de la commission avait grand-peine à trouver un candidat pour le poste. « Alors il faut bien que quelqu'un se dévoue, n'est-ce pas ? Or vous n'étiez pas là pour vous défendre, ajoute-t-il, le regard rieur. Vous êtes le benjamin de la commission, vous enseignez le droit public, tout cela a joué en votre faveur ou… contre vous, c'est selon… » Je lui confie ma parfaite ignorance des questions touchant à l'informatique, même si je devine que, sous l'angle des libertés publiques, il devrait être possible de trouver un point d'accroche, mais il a réponse à tout : « Vous n'y connaissez rien, comme nous tous, mais ne vous inquiétez pas, vous y allez et dans un an ou deux je vous trouve un remplaçant. »

Second épisode : 2008-2009. Lors du dernier renouvellement des parlementaires, plusieurs candidatures ont été soutenues sur chaque poste à la CNIL, au sein de chaque chambre. Au Sénat, pour la première fois, un représentant de l'opposition a été élu par la commission compétente. Voilà qui démontre l'intérêt qui s'attache, désormais, sur le plan politique, à cette procédure de désignation. Mieux encore, l'une des personnalités qualifiées, désignée par l'exécutif, est un sénateur.

Entre-temps trois facteurs ont favorisé la prise de conscience par les parlementaires de l'importance grandissante de la problématique relative à la protection des données personnelles, sous la pression des événements, des avancées technologiques sur le champ de la vie quotidienne, mais aussi, je crois, grâce à la politique d'information que nous avons développée, depuis 2006, à leur intention.

La pression des événements constitue le premier facteur. Il s'agit essentiellement, nous l'avions indiqué plus haut, de la vague législative d'origine gouvernementale, survenue en France, comme dans de nombreux autres pays, à la suite des attentats terroristes de New York, Londres et Madrid. Elle s'est d'ailleurs étendue à l'ensemble de la problématique de la sécurité collective et individuelle : lutte contre toutes formes de criminalité et de délinquance. Ainsi, en l'espace de neuf ans, « selon nos estimations », ce n'est pas moins d'une trentaine de fichiers qui ont été créés.

Le deuxième facteur réside dans l'appropriation par la sphère publique de l'ensemble des applications technologiques évoquées dans les chapitres précédents ; biométrie, vidéosurveillance, géolocalisation, usages d'Internet, etc. Cela ne concerne d'ailleurs pas exclusivement le champ d'action de la politique nationale de sécurité puisque l'on assiste à de puissants développements dans le domaine de la politique sociale et de la santé publique, ainsi que de l'« administration électronique ».

Dans le même temps, troisième facteur, notre commission a conçu et mis en œuvre une politique d'information en direction du Parlement. Nous avons adopté une posture « proactive » consistant à ne pas nous contenter de répondre aussitôt, chaque fois que les commissions parlementaires, les missions, les délégations aux Affaires européennes, l'Office d'évaluation, souhaitent nous entendre, mais à demander à être entendus sur telle ou telle question d'actualité, telle évolution législative en préparation. De même, dans le cadre de notre mission de veille technologique, chaque fois qu'une application technologique nouvelle, susceptible d'avoir des répercussions sur l'exercice de leurs libertés par nos concitoyens, apparaît dans le radar de notre service d'expertise, nous nous efforçons d'en faire part immédiatement aux commissions compétentes. Au risque de manquer de modestie au nom de la CNIL, je crois pouvoir dire que la prise en considération de l'ensemble de la problématique du traçage des personnes et du « droit à l'oubli », doit beaucoup à cette dynamique.

Cette action est complétée par de nombreux contacts informels mais réguliers avec les parlementaires, les auditions devant les groupes parlementaires, ainsi que la publication d'une « Lettre aux parlementaires » quasi bimestrielle. Et nous sommes fortement encouragés dans cette orientation par la multiplicité des réactions de parlementaires de tous horizons suscitées par ces diverses initiatives ainsi que par le nombre croissant de questions parlementaires déposées au sein des deux assemblées.

En revanche en tant que structure, officiellement saisie de certains projets de loi avant leur examen par le Parlement, la commission s'est trouvée placée dans une situation très inconfortable.

EN FINIR AVEC LA CULTURE DU SECRET

Les faits sont les suivants. La commission rend un avis, en avril 2008, sur le projet de loi dit « Hadopi » – sujet particulièrement sensible – que lui a transmis le gouvernement. Son statut, à l'époque, lui interdit la publication de cet avis. Dès lors, je me vois contraint de refuser de le communiquer à mes collègues sénateurs, y compris au rapporteur chargé du projet ! (De surcroît, un quotidien publiera plus tard le texte qu'il s'est procuré grâce à une fuite émanant soit de l'administration en charge du projet, soit de la CNIL). La situation est incongrue et choquante puisque les parlementaires doivent débattre du texte en sachant que la CNIL a rendu un avis détaillé sur celui-ci sans qu'ils puissent en prendre connaissance. Et comme l'avis du Conseil d'État sur ce même texte n'est pas non plus rendu public, on se retrouve en présence d'une procédure fantôme.

J'ai donc attiré l'attention du Premier ministre sur l'incohérence et le déni démocratique que représentait l'application d'un tel mécanisme et déposé une proposition de loi en ce sens qui fut intégrée sous forme d'un amendement à la proposition de loi de simplification et de clarification du droit, adopté contre l'avis du gouvernement. Désormais, en vertu de la loi de simplification de mai 2009, les avis de la CNIL peuvent être rendus publics à la demande du président de l'une des commissions permanentes du Parlement.

Reste posée, dans les mêmes termes, la question de la publication des avis rendus par la CNIL sur certaines catégories de décrets. J'ai, là également, déposé un amendement, dont la finalité est analogue à celui concernant les projets de loi, à la proposition de loi Detraigne-Escoffier. Cet amendement a été adopté mais, pour le moment, l'Assemblée nationale ne s'est pas encore saisie de cette proposition de loi.

À signaler que le rapport, déjà cité, du Comité d'évaluation des politiques publiques propose à la fois la généralisation de la publicité des avis sollicités par le gouvernement sur les projets de loi et son instauration pour les avis rendus par la CNIL sur tous les décrets pris « après avis de la CNIL ».

MALENTENDUS

Les choses peuvent se présenter sous un jour très complexe. Il nous arrive de demander au Parlement de se saisir d'une question parce que après avoir envisagé toutes les évolutions possibles, dans le respect du droit applicable, nous ne voyons pas d'issue. Parfois, nous sommes mis en porte à faux, lorsque, par exemple, face à des revendications émanant de particuliers, d'organisations professionnelles ou d'associations, des parlementaires invoquent la fameuse « position de la CNIL » qui les placerait dans l'impossibilité de donner une issue positive à la requête qui leur est soumise, oubliant un peu vite que la commission n'a jamais eu pour mission que d'appliquer les textes en vigueur et qu'il revient exclusivement au Parlement de les modifier s'il le juge utile… Et que la commission mettra, aussitôt, en œuvre les dispositions nouvelles. Tel est le cas, par exemple, lorsqu'un événement surgit dans l'actualité et relance la controverse relative à la lutte contre la fraude dans les domaines fiscal et social. « LA » solution résiderait dans la mise en œuvre d'interconnexions entre fichiers mais voilà… « la CNIL s'y oppose par principe ». Or, d'une part, celle-ci a, depuis sa création, autorisé plus de trente interconnexions de fichiers et, d'autre part, des traitements de données existent déjà pour largement répondre à ces préoccupations, mais ils ne sont pas activés… De même, chaque fois que se ranime le débat relatif à la « discrimination positive », et à l'éventualité de l'introduction dans notre droit positif d'un référentiel ethnoracial, nous entendons des parlementaires regretter que la « doctrine de la CNIL » empêche toute évolution, en cette matière, qui serait à même de régler définitivement la question.

Si j'avais la naïveté de croire que ces prises de position ne doivent rien aux nécessités de l'action politique, je dirais que mes collègues parlementaires se sous-estiment largement en pensant qu'une simple autorité administrative indépendante pourrait imposer ses vues au pouvoir législatif.

Il nous arrive, en d'autres circonstances, d'avoir le sentiment d'être dans une impasse, lorsque, conscients du fait que, sur tel sujet, la réponse que nous apportons à nos concitoyens ou à des organismes représentatifs n'est pas satisfaisante, nous analysons toute voie possible et finissons par nous heurter à un obstacle juridique insurmontable. Tel est le cas, par exemple, avec le « fichier domiciliaire » réclamé par un grand nombre de maires, avec les centrales de crédit (fichiers dits « positifs »), ou l'utilisation du NIR (numéro d'immatriculation sociale). Cette fois, nous agissons dans un jeu renversé par rapport aux cas précédents puisque nous sommes alors bien obligés de justifier notre position, cruellement taxée d'immobilisme, en renvoyant les intéressés vers le Parlement qui, lui, a le pouvoir de changer la donne juridique.

CARAMBOLAGES, DOUBLONS ET CHEVAUCHEMENTS

La révision constitutionnelle de juillet 2008 et, notamment, les dispositions relatives à l'ordre du jour des assemblées (article 48) ont pour effet d'accroître sensiblement la part prise par celles-ci dans l'activité législative. Dans le domaine de la protection des données, on constate que, de tous côtés, sont prises des initiatives qui, dans leur grande majorité, sont porteuses de progrès. Ainsi, actuellement, pas moins de quatre textes sont susceptibles d'intervenir sur le même champ : le projet de loi d'orientation et de programmation pour la performance de la sécurité, dit Loppsi, la proposition de loi relative aux fichiers de police (Batho/Benisti – Assemblée nationale), la proposition de loi visant à mieux garantir le droit à la vie privée à l'heure numérique (Detraigne/Escoffier – Sénat), la proposition de loi de simplification et d'amélioration de la qualité du droit (Warsmann – Assemblée nationale). Cela sans compter les textes qui peuvent modifier le droit existant, dans le domaine Informatique et Libertés, de manière ponctuelle.

Qui se plaindrait d'une telle mobilisation en faveur de la protection des données ? Personne. Sauf que, parfois, cette effervescence produit des effets inattendus. En effet, si, prenant en compte le déroulement de la procédure législative, on envisage les hypothèses de croisement, de succession, et de déroulement parallèle des lectures devant chaque assemblée, on comprend aisément que des contradictions peuvent surgir, mais aussi des reprises identiques non concertées. Le risque peut également être celui de l'enlisement ou du contournement. Ce peut être le cas lorsqu'une commission, saisie d'un texte, renonce au maintien de certaines dispositions parce qu'elles doivent faire l'objet d'une reprise dans une autre proposition à venir alors qu'il s'avère, quelque temps après, que cette dernière doit être décalée car une autre proposition encore, traitant de sujets analogues, doit faire l'objet d'une discussion prochaine !

TROUS NOIRS

Il arrive aussi que, par l'effet d'un entrechoc entre différents textes, des dispositions essentielles ou urgentes en matière de protection des données disparaissent de l'écran législatif. Ainsi, en mars 2010, le Sénat adopte la proposition de loi Detraigne-Escoffier, « Vie privée à l'heure du numérique » qui, notamment, s'efforce de fixer un cadre législatif au droit à l'oubli. Elle est donc transmise à l'Assemblée nationale qui, semble-t-il, ne souhaite pas, pour le moment, lui donner suite. Mais le gouvernement pourrait s'y intéresser et en extraire certaines dispositions qu'il réintégrerait au sein du projet relatif au Défenseur des droits tandis que, de son côté, une mission présidée par M. Warsmann, président de la commission des lois de l'Assemblée, a entamé des travaux dont la trame est analogue à celle de la proposition Detraigne-Escoffier.

En l'état actuel de la procédure, celle-ci a disparu de la scène législative mais certains de ses composants, qui auront résisté au « dépeçage », sont susceptibles de réapparaître dans un autre secteur…

Autre exemple, qui s'entrecroise avec le précédent et qui concerne, cette fois, la réforme du mécanisme de création des fichiers de police, question sensible s'il en est. En mars 2009 est déposé sur le bureau de l'Assemblée nationale un rapport d'information, suivi, quelques semaines plus tard, d'une proposition de loi, dite Batho-Benisti qui fixe de nouvelles règles. Elle est rejetée en novembre 2009. Entre-temps, en août, le président de la commission des lois, Jean-Luc Warsmann dépose une proposition de loi de simplification et d'amélioration de la qualité du droit au sein de laquelle sont intégrées, en novembre, les dispositions, modifiées, issues de la proposition de loi Batho-Benisti. Ce texte est adopté à l'Assemblée en décembre 2009. Parallèlement, en novembre, est déposée, au Sénat, la proposition de loi Detraigne-Escoffier, visant à mieux garantir le droit à la vie privée à l'heure du numérique.

Elle reprend largement les dispositions contenues dans la proposition Warsmann et elle est adoptée en mars 2010. Si le lecteur est parvenu à suivre jusque-là, il a compris que des dispositions quasiment analogues sont présentes dans deux textes en instance simultanément… En octobre 2010, la commission des lois du Sénat supprime les dispositions en question parce qu'elles sont déjà reprises dans la proposition Detraigne-Escoffier. Le gouvernement réagit en tentant de rétablir ces dispositions lors de l'examen en séance publique. Le Sénat les rejette dans leur intégralité. Trou noir.

RATÉ POSITIF

Depuis deux ans environ, la commission a été amenée à analyser des dispositifs permettant de mesurer l'audience des panneaux publicitaires ou d'évaluer la fréquentation des lieux (centres commerciaux ou aéroports) en utilisant les téléphones portables ou les caméras vidéo. Comme ces dispositifs collectent des données permettant d'identifier une personne physique, nous avons considéré que la loi Informatique et Libertés s'appliquait et donc que les promoteurs de ces systèmes devaient effectuer une procédure de déclaration auprès de la commission.

Or, lors de l'examen du projet de loi dite « Grenelle II » portant engagement national pour l'environnement, un amendement a été déposé par un député qui visait à soumettre ces dispositifs à un régime d'autorisation préalable de la CNIL (au lieu du régime de simple déclaration). Cette disposition renforce évidemment le pouvoir de contrôle en amont de la commission et illustre la vigilance du Parlement, à l'égard du développement de ces nouveaux outils, en matière de protection de la vie privée. Et nous serions bien malvenus de nous en plaindre. Le problème est que nous avons découvert que nous étions ainsi pourvus de ce nouveau pouvoir d'autorisation après coup, à la lecture du *Journal officiel* ! Cet amendement a été adopté par les deux chambres, accepté par le gouvernement, sans que nous ne soyons jamais « mis dans la boucle ». Nul n'a en effet jugé utile de nous consulter. Quant à nous, malgré nos efforts pour collaborer en temps réel avec les parlementaires, nous avons, là, été pris en défaut.

Le résultat, nous l'avons dit, est favorable. Mais aurions-nous davantage été associés au processus d'élaboration de ce texte dans le cas inverse ?

Nous avons, depuis, tiré les leçons de ces épisodes en renforçant notre mécanisme de veille parlementaire et notamment en recrutant un attaché parlementaire exclusivement affecté au suivi des travaux du Parlement.

SUCCÈS PROMETTEURS

Outre les initiatives, sous forme de propositions de loi ou d'amendements à des projets, les auditions par les commissions compétentes et les questions parlementaires de plus en plus nombreuses, la prise en considération de la problématique Informatique et Libertés par le Parlement s'est traduite, tout d'abord, par l'organisation, au Sénat, en juin 2010, d'un débat relatif à l'usage des nanotechnologies. Ce fut l'occasion de rappeler le rôle essentiel que doit jouer le Parlement dans l'évaluation de leurs impacts éventuels sur notre société et notre mode de vie. Ce n'est là, bien entendu, qu'un premier pas mais il est significatif.

Une autre initiative, que nous avons évoquée précédemment, réside dans les résolutions visant à apporter le soutien, de l'Assemblée d'une part, du Sénat d'autre part, à l'élaboration d'une convention internationale pour la protection des personnes à l'égard du traitement des données personnelles, déposées par les présidents des commissions compétentes. Espérons qu'elles seront adoptées rapidement et transmises au gouvernement.

La CNIL au prétoire

Ce tableau des relations de la CNIL avec les pouvoirs publics serait évidemment incomplet si nous n'évoquions pas la politique d'information que nous menons vis-à-vis de la magistrature. Pour le moment, en effet, la problématique Informatique et Libertés est encore largement vue comme une matière sectorielle et technique. C'est pourquoi nous nous sommes engagés dans une collaboration avec l'École nationale de la magistrature, dans le cadre de la formation initiale et continue. De même, nous multiplions les contacts avec les présidents de juridiction et les parquets. Il arrive en effet, parfois, que nous soyons pris à contre-pied par certaines décisions de justice. Tel fut le cas, par exemple, de l'ordonnance de référé, déjà citée, rendue par le tribunal de grande instance de Paris, en avril 2008, en matière de droit applicable aux sociétés américaines exerçant leur activité Internet en Europe. De même, un arrêt de la Cour de cassation de 2009 semble douter que l'adresse IP soit une donnée personnelle au sens des textes, alors que telle est la position de l'ensemble des autorités de contrôle en Europe.

Il arrive aussi que nous nous trouvions placés en porte à faux lorsque le parquet décide de procéder au classement sans suite de telle ou telle affaire qui pose, en réalité, à nos yeux, et dans un domaine encore largement inexploré, des questions de principe essentielles pour l'avenir de la protection des données. Bien entendu, là encore, chacun reste à sa place et notre commission ne prétend nullement « dire le droit » à la place du juge ! En revanche, il est de notre mission d'apporter toutes les informations utiles et actualisées à celui-ci, indépendamment de telle ou telle affaire soumise à sa juridiction. Ce mode de fonctionnement est d'ailleurs bien compris puisque l'on constate un intérêt grandissant, en ce domaine, de la part des magistrats.

Et Bruxelles dans tout cela ?

Comme on s'en doute, la dimension européenne de la problématique de la protection des données personnelles et de la vie privée est essentielle. Plusieurs fois par semaine, toute l'année, des collaborateurs de la CNIL doivent être présents à Bruxelles pour participer aux travaux des autorités de contrôle des conventions de Schengen, d'Europol, d'Eurodac ainsi qu'à ceux du Groupe de l'article 29 – dit G29 – créé par la directive européenne de 1995, et dont la vocation est plus générale. C'est presque exclusivement à celui-ci que revient la mission de traiter les questions relatives aux processus de traçage des personnes.

Ce groupe de travail qui rassemble les représentants des 27 « CNIL européennes » a un caractère consultatif et indépendant. Il est principalement chargé de formuler des avis et des conseils à la Commission européenne en matière Informatique et Libertés de façon à contribuer à l'application homogène de la directive au niveau national. Il peut aussi émettre de sa propre initiative des recommandations et il publie un rapport annuel à l'intention de la Commission et du Parlement européens.

À l'échelon européen, aucune autre structure que le G29 ne dispose d'une conjonction de compétences et d'expérience pratique comparable en matière de protection des données personnelles. Or, d'une part, sa conception remonte à 1995, alors qu'Internet balbutiait et que l'on ne connaissait pas encore les développements dans le domaine de la biométrie et de la géolocalisation et, d'autre part, on ne décèle aucun volontarisme de la part des instances européennes pour lui donner les moyens de rendre les services qu'il est capable de rendre.

UNE LANGUE BIEN PERDUE

Siégeant, depuis 1992, au sein d'organismes chargés, à Bruxelles, de la protection des données personnelles, et ayant présidé successivement les autorités de contrôle de Schengen, puis d'Europol, puis d'Eurodac et, enfin, le G29, j'ai assisté à une séquence de l'effacement inexorable de la langue française au profit de l'anglais. Il ne s'agit pas ici de se lamenter, inspiré par le sentiment de l'orgueil national blessé – encore que… – mais de prendre conscience des implications de ce phénomène sur la question de la protection des données personnelles.

Lorsque je présidais le G29 (de 2008 à 2010), réunissant donc les présidents des 27 autorités de contrôle européennes, je devais hausser le ton, quelques jours avant l'ouverture de chaque session de travail, pour faire en sorte que les différents membres du groupe soient en mesure de suivre les travaux dans une langue connue d'eux (et donc pas nécessairement leur langue maternelle...). Ainsi alors que la traduction était assurée en anglais, français, allemand, italien, espagnol et néerlandais, j'ai pu obtenir, à la suite d'un mouvement d'humeur bien compréhensible de notre collègue polonais, que sa langue soit enfin référencée.

En 2009, au début d'une session, la nouvelle responsable de l'interprétariat me demanda de rappeler à mes collègues qu'ils devaient s'exprimer dans leur langue maternelle, dès lors que la traduction était assurée, et non en anglais. Devant mon étonnement – tant cela me paraissait évident –, elle m'expliqua que, dans un autre domaine d'action dépendant de la Commission européenne, elle avait remarqué que certains membres de délégations avaient pris l'habitude de s'exprimer en anglais alors qu'ils disposaient d'un interprète. Or, me dit-elle, comme, par définition, ils ne s'expriment pas aussi bien dans cette langue que dans la leur, le travail des interprètes s'en trouve compliqué ! Alors que je l'interrogeais sur les raisons de ce comportement, elle s'esclaffa et me raconta que, quelques jours plus tôt, un représentant d'une délégation française s'était justifié auprès d'elle en lui disant qu'il s'exprimait en anglais par courtoisie vis-à-vis de ses interlocuteurs... Ainsi, il serait plus courtois, pour un Français, de parler anglais alors qu'il existe une traduction français/anglais ? Étant entendu que les Anglais, eux, parlent anglais. Probablement parce que c'est plus courtois...

Dans le but de m'assommer définitivement, elle ajouta que cette tendance relevée chez les Français était plus récente que chez les représentants des autres délégations et qu'elle trouvait cela regrettable car le français, soupira-t-elle, reste une belle et grande langue internationale. Elle n'avait jamais imaginé que nous en viendrions à « nous conduire comme les autres ». Mais si tel était notre souhait... Sur sa lancée, elle ajouta que les Français étant, généralement, moins bien formés que les autres Européens, dans la pratique de l'anglais, ils sont plus difficiles encore à traduire...

Parfois, par « facilité » ou, disons plus crûment, par paresse intellectuelle, on se laissera aller à utiliser, telle quelle, une expression définissant un concept que les délégations anglo-saxonnes s'efforcent d'introduire dans le corpus commun de principes de protection des données. Parfois, les francophones tentent de franciser l'expression. Tel est le cas d'une notion qui fait l'objet de débats animés : le principe d'« *accountability* ». Il s'agit (on l'a vu au chapitre VI), d'exprimer le fait que le responsable d'un traitement de données doit se conformer aux principes relatifs à leur protection et le démontrer. On note, au passage, que son appropriation ne devrait guère provoquer de révolution mentale chez ses utilisateurs continentaux puisque cela revient à affirmer que l'on doit être capable de montrer que l'on a pris les mesures nécessaires pour respecter la loi et que l'on en est tenu pour responsable... Mais plutôt que de chercher à lui substituer une formule correcte et compréhensible, en français, certains utilisent le mot anglais et d'autres le traduisent ainsi : « accountabilité » !

Il m'est arrivé d'assister à des réunions de travail informelles, et donc dépourvues d'interprétariat, entre représentants de différents pays qui engageaient la discussion en anglais. Après quelques minutes je leur demandais si, par hasard, et par amitié, nous pourrions, de temps en temps, échanger en français. Ils acceptaient alors très volontiers et je constatais qu'ils étaient parfaitement aptes à poursuivre la discussion. Tous... sauf le représentant anglais qui aurait été en mesure de suivre mais qui, jugeant que son français n'était pas parfait, préférait que nous continuions en anglais. Et, dans les secondes qui suivaient chacun revenait « tout naturellement » à l'anglais...

Et que dire, enfin, des séances de travail au cours desquelles les Français parlent entre eux en anglais !

L'EUROPE INCONNUE

Au-delà des petites blessures d'orgueil, ces glissements peuvent avoir des conséquences fâcheuses car une langue porte évidemment des concepts. Il ne faut donc pas s'étonner si, peu à peu en Europe, même les concepts juridiques anglo-saxons et, en réalité, essentiellement américains, s'imposent par le biais de la langue anglaise. Si on utilise, comme c'est souvent le cas, une expression anglaise à la place d'un mot existant dans chacune des autres langues, on en adopte mécaniquement le sens spécifique. Et lorsque les 27 membres du G29 (rappelons que le nombre se rapporte à l'article de la directive de 1995) mettent la dernière main à la rédaction d'une recommandation qui sera ensuite adressée à la Commission européenne, puis aux pouvoirs publics des États membres, et butent sur le choix d'un terme, vers qui se tournent-ils pour arbitrer le litige linguistique ? Vers le collègue britannique, bien sûr, qui, sur un ton modeste, prononce son oracle…

Mais les difficultés liées à l'usage des langues ne sont pas les seules auxquelles se voit confronté le groupe des autorités de contrôle. Celui-ci est, en effet, totalement soumis au bon vouloir de la Commission européenne. Il dépend d'elle pour la fixation de son calendrier de travail, de l'accès aux salles de réunion et, dans une certaine mesure, pour la détermination de son ordre du jour. Le Groupe de l'article 29 ne dispose d'aucun budget autonome et ne peut donc faire appel à des experts lorsqu'il le juge nécessaire, ni organiser un déplacement pour étudier telle ou telle question, ni se doter d'un secrétariat, ni ouvrir un site Internet propre, ni mettre en œuvre une politique de communication digne de ce nom, ni se doter d'une représentation officielle auprès d'autres structures.

Parfois ce type de fonctionnement peut avoir des conséquences directes extrêmement dommageables pour la protection des données de la vie privée. En voici un exemple. Au printemps 2009, nous découvrons que l'organisation internationale ISO (International Standardisation Organisation) a engagé des travaux devant aboutir à l'élaboration d'une norme (ISO29100) déterminant des exigences et une méthodologie communes en matière de protection de la vie privée à l'échelle internationale. On sait que cet organisme, constitué d'un réseau d'agences nationales de normalisation, est chef de file en matière de production de normes internationales et que ses certifications jouissent d'une très forte influence auprès du secteur privé. L'enjeu est donc capital.

Or nous constatons que, dans le cadre de ses travaux, cet organisme prend en compte les « lignes directrices » de l'OCDE et de l'APEC (Coopération économique pour l'Asie/Pacifique) mais ignore totalement les standards issus de la directive européenne de 1995 alors que, d'une part, ceux-ci fixent un niveau de protection des données à caractère personnel nettement supérieur et, d'autre part, bénéficient d'une expérience pratique de quinze ans. Et nous prenons conscience de l'urgence à réagir dans la mesure où la norme devait être adoptée très rapidement. C'est pourquoi j'ai saisi le Groupe des CNIL européennes (G29), à la mi-juin 2009, ainsi que le vice-président de la Commission européenne, en charge de ces questions, le Premier ministre et les présidents des commissions des affaires européennes du Parlement.

Parallèlement, nous avons pris des initiatives qui nous ont permis, dans une certaine mesure, de réintégrer le modèle européen au sein de la réflexion menée par l'organisation ISO. Mais, évidemment, tout aussi essentielle à nos yeux, était la nécessité de structurer notre collaboration avec celle-ci de façon à y exercer de manière pérenne, l'influence européenne aux côtés des Nord-Américains et des Asiatiques. Et, une fois de plus, les choses se sont paradoxalement révélées plus difficiles en interne, c'est-à-dire au sein des instances européennes, que dans nos rapports directs avec nos partenaires extérieurs à l'Union. En effet, ISO et le G29 étaient parvenus à s'entendre pour établir une liaison permettant à celui-ci de produire une contribution technique aux travaux du groupe ISO en charge des normes relatives à la vie privée, de façon directe et non plus en transitant par le canal des agences nationales de normalisation. Mais le directeur britannique de la commission européenne, compétent en ce domaine, s'y opposa farouchement en invoquant trois arguments particulièrement révélateurs du rôle que l'on souhaite, à Bruxelles, assigner au G29.

Il rappela tout d'abord que celui-ci, n'étant qu'un organe consultatif au sein de l'Union européenne, on pouvait s'interroger sur sa capacité à avoir des relations officielles avec les forums internationaux, tel ISO. De plus, précisait-il, seule la Commission européenne est compétente pour assurer la représentation extérieure de l'Union. Enfin, il expliqua que le service budgétaire de l'Union était dans l'impossibilité de prendre en charge les frais d'un représentant du G29 aux réunions d'ISO. Méthode ancienne, bien connue, mais toujours aussi efficace…

En définitive, le G29 a passé outre ce courrier et s'est adressé directement à l'organisation ISO afin de formaliser la liaison. Celle-ci a accepté et c'est un représentant de notre commission qui a ainsi été désigné.

LES CONTRÔLEURS NE SONT PAS LES PAYEURS

Pour parer aux graves lacunes du statut du G29, la délégation en charge de la présidence, pour deux ans, se voit contrainte, si elle souhaite assurer le service minimal, d'engager des moyens importants sur son propre budget. Ainsi, ayant fait réaliser un audit interne à la CNIL, j'ai constaté que le coût de la présidence que j'ai exercée de 2008 à 2010 s'est élevé, en personnel affecté spécialement à cette tâche et en fonctionnement (déplacement, traduction, représentation) à environ 250 000 euros. Autrement dit, les autorités des États membres disposant de ressources plus modestes que celles de notre commission ou de ses homologues de taille analogue, n'ont guère de possibilité d'accéder à cette fonction dans des conditions acceptables.

Et je ne cache pas avoir vécu comme une provocation la mise en place par la Commission européenne d'un audit de fonctionnement du G29 (dont nous attendons toujours les conclusions, deux ans après son engagement) alors qu'il est dénué de moyens. J'espère qu'il ne s'agit pas d'une nouvelle manifestation du vieil adage : « Lorsque l'on veut tuer son chien, on dit qu'il a la rage. »

Ce mode de fonctionnement me paraît contraire à l'esprit qui devrait régner au sein des instances européennes.

En définitive, il s'agit là d'une illustration, exacerbée il est vrai, de l'ambiguïté inhérente au positionnement du contrôleur vis-à-vis du contrôlé/financeur. Sur des sujets, comme celui de la protection de la vie privée, la confiance des citoyens dépendra de plus en plus des garanties d'autonomie et de transparence données au mécanisme de contrôle. Les instances européennes feraient bien d'y réfléchir car il y va de leur crédibilité.

En attendant, ainsi va le petit monde européen de la protection des données personnelles, de faux-semblants en leurres, d'intentions en renoncements, un monde où les rapports de contrôle sont classifiés, les négociations secrètes, et les agendas bouleversés.

DISPARAÎTRE OU ÉVOLUER

Le processus de révision de la directive européenne actuellement engagé devrait permettre de revoir le statut et les moyens d'action du G29.

La directive ne s'applique pas à l'ancien troisième pilier communautaire relatif à la coopération en matière policière et judiciaire dans le domaine pénal. Or l'entrée en vigueur du traité de Lisbonne a modifié l'architecture institutionnelle de l'Union européenne. Dès lors, le G29 a vocation à élargir son champ de compétence en intégrant celui du Groupe Police-Justice (créé, lui, par une résolution de la conférence annuelle des commissaires à la protection des données personnelles de Madrid, en 1994. Signalons, au passage, que ses travaux, qui concernent donc le domaine régalien, se déroulent exclusivement en anglais). En revanche, nul ne songe, semble-t-il, à transformer le G29 en une véritable autorité de contrôle indépendante, disposant de pouvoirs comparables à ceux des autorités des États membres, au niveau européen. Dans ces conditions, l'effort doit porter, exclusivement mais largement, sur ses moyens d'action. Et puisque chaque fois que j'ai, en tant que président de ce groupe, demandé que lui soit attribué un budget autonome, il m'a été répondu que cela n'était pas concevable dans le cadre juridique en vigueur, l'occasion sera belle, lors de sa réforme, d'y apporter une réponse enfin positive. Il s'agit essentiellement de faire en sorte que la structure à créer dispose des moyens de faire appel à des experts dans les domaines technologique et juridique et, peut-être aussi, dans celui des sciences humaines. De même, ce budget doit permettre d'organiser les réunions et déplacements jugés nécessaires par le Groupe. Il doit disposer d'un secrétariat propre et non pas dépendre constamment du secrétariat de la Commission. Enfin, son positionnement, au sein des instances bruxelloises, doit être reconsidéré de façon qu'il ne soit plus maintenu dans une véritable dépendance en matière de logistique et de traduction.

Dans sa « communication au Parlement européen, au Conseil, au Comité économique et social européen et au Comité des régions », intitulée « Une approche globale de la protection des données à caractère personnel dans l'Union européenne », la Commission européenne souligne la nécessité de « renforcer le rôle des contrôleurs nationaux de la protection des données, en coordonnant mieux leur action par l'intermédiaire du Groupe de travail de l'article 29, qui devrait devenir un organe plus transparent, et/ou en créant un mécanisme destiné à assurer une cohérence dans le marché intérieur sous l'autorité de la Commission européenne ».

En première approche, on ne peut que se féliciter d'une telle volonté mais, en deuxième lecture, on doit s'interroger : veut-on vraiment accroître la transparence d'un organisme qui ne dispose pas de moyens propres ? Quant à la formule « et/ou », elle peut signifier « sous l'autorité de la Commission européenne »…

Lorsqu'on sait que cette future directive (ou futur règlement, la question n'est pas définitivement tranchée) constituera l'axe de la politique menée en Europe, et par celle-ci, en matière de protection de la vie privée, durant les décennies à venir, on mesure combien les négociations qui vont s'ouvrir très bientôt seront déterminantes.

CONCLUSION

Un moment clé

Les caméras nous filment, les lecteurs biométriques nous identifient et nous reconnaissent, les dispositifs de géolocalisation nous repèrent et nous suivent, les applications Internet nous profilent, analysent nos goûts et enregistrent nos habitudes, les micros nous écoutent, l'arsenal des fichiers nationaux, européens et internationaux se déploie, le nuage numérique enveloppe la planète, l'informatique contextuelle comblera peu à peu les espaces disponibles entre nos pensées respectives, les nanotechnologies rendront les systèmes invisibles et donc innombrables et irréversibles.

Il y a une dizaine d'années, notre société a soudain découvert que les générations à venir, pour la première fois dans l'histoire de l'humanité, vivraient probablement dans des conditions plus difficiles que celles qui les ont précédées depuis la Seconde Guerre mondiale. Les causes de cette dégradation sont bien connues et sont largement liées à la situation économique et sociale.

Dans le domaine qui fait l'objet de nos réflexions, la question se pose de façon très aiguë. Si on ne réagit pas, la période durant laquelle la vie privée du citoyen, son intimité, son identité auront été reconnues et préservées n'aura été qu'une parenthèse. Alors que, de nos jours encore, des populations luttent pour accéder à cette vision de l'État de droit, ne serait-il pas paradoxal que nos sociétés qui s'en étaient dotées reculent sous la pression des technologies du numérique ?

Par un détour poétique, Baudelaire revendiquait – déjà ! – deux libertés fondamentales : le droit de s'en aller et le droit de se contredire.

S'en aller : cela signifie-t-il autre chose que préserver son anonymat, sa solitude, son incognito, vis-à-vis de la société environnante et, sous l'angle des technologies mises en œuvre, ne pas être « vidéosurveillé, ni biométrisé, ni géolocalisé, ni profilé » ?

Se contredire : cela veut-il dire autre chose que changer, évoluer, mûrir, se contredire effectivement même ! Comme nous devrions en avoir le droit, sur Internet, plutôt que d'être contraints au gel virtuel de notre personnalité, fixée dans un présent qui se dilate, recouvre notre passé et gage notre avenir, puisque les informations nous concernant sont cristallisées par les mécanismes de maintenance, technique ou commerciale, gérés par les acteurs de l'Internet.

Prolongeant ce sublime pressentiment du poète, nous, les petits hommes du XXIe siècle ne devrions-nous pas exiger le droit de tirer les rideaux ou d'entreprendre une promenade en rêveur solitaire, abandonnant, quand nous le voulons, pour le temps qu'il nous conviendra, l'espace numérique, sans relief, sans rythme, relié et offert aux regards, aux couleurs d'un présent infini mais virtuel ?

Alors, que faire ? Imposer un coup d'arrêt définitif au développement fulgurant des technologies ?

Cela serait tellement confortable de répondre par l'affirmative. Mais le réalisme oblige à reconnaître que les fichiers destinés à la lutte contre la criminalité et le terrorisme sont nécessaires, que le recours à la vidéosurveillance, à la biométrie, à la géolocalisation rend, nous l'avons vu, de réels services, et qu'Internet est un formidable vecteur de progrès. Et, d'ailleurs, voudrait-on enrayer le développement de cette société numérique, comment s'y prendrait-on ?

En revanche, nous devrions être capables d'évaluer, en nous dotant des moyens technologiques et juridiques nécessaires, l'impact des applications nouvelles et ce, avant de passer à la phase commerciale. Nous devons également poursuivre les efforts pour aboutir à une prise en compte, à l'échelon le plus élevé du pouvoir politique, et ce dans une dimension internationale, du défi ainsi lancé à notre civilisation.

Deux occasions vont se présenter dans les mois à venir. Ne pas les saisir constituerait une faute majeure.

Première occasion : les discussions qui s'ouvrent actuellement à propos de la révision de la directive de 1995, qui constituait jusqu'à présent la référence fondamentale en Europe en la matière. Osera-t-on réellement poser la question du contrôle des fichiers régaliens partout en Europe (rappelons qu'il existe en France) ? Prendra-t-on les mesures nécessaires pour assurer l'indépendance concrète des autorités de contrôle des États membres ? Posera-t-on la question des moyens d'action et de l'autonomie du Groupe des autorités de contrôle européennes (G29) ? Les Européens auront-ils le courage de résister à la pression de certains lobbys américains, privés et publics ? Profitera-t-on de l'occasion pour résoudre les problèmes posés en matière de droit applicable sur le territoire européen ? Saisira-t-on l'occasion d'épauler le processus engagé à Madrid en faveur d'une harmonisation des règles de protection des données à l'échelon international ?

Seconde occasion : en mai 2011 aura lieu, sous présidence française, un G8 (certains disent un « G8 du Web ») au cours duquel seront évoquées les questions relatives à l'évolution d'Internet, et notamment celles liées à la lutte contre la pédopornographie, à la cybercriminalité ainsi qu'au piratage. Il est absolument nécessaire d'intégrer, dans cet ordre du jour, la problématique de la protection de la vie privée, de l'intimité et de l'identité des citoyens. Il y aurait là un signal pour l'ensemble des acteurs, publics et privés, de la politique en matière de protection des données personnelles, en France, en Europe et dans le monde.

On le voit, des cartes essentielles doivent encore être jouées. Mais il y a urgence car le moment où les technologies de traçage auront atteint le niveau de puissance, de diversification et d'interconnexion, qui transformera les structures de nos sociétés de manière irréversible, risque d'être beaucoup plus proche que celui où une prise de conscience internationale se sera produite et traduite dans les normes juridiques qui régissent celles-ci.

Et puisque nous cherchons à déterminer ce moment clé, évoquons un épisode, rétrospectivement essentiel, de notre propre histoire.

Lors de l'élection présidentielle de 1974, René Dumont, candidat du Mouvement écologique pour une autre civilisation, expliquait devant des téléspectateurs, perplexes, sceptiques ou éberlués (quand ils ne le prenaient pas pour un hurluberlu), qu'il était urgent de prendre de fortes initiatives si l'on voulait éviter que l'activité humaine cause des dommages irréversibles à l'environnement. Une trentaine d'années plus tard certains affirment que le processus de réchauffement de la planète est désormais trop avancé pour que l'on puisse espérer rétablir à temps les équilibres fondamentaux. Il faut donc en déduire qu'entre 1974 et aujourd'hui il y a bien eu un moment décisif : celui où il était encore temps d'agir !

Eh bien, disons que, s'agissant de la protection de la vie privée, et de nos libertés d'aller et venir et d'expression, nous en sommes à ce moment-là !

Ce rapprochement avec la problématique de la protection de l'environnement n'a rien d'artificiel et ne constitue pas seulement un axe de communication. L'homme vit, en effet, à la fois dans cet environnement physique global gravement menacé et dans cette fameuse sphère de vie privée qui protège ses données personnelles, son intimité, son identité. C'est un autre environnement, qui le suit comme son ombre, impalpable et tout aussi fragile. Affirmons que l'homme naît, détenteur d'un patrimoine de droits fondamentaux qui peut être mutilé ou détruit si l'on n'y prend garde. Et, pas davantage que le patrimoine naturel, à un certain niveau de dégradation, il ne se reconstituera. C'était le sens de l'intitulé de l'une des séances de la 30e conférence internationale Informatique et Libertés que nous avions organisée avec nos amis les Allemands, à Strasbourg : « La vie privée, un espace en voie de disparition ».

Si l'on pousse un peu plus loin la réflexion, on ne peut qu'être troublé par l'analogie existant entre ces deux problématiques de la protection de l'environnement naturel, d'une part, de l'environnement individuel où vibrent les libertés essentielles, d'autre part. Toutes deux, à l'évidence, se caractérisent par une très forte dimension internationale. De même, l'épanouissement d'une « conscience numérique », tout comme la « conscience écologique », peut se traduire très vite dans la vie quotidienne par des changements de comportement individuel : les uns économisent, chaque jour, quelques watts, quelques litres d'eau, quelques décimètres cube d'air, les autres doivent refuser de confier telle information concernant leur vie privée à un opérateur, s'opposer au balayage d'une caméra dans leur jardin, bloquer certains usages de leur téléphone portable, etc.

Une même vigilance doit animer ceux qui considèrent qu'exercer leurs libertés fondamentales dans leur plénitude est vital, comme il est vital de respirer un air pur.

À défaut, nous glisserons, insensiblement, vers la société numérisée, sans bruit ni révolte. Et, précisément, puisque nous avons ouvert cette réflexion par une métaphore aquatique, achevons-la par une autre métaphore aquatique, empruntée à nos amis Britanniques. Sur la feuille luisante d'un nénuphar posé sur le bassin chinois que nous admirions en introduction de ce livre se prélasse une jolie rainette. Si un mauvais esprit vous enjoint de la plonger dans une marmite d'eau bouillante, attendez-vous à ce que, d'un coup de rein désespéré, elle jaillisse par-dessus bord. Et bon vent à elle ! Mais, si vous l'installez dans l'eau calme et fraîche d'un bocal dont vous faites monter la température d'un degré par jour, ne finira-t-elle pas par mijoter gentiment ?

Ce qui serait bien triste.

Table des matières

VI

Comment se protéger ?

La vie privée, fragile comme le cristal

VII

La pression américaine

Une autre conception de la vie privée

VIII

L'action de la CNIL

Face à la marée numérique

Cet ouvrage a été transcodé et mis en pages
chez Nord Compo (Villeneuve-d'Ascq)

Achevé d'imprimer en mars 2011 sur rotative offset Variquik
par l'Imprimerie Sagim à Courtry (Seine et Marne).

Dépôt légal : avril 2011
N°d'édition : 7381-2279-X
N° d'impression : 12299

Imprimé en France

L'imprimerie Sagim est titulaire de la marque
Imprim'vert® depuis 2004